PROPAGANDA
ELEITORAL

EDITORA AFILIADA

OBRAS DO ORGANIZADOR

Comentários à Lei eleitoral 9.504/97 (com Enir Braga). 2. ed. São Paulo: Fiúza, 2000.

Inelegibilidade à luz da jurisprudência (com Enir Braga). 2. ed. São Paulo: Fiúza, 2000.

O advogado e a administração pública (coord.). São Paulo: Manole, 2003.

Dados Internacionais de Catalogação na Publicação (CIP)
(Câmara Brasileira do Livro, SP, Brasil)

Propaganda eleitoral : teoria e prática / organizador Alberto Rollo. – 2. ed. rev. e atual. – São Paulo : Editora Revista dos Tribunais, 2004.

Vários colaboradores.
Bibliografia.
ISBN 85-203-2624-2

1. Direito eleitoral – Brasil 2. Direito eleitoral – Legislação – Brasil 3. Propaganda política – Brasil I. Rollo, Alberto.

04-6286   CDU-342.849.2(81)

Índices para catálogo sistemático: 1. Brasil : Propaganda eleitoral : Direito eleitoral 342.849.2(81)

Organizador
ALBERTO ROLLO

PROPAGANDA ELEITORAL
Teoria e Prática

ALBERTO ROLLO
JOÃO FERNANDO LOPES DE CARVALHO
ALBERTO LUIS MENDONÇA ROLLO
ALEXANDRE LUIS MENDONÇA ROLLO
ARTHUR LUIS MENDONÇA ROLLO

2.ª edição revista e atualizada

PROPAGANDA ELEITORAL
Teoria e Prática

2.ª edição revista e atualizada

Organizador
ALBERTO ROLLO

001247

Colaboradores
ALBERTO ROLLO
JOÃO FERNANDO LOPES DE CARVALHO
ALBERTO LUIS MENDONÇA ROLLO
ALEXANDRE LUIS MENDONÇA ROLLO
ARTHUR LUIS MENDONÇA ROLLO

1.ª edição: 2002

Diagramação eletrônica: Oficina das Letras Apoio Editorial Ltda. CNPJ 03.391.911/0001-85
Impressão e acabamento: Editora Parma Ltda. CNPJ 62.722.103/0001-12

© desta edição: 2004

EDITORA REVISTA DOS TRIBUNAIS LTDA.

Diretor Responsável: CARLOS HENRIQUE DE CARVALHO FILHO

Visite o nosso *site:* www.rt.com.br

Serviço de Atendimento ao Consumidor: tel. 0800-702-2433 (ligação gratuita, de segunda a sexta-feira, das 8 às 17 horas)

e-mail do atendimento ao consumidor: sac@rt.com.br

Rua do Bosque, 820 • Barra Funda
Tel. (0xx11) 3613-8400 • Fax (0xx11) 3613-8450
CEP 01136-000 – São Paulo, SP, Brasil

TODOS OS DIREITOS RESERVADOS. Proibida a reprodução total ou parcial, por qualquer meio ou processo, especialmente por sistemas gráficos, microfílmicos, fotográficos, reprográficos, fonográficos, videográficos. Vedada a memorização e/ou a recuperação total ou parcial, bem como a inclusão de qualquer parte desta obra em qualquer sistema de processamento de dados. Essas proibições aplicam-se também às características gráficas da obra e à sua editoração. A violação dos direitos autorais é punível como crime (art. 184 e parágrafos do Código Penal) com pena de prisão e multa, busca e apreensão e indenizações diversas (arts. 101 a 110 da Lei 9.610, de 19.02.1998, Lei dos Direitos Autorais).

Impresso no Brasil (10 - 2004)

ISBN 85-203-2624-2

APRESENTAÇÃO À 2.ª EDIÇÃO

O lançamento da 2.ª edição do presente estudo possibilitou aos autores o acréscimo de várias atualizações em relação à edição anterior. Se a ciência do direito, como todos sabem, é das mais dinâmicas, no direito eleitoral esse dinamismo é potencializado, sendo mesmo obrigatórias as atualizações.

Como exemplo dos realizados acréscimos podemos citar a propaganda eleitoral eletrônica, veiculada pela internet através de *sites* e de mensagens eletrônicas (agora disciplinada por resolução do TSE). Outra alteração em relação à edição anterior diz respeito ao cancelamento da Súmula 17 do Tribunal Superior Eleitoral, ocorrida em 16.04.2002, por decisão de questão de ordem formulada no julgamento do REsp 19.600, do Ceará, que impedia a presunção de que o candidato beneficiário de determinada propaganda irregular tinha prévio conhecimento dela. Isso não significa dizer que passou a ser disciplinada por resolução, que exige a presença de circunstâncias ou peculiaridades que revelem a impossibilidade de o beneficiário da propaganda não ter tido conhecimento prévio de sua veiculação irregular. Além disso, foram trazidos ao estudo vários julgados recentes que refletem as novas tendências da Justiça Eleitoral brasileira. Por fim, essa nova edição trata da Resolução TSE 21.610, aplicada nas eleições de 2004, resolução essa que, acredita-se, não sofrerá grandes alterações para as próximas eleições.

Trata-se de obra bastante prática, didática e de fácil consulta para quem se interessa pelo tema.

Os Autores

APRESENTAÇÃO À 1.ª EDIÇÃO

Na presente obra, os autores, advogados com intensa atuação nas lides eleitorais, desvendam os meandros da legislação que regula a propaganda eleitoral. Através do exame dos textos legais reguladores da matéria, em especial o da Lei 9.504/1997, são apresentadas as várias formas de propaganda eleitoral permitidas no sistema brasileiro, bem como seus limites, suas respectivas vedações e conseqüências das infrações às normas legais. Estuda-se, assim, a publicidade realizada pelas emissoras de rádio e televisão, pela imprensa escrita, através de placas, cartazes e *outdoors,* nos programas de divulgação gratuita de partidos políticos e candidaturas e outras.

Além disso, o livro comporta a apresentação do célere rito processual especial estabelecido no art. 96 da Lei 9.504/1997, próprio para a solução das questões relacionadas à propaganda eleitoral pela Justiça Eleitoral. E ainda traz uma reflexão a respeito do novo art. 41-A da Lei 9.504/1997, dirigido à punição da captação irregular de sufrágio popular. A análise desses temas assenta-se na mais recente jurisprudência produzida pela Justiça Eleitoral brasileira, mormente por seu órgão máximo, o Tribunal Superior Eleitoral, traduzida em diversos julgamentos que tratam das complexas questões enfocadas no livro.

Obra de consulta obrigatória para todos os interessados no processo eleitoral brasileiro, seja em relação a eleições municipais, estaduais ou federais, mormente para candidatos, dirigentes partidários, advogados, promotores, juízes, ou estudiosos do direito eleitoral.

Editora Revista dos Tribunais

SUMÁRIO

APRESENTAÇÃO À 2.ª EDIÇÃO 5

APRESENTAÇÃO À 1.ª EDIÇÃO 7

LISTA DE ABREVIATURAS 19

1

PRINCÍPIOS DE DIREITO ELEITORAL:
TODO O PODER EMANA DO POVO

Alberto Rollo

1.1	Todo o poder emana do povo	21
1.2	Voto geral	22
1.3	Sistema restritivo	23
1.4	Voto direto	24
1.5	Voto livre	25
1.6	As campanhas pelo voto livre	27
1.7	Os modelos praticados no exterior	29
1.8	Voto igual	31
1.9	Voto secreto	32
1.10	Voto em lista	34
1.11	Voto secreto: direito ou dever?	34

1.12 Voto secreto: pesquisas eleitorais 35
1.13 Conclusão 36

2

PRINCÍPIOS DE DIREITO ELEITORAL: *PARS CONDITIO* E SEGURANÇA JURÍDICA

Alberto Rollo

2.1 *Pars conditio* 38
2.2 Imprensa: desequilíbrio 40
2.3 Desincompatibilização e desequilíbrio 41
2.4 Desnecessidade 41
2.5 Abuso do poder econômico como fator de ruptura da igualdade 42
2.6 A tentativa de coibir o abuso do poder econômico com a Lei 9.840/1999 43
2.7 Um erro justifica o outro? 46
2.8 Antecipação de propaganda 47
2.9 Súmula vinculante no processo eleitoral – Princípio da segurança jurídica 50
2.10 Princípios: conclusão 51

3

ASPECTOS GENÉRICOS DA PROPAGANDA ELEITORAL

Alberto Rollo
Alberto Luis Mendonça Rollo

3.1 Antes de 6 de julho 53
3.2 O que é propaganda eleitoral? 59

3.3	Propaganda intrapartidária	62
3.4	Beneficiário não consentido	65
3.5	Outros aspectos gerais da propaganda eleitoral	69
3.6	Comícios	70

4
CONDUTAS VEDADAS ÀS EMISSORAS DE RÁDIO E TELEVISÃO

João Fernando Lopes de Carvalho

4.1	Restrições às emissoras	73
4.2	Veiculação de propaganda partidária paga	77
4.3	Vedações legais e sistema constitucional	78
4.4	Interpretação das restrições	81
4.5	Pesquisas	84
4.6	Trucagens	85
4.7	Propaganda política e opinião favorável ou contrária	88
4.8	Tratamento privilegiado	92
4.9	Produções artísticas	96
4.10	Nome de programa	99
4.11	Candidato titular de programa	100
4.12	Penalidades	102
4.13	Internet	104
4.14	Debates	105
4.15	Entrevistas	108
4.16	Realidade das pequenas cidades	111
4.17	Procedimento adequado	112
4.18	Propaganda eleitoral gratuita	112

5

PROPAGANDA ELEITORAL NO RÁDIO E NA TELEVISÃO

ALEXANDRE LUIS MENDONÇA ROLLO

5.1 Introdução 115
5.2 Parte teórica: comentando a Lei 9.504/1997 118
    5.2.1 Dias e horários reservados para as diferentes eleições 119
    5.2.2 Divisão do tempo destinado a cada eleição entre os partidos/coligações 124
    5.2.3 Termo inicial para a contabilização dos representantes de cada partido na Câmara dos Deputados 128
    5.2.4 Casos de fusões ou de incoporações partidárias 129
    5.2.5 Redistribuição do tempo 130
    5.2.6 Partidos/coligações com tempo inferior a 30 segundos 131
    5.2.7 Reserva de tempo para municípios despidos de emissoras geradoras (rádio e televisão) 132
    5.2.8 O segundo turno e a propaganda eleitoral no rádio e na televisão 135
    5.2.9 A ordem de veiculação das propagandas eleitorais no rádio e na televisão 137
    5.2.10 As inserções 138
    5.2.11 Plano de mídia (art. 52 da Lei 9.504/1997) 140
    5.2.12 Censura prévia 144
    5.2.13 Participação de terceiros na propaganda eleitoral (art. 54 da Lei 9.504/1997) 148
    5.2.14 Novas vedações a serem observadas no horário gratuito 151

	5.2.15	As emissoras de rádio e de televisão e as sanções a que estão sujeitas 152
	5.2.16	Emissoras de televisão sujeitas à divulgação do horário eleitoral gratuito 154
5.3	Parte prática: resoluções e acórdãos sobre o tema 155	
	5.3.1	Dias e horários reservados para as diferentes eleições 155
	5.3.2	Divisão do tempo destinado a cada eleição entre os partidos/coligações 158
	5.3.3	Redistribuição do tempo 159
	5.3.4	Reserva de tempo para municípios despidos de emissoras geradoras (rádio e televisão) 161
	5.3.5	O segundo turno e a propaganda eleitoral no rádio e na televisão 162
	5.3.6	A ordem de veiculação das propagandas eleitorais no rádio e na televisão 162
	5.3.7	As inserções 163
	5.3.8	Participação de terceiros na propaganda eleitoral (art. 54 da Lei 9.504/1997) 164
	5.3.9	Novas vedações a serem observadas no horário gratuito 165
5.4	Conclusões 166	

6

FORMAS DE PROPAGANDA ELEITORAL PERMITIDAS E PROIBIDAS. PROPAGANDA INSTITUCIONAL – VEDAÇÃO NOS TRÊS MESES ANTERIORES AO PLEITO

ARTHUR LUIS MENDONÇA ROLLO

6.1	Propaganda eleitoral em bens públicos	174
6.2	Bens públicos cujo uso foi concedido	177

6.3 Posturas municipais 178
6.4 Casuística 179
6.5 Prévio conhecimento 181
6.6 Nas dependências do Legislativo fica a critério da mesa 183
6.7 Sanções decorrentes da infração ao art. 37 da Lei 9.504/1997 184
6.8 Em bens particulares é permitida a veiculação de propaganda eleitoral, independendo de autorização de quem quer que seja 185
6.9 Bens tombados 187
6.10 Propaganda eleitoral em imóvel contíguo a local de votação 187
6.11 Permite-se a distribuição de volantes, folhetos e impressos, desde que sob a responsabilidade do partido, coligação ou candidato 188
6.12 Comícios 190
6.13 "Jornais" de campanha 191
6.14 São proibidas as propagandas institucionais federais, estaduais e municipais a partir de 1.º de julho, ressalvadas aquelas destinadas a divulgar ações sociais reconhecidamente necessárias pela Justiça Eleitoral 192
6.15 Propaganda institucional gratuita 198
6.16 Distinção entre a propaganda eleitoral e a propaganda institucional 199
6.17 Sanções decorrentes da infração ao art. 73 da Lei 9.504/1997 201
6.18 A manifestação individual de vontade é permitida inclusive na hora de votar 202
6.19 É permitido o uso de *outdoor* somente após realizado o sorteio 203

6.20 Casuística 205

6.21 Sanções decorrentes da infração ao art. 42 da Lei 9.504/ 1997 207

6.22 É permitida a propaganda eleitoral paga pela imprensa escrita, até o dia da eleição, desde que observados os limites máximos, por edição, de 1/8 de página para jornal padrão e de 1/4 para revista ou tablóide 207

6.23 Jornal padrão ou tablóide? 208

6.24 Casuística 209

6.25 Sanções decorrentes da infração ao art. 43, *caput*, da Lei 9.504/1997 212

6.26 Propaganda eleitoral na internet 213

6.27 Casuística 215

7

DIREITO DE RESPOSTA

Alberto Rollo
João Fernando Lopes de Carvalho

7.1 Previsão constitucional 217

7.2 Aspectos gerais 218

7.3 Aspectos comuns aos vários direitos de resposta 220

7.4 Legitimidade ativa para o exercício 221

7.5 Contraditório no direito de resposta 223

7.6 Ofensa veiculada em órgão de imprensa escrita 224

7.7 Ofensa veiculada em programação normal de rádio e televisão 225

7.8 Ofensas veiculadas no horário eleitoral gratuito 227

7.9 Resposta deve ater-se aos fatos 228

7.10 Inviabilização da reparação 229
7.11 Recurso em direito de resposta 230
7.12 Não cumprimento integral da decisão *232*
7.13 Suspensão da veiculação das mensagens ofensivas 233
7.14 Notório candidato 234
      7.14.1 Editorial de jornal 235
           a) hipótese fática 235
           b) ementa da decisão 236
      7.14.2 Programa de propaganda eleitoral gratuita 236
           a) hipótese fática 236
           b) ementa da decisão 236
           c) trecho do voto vencedor 237
      7.14.3 Entrevista veiculada por emissora de rádio 237
           a) hipótese fática 237
           b) resultado do julgamento 237
           c) trecho do voto vencido 238
           d) trecho do voto vencedor 239
      7.14.4 Informações divulgadas por emissora de televisão 240
           a) hipótese fática 240
           b) ementa da decisão 241
      7.14.5 Vinheta de rádio 241
           a) hipótese fática 241
           b) ementa da decisão 241
           c) trechos do voto vencedor 241
      7.14.6 Edição de imagens de debate 242
           a) hipótese fática 242
           b) decisão 243
           c) trechos do voto condutor 243

8
O ART. 41-A DA LEI 9.504/1997
(acrescido pela Lei 9.840/1999)
Alberto Rollo

8.1 Intenção da Lei 9.840/1999 245
8.2 Lei 9.840/1999 – A verdadeira inovação 248
8.3 A constitucionalidade de disposições do art. 41-A 250
8.4 Supressão de locução 252
8.5 Hierarquia das leis 256
8.6 Regramento processual 257
8.7 Litisconsórcio necessário. O vice 260
8.8 O art. 262, IV, do Código Eleitoral 264
8.9 O direito de disputar 266
8.10 Análise do tipo do art. 41-A 267
8.11 Jurisprudência aplicável 269
8.12 Mais jurisprudência 270

9
ASPECTOS PROCESSUAIS
DO ART. 96 DA LEI 9.504/1997
Alberto Rollo

9.1 A representação do art. 96 da Lei 9.504/1997 273
9.2 Devido processo legal 274
9.3 Legitimidade ativa 278
9.4 O advogado na Justiça Eleitoral 280
    9.4.1 Advogado: a posição anterior a 1988 282
    9.4.2 Advogado: situação a partir de 1988 283

9.5 Direito de petição *versus* presença de advogado – O falso dilema 286
9.6 Advogado como juiz eleitoral 287
9.7 Regularização de representação judicial 288
9.8 Intimações e prazos 289
9.9 Impulso judicial de ofício 291
9.10 Recurso especial 292

BIBLIOGRAFIA 295

ÍNDICE ONOMÁSTICO 299

ÍNDICE ALFABÉTICO-REMISSIVO 301

LISTA DE ABREVIATURAS

Ac.	–	Acórdão(s)
AI, AgI	–	Agravo(s) de Instrumento
AgPet.	–	Agravo de Petição
AgRg	–	Agravo Regimental
AIME	–	Ação de Impugnação de Mandato Eletivo
art.	–	artigo(s)
BE	–	*Boletim Eleitoral*
C.	–	Colendo
CE	–	Código Eleitoral
CF	–	Constituição Federal
Cons.	–	Consulta
Des.	–	Desembargador(a)
DF	–	Distrito Federal
DJ	–	*Diário de Justiça*
DOE	–	*Diário Oficial do Estado*
DOU	–	*Diário Oficial da União*
E.	–	Egrégio
EUA	–	Estados Unidos da América
inc.	–	inciso(s)
Informativo TSE	–	*Informativo do Tribunal Superior Eleitoral*

LC	–	Lei Complementar
LOPP	–	Lei Orgânica dos Partidos Políticos
m	–	metro(s)
MC	–	Medida Cautelar
Min.	–	Ministro
MS	–	Mandado de Segurança
OAB	–	Ordem dos Advogados do Brasil
§	–	parágrafo
PGE	–	Procuradoria Geral Eleitoral
Proc.	–	Processo
Proc. Adm.	–	Processo Administrativo
r.	–	retro
RCD	–	Recurso contra Diplomação
Rec.	–	Recurso
Rel.	–	Relator(a)
Repres.	–	Representação
Resol.	–	Resolução
REsp.	–	Recurso(s) Especial(is)
RO	–	Recurso Ordinário
STF	–	Supremo Tribunal Federal
STJ	–	Superior Tribunal de Justiça
T.	–	Turma
t.	–	tomo
TRE	–	Tribunal(is) Regional(is) Eleitoral(is)
TSE	–	Tribunal Superior Eleitoral
UFIR	–	Unidade Fiscal de Referência
v.u.	–	votação unânime

1
PRINCÍPIOS DE DIREITO ELEITORAL: TODO O PODER EMANA DO POVO

Alberto Rollo

SUMÁRIO: 1.1 Todo o poder emana do povo – 1.2 Voto geral – 1.3 Sistema restritivo – 1.4 Voto direto – 1.5 Voto livre – 1.6 As campanhas pelo voto livre – 1.7 Os modelos praticados no exterior – 1.8 Voto igual – 1.9 Voto secreto – 1.10 Voto em lista – 1.11 Voto secreto: direito ou dever? – 1.12 Voto secreto: pesquisas eleitorais – 1.13 Conclusão.

1.1 Todo o poder emana do povo

Há, no direito eleitoral, um conjunto de princípios que, por suas peculiaridades, faz, dessa parte do direito, um setor com características únicas e diferenciadas.

Querer aplicar ao direito eleitoral princípios e regras válidos para outros ramos do direito é lavorar em erro. Situações que comportam determinadas soluções nessas outras áreas passam ao largo do direito eleitoral.

Como em nenhum outro ramo, a vontade do povo, naquilo que ela tem de mais importante, a escolha dos que vão dirigir os destinos desse próprio povo, deve ser adequadamente captada, computada e obedecida.

Os responsáveis por esses atos de captação e computação da vontade popular não podem e não devem irrogar-se o direito de interpretar essa vontade, passando a ser agentes da escolha, e não os dirigentes do processo.

Motivados por processo de caráter nitidamente ideológico, há os que tentam impor sua vontade ao povo, há os que pretendem *proteger* o povo de distorções, há os que julgam equivocada a escolha feita pelo povo e se atribuem o direito de reorientá-la.

Todos esses atos, em verdade, configuram desrespeito à vontade popular, valendo a afirmação de que a vontade do povo deve ser obedecida, acima e além das posturas ideológicas dos que se julgam melhores do que o próprio povo. Essa casta dos senhores da vontade do povo pode ser encontrada em todos os lugares, desde organizações não governamentais a políticos, passando por advogados, promotores e juízes, em sua atuação e em seu trabalho.

Através do processo democrático afere-se a vontade do povo, consubstanciada no voto geral, livre, igual, direto e secreto que devemos garantir como tal, colocado na urna.

Garantindo que o voto seja colhido dessa forma, nas mais variadas gradações contidas na denominação geral de como deve ser o voto, estaremos permitindo que o povo exerça seu poder, escolhendo seus dirigentes, sem adjetivações.

1.2 Voto geral

No Brasil, o voto é obrigatório para os maiores de 18 anos de idade. Têm direito e obrigação de votar os brasileiros natos ou naturalizados.

A partir daí colocam-se as exceções. Podem votar opcionalmente os brasileiros entre 16 e 18 anos e que completem esses 16 anos até o dia do pleito. Os analfabetos podem votar, mas não podem ser votados.

Também são proibidos de votar os estrangeiros e, durante o serviço militar obrigatório, os conscritos.

Para votar, o cidadão precisa estar no gozo dos direitos políticos. Os que, por razões de ordem religiosa, deixem de atender obrigações a todos impostas têm seus direitos políticos suspensos, bem assim os condenados por improbidade administrativa, durante o tempo dessa condenação, e os condenados em processo criminal com sentença transitada em julgado, enquanto durarem os efeitos da condenação.

1.3 Sistema restritivo

Não tenhamos dúvida de que, em muitos sentidos, o nosso sistema é restritivo, em face de outras democracias.

Na Alemanha, por exemplo, juízes ordinários podem retirar os direitos políticos de uma pessoa, além da situação indiscutível da interdição civil por insanidade mental. Mas não existe a cassação de direitos políticos nos moldes do sistema brasileiro, de parlamentares e autoridades do Executivo.

O direito de votar é tão protegido no sistema alemão que o direito ao sufrágio não sucumbe mesmo quando o cidadão é condenado, independentemente da pena. E o direito de ser votado, a contrafação do direito de votar, este sim pode ficar suspenso quando o cidadão sofre uma pena restritiva de liberdade superior a um ano. E mais, a jurisprudência alemã entende pacificamente que penas colaterais de restrição ao direito de votar e ser votado devem vir expressamente anotadas na condenação e devem dizer respeito a casos de crimes contra o sistema eleitoral. Finalmente, direitos políticos podem ser cassados pelo Tribunal Constitucional alemão, decisão que alcança os que tenham atingido gravemente direitos fundamentais de terceiros.

As democracias ocidentais não excluem cidadãos do direito ao voto por razões de origem em classe definida, por renda auferida e por imposto pago.

Aliás, o imposto que se paga é uma das razões pela qual nos filiamos aos que entendem válido o voto do analfabeto. Esse cidadão insere-se no contexto social com sua participação na comunidade que advém do pagamento de impostos, pelo menos.

Vemos, pois, que o nosso sistema tem restrições ao direito de votar e ser votado ainda maiores que outras democracias.

Ainda assim podemos afirmar que o nosso sistema de habilitação para o voto atinge o princípio do voto geral, haja vista o percentual superior a 60% dos habitantes do País que têm direito de votar.

1.4 Voto direto

O voto é considerado direto mesmo quando se escolhe o dirigente político máximo indiretamente. Na Inglaterra, por exemplo, sistema de monarquia constitucional, quem comanda a gestão dos negócios públicos é o primeiro ministro. Cunhou-se a expressão *rainha da Inglaterra* para atribuir a determinado dirigente o não comando das coisas do Estado.

Nem se diga que o pleito norte-americano é direto, para a escolha de seu presidente. Na eleição do ano 2000, ao que se sabe, o candidato derrotado teve mais votos de cidadãos americanos e perdeu no colégio eleitoral. Isso porque cada uma das 50 unidades federativas norte-americanas direciona todos os seus votos colegiados para o vencedor em cada Estado. E o Estado da Flórida acabou por determinar o vencedor, ao proclamar o seu resultado.

No Brasil, vota-se diretamente para os cargos majoritários, neles incluídos os Prefeitos, Governadores e Presidente da República. A eleição para o Senado é, também, majoritária. Já os parlamentares nos três níveis são escolhidos de forma proporcional, sistema que encontra similar na maior parte dos países da Europa, desde os países escandinavos até os ibéricos. Já na Alemanha, o sistema é distrital misto, assim como na Itália e no México.

Esteve em estudos perante o Congresso Nacional o sistema de votação em listas fechadas. Isso porque o nosso sistema é de lista aberta, podendo o cidadão votar em determinado candidato com o voto computado automaticamente também para o partido. O sistema de lista fechada implica votação somente no partido, que, por escolha interna, decide a colocação de seus representantes nas respectivas listas.

O voto é tanto mais direto quanto direta for a votação em candidato.

1.5 Voto livre

Por voto livre deve ser entendido o voto livre de qualquer tipo de coação, física, psíquica ou de ordem moral, praticada por particulares ou por entidades não-governamentais ou governamentais.

O eleitor deve estar livre de coação, entendida como tal a pressão indefensável. Coagir é constranger, é forçar a praticar ato contra a vontade de quem o pratica. Coage-se um eleitor quando se impede esse eleitor de votar ou quando se o obriga a votar em quem ele não deseja. Na medida em que se assegura ser o voto secreto, cada vez mais se afasta essa coação, seja de que espécie for.

O que se discute, então, é se a propaganda eleitoral tem o condão de pressionar, indevidamente, o eleitor. O que se discute, mais do que isso, é se as benesses de campanha, tenham valor alto ou baixo, são capazes de constranger o eleitorado a votar nessa ou naquela direção. O que se estuda é o grau de influência psíquica da propaganda eleitoral capaz de alterar a vontade ou criar desejo ou expectativa no eleitorado, de forma a induzi-lo a votar desta ou daquela forma. Chega-se a enxergar o eleitor como consumidor de produto, querendo tutelá-lo de forma a impedir propaganda entendida como enganosa. Houve juiz que suspendeu propaganda de um certo "fura-fila" por entender que a formatação computadorizada do veículo de transporte constituía tal tipo de propaganda, influenciando indevidamente o eleitor.

Por convicção pessoal, embora sabendo não ser essa a orientação da jurisprudência eleitoral brasileira, entendo que, garantido o voto secreto, está garantido o voto livre. Nos Estados Unidos, faz-se campanha aberta até a véspera do pleito, como o candidato ROSS PEROT fez em pleito presidencial recente, dirigindo discurso de convencimento aos norte-americanos pelas três principais redes de televisão daquele país, por mais de uma hora, falando de seu plano de governo.

O desejo de tutelar a vontade do povo é tão grande, no Brasil, aqui sim, pelo meu sentir, configurando afronta à vontade do povo, que se pretende impedir o transporte de eleitores no dia do pleito, o convencimento de eleitores perto da secção de votação, aqui chamada de "boca-de-urna", a atuação livre da imprensa engajando-se nesta ou naquela candidatura, a atuação normal do governo, alocando verbas ou fazendo publicidade, ou mesmo governando para tentar melhorar a condição social do povo.

Voltando ao exemplo americano, a televisão, no dia do pleito, produz comerciais em que candidatos disponibilizam transporte para atender os eleitores. O perímetro externo das secções eleitorais tem acirrada disputa entre partidários de uma ou outra facção em disputa, sendo que em Miami, por exemplo, os muitos idosos são conduzidos por seus enfermeiros até o lugar de votação, auxiliando e anotando, até, o voto por essas pessoas. A imprensa engaja-se na candidatura deste ou daquele, produzindo editoriais favoráveis a seus protegidos e contrários aos seus opositores. O governo continua atuando, liberando verbas e alocando recursos. Chega-se a ponto de o vice-presidente e candidato à presidência valer-se do avião presidencial e, seguido por um séquito de pessoas, desde membros do *bureau* de inteligência, passando pelos guarda-costas, continuando pelo pessoal administrativo, num total de mais de uma centena de pessoas, deixar a Califórnia no período da manhã da véspera do pleito, passar por vários Estados norte-americanos, para terminar seu trabalho de proselitismo na Flórida, na praia chamada South Beach, em Miami, às 2 horas da madrugada do dia do pleito. Houve eleitor que saiu do comício diretamente para o posto de votação.

No Brasil, cujo último período de democracia estável teve início em 1985, e onde devemos continuar aprendendo a fazer democracia – o pior de todos os regimes excetuados todos os demais, como alguém já disse –, permitimo-nos manter regras rígidas para tutelar a vontade do eleitor.

1.6 As campanhas pelo voto livre

Sempre há, às vésperas de eleição, entidades não-governamentais defendendo a lisura do voto e a conscientização dos eleitores.

Certamente que, por vezes, essas entidades vêem o que é errado na propaganda eleitoral de acordo com suas origens e ideologias.

Entretanto, uma das entidades que mais se aproximou do moralmente correto no último pleito foi a secção paulista da OAB. Lá foi editada uma cartilha sobre o valor do voto e seu livre exercício.

Foi dito que o voto não é mercadoria para ser vendida, nem o eleitor pode ser equiparado a consumidor. Quem vota livre escolhe a melhor proposta para o futuro, não o melhor presente nem a melhor promessa, seja ela pessoal ou coletiva, no presente. Brindes, como se verá, representados por camisetas, canetas, pentes etc., por serem de pequeno valor, não são considerados ofensa ao voto livre. Porém, o volume gasto com esses pequenos presentes pode, sim, constituir abuso de poder econômico.

Mas há outra vertente da ofensa ao voto livre que é o abuso do poder político. Poder político é para ser usado no bem-estar da população, nela incluídos os que são eleitores. O abuso resulta do incremento excessivo da distribuição de gêneros alimentícios ou de anistias de impostos em meses que antecedem o pleito, para nos fixarmos em um exemplo.

Não configura abuso de poder político a "simples prova da prática de atos administrativos pelas autoridades do Poder Executivo, cujo vício consistiria em terem sido praticados em período eleitoral" (Min. FLAQUER SCARTEZZINI, Res. TSE 14.811, de 20.10.1994, v.u.).

E, finalmente, a última vertente da afronta ao voto livre tem origem na mídia. Na grande imprensa e nos pequenos municípios do interior.

É mais fácil saber-se em que campanha eleitoral está engajado este ou aquele veículo de comunicação, situação que se revela a partir de editorial bem claro, bem determinado, como na imprensa norte-americana, e manter-se uma postura crítica para neutralizar seus efeitos. Entretanto, no Brasil, a grande imprensa, às vezes, chama-se imparcial, mas engaja-se nesta ou naquela campanha, produzindo distorções jornalísticas, criando estados de tensão entre os eleitores. Mantida a atual legislação restritiva, somos obrigados a conviver com os abusos dessa mídia engajada. Há distorções na forma de edição de debates, como acontecido em passado recente. Há jornais que, por suas ligações até familiares, dão ênfase ao trabalho dos seus e à crítica aos outros. E há as pesquisas, nitidamente dirigidas, que anunciam na véspera o resultado que vem a ser flagrantemente desmentido no dia seguinte, dia do pleito, muito além da margem de erro prevista.

Em tudo isso, ou se acirra o espírito crítico do brasileiro, seja qual for sua origem ou grau de conhecimento, ou nunca se conseguirá impedir, suficientemente, a influência da propaganda, até aquela resultante das pesquisas dirigidas, sobre o resultado do pleito.

1.7 Os modelos praticados no exterior

Nos Estados Unidos, desde meados de 1996, meses antes da fase final do pleito que reelegeria BILL CLINTON, Illinois, Michigan e Ohio tiveram um aporte de recursos para seus Estados muito superior ao usual. Com isso, o presidente, que se reelegeria, procurava atingir lugares cruciais para a obtenção de votos decisivos no colégio eleitoral que decide a eleição presidencial norte-americana.

Dos 43 presidentes norte-americanos, mais da metade disputou a reeleição. Isso sem contar FRANKLYN D. ROOSEVELT, que disputou um terceiro e um quarto mandatos. Desses, 17 foram reeleitos e somente 6, incluindo o pai do atual presidente BUSH, não obtiveram sucesso.

O mais rematado abuso aconteceu na Casa Branca, que foi usada para fabricar recursos de campanha. O Presidente CLINTON convidava interessados em fazer polpudas doações a pernoitar na mansão, bem assim partilhava cafés da manhã e jantares de Estado com esses formidáveis doadores.

Entretanto, nos dois principais jantares do último pleito norte-americano, ambos transmitidos pela televisão e considerados trabalhos de campanha, o dos democratas foi em um estádio de futebol, onde os participantes, como na propaganda, vinham de metrô, vestiam-se modestamente e pagavam um valor menor, enquanto no dos republicanos os participantes vinham em carros de grande envergadura, vestiam-se com *black-tie* e pagavam valores altíssimos.

Na França, mesmo para os candidatos à reeleição permanece a ambigüidade. Os que pretendem manter-se no poder usam a máquina do Estado para ocupar espaço maior na mídia, além daquele permitido pelo Conselho Superior Audiovisual, responsável pelo equilíbrio do tempo concedido a cada candidato e a cada partido.

Na Argentina, a experiência da reeleição de MENEM foi a segunda, sendo impossível estabelecerem-se parâmetros entre ela e a reeleição do caudilho PERÓN. Em lá não havendo restrições de verbas para campanha institucional, foi maciça a campanha de MENEM e o uso de espaços publicitários divulgando sua gestão no período anterior.

Afinal, o que importará neste trabalho é a forma como a lei e a jurisprudência brasileiras encaram a proteção ao voto livre. Fique claro, entretanto, que, ao repetir conceitos e acórdãos pátrios, estaremos fazendo um trabalho de orientação ao interessado no direito eleitoral, não significando, entretanto, que tais entendimentos reflitam o nosso pensamento.

1.8 Voto igual

São duas as características do voto igual. A primeira delas é aquela contida na máxima "cada eleitor, um voto". A segunda condição de igualdade é a de que cada voto tenha a mesma importância eleitoral e política.

A primeira condição está perfeitamente preenchida no Brasil. Votam os analfabetos, votam os menores a partir de 16 anos, votam os cidadãos independentemente de raça, cor, credo ou condição social ou econômica.

Já não se pode dizer o mesmo da outra condição. A partir de diferentes estados, os eleitores têm seus votos aferidos por condições eleitorais bem distintas, com influência na composição política.

Claro está que isso não ocorre nos pleitos majoritários, onde cada eleitor tem um voto, sendo o candidato eleito aquele que é sufragado pela maioria, em um ou dois turnos. Melhor o nosso sistema do que o norte-americano, que, na eleição presidencial, usa um colégio eleitoral que acabou de dar, como já afirmado anteriormente, ao candidato menos votado o mandato presidencial.

Mas no nosso sistema proporcional temos distorções como aquela que faz o eleitor do mais denso colégio eleitoral, o paulista, ver seu voto valer 1/36 avos do voto do eleitor de Roraima.

No sistema distrital japonês, quando um eleitor chega a ver seu voto valer 1/3 do voto de qualquer outro distrito, a orientação legal é no sentido de dividir esse distrito eleitoralmente inflacionado em, ao menos, dois pedaços, para se obedecer o limite constitucional.

1.9 Voto secreto

Garantir que o voto seja secreto é a obrigação da Justiça Eleitoral e o objetivo do trabalho de todos nós. Dentro desse conceito está também o dever de garantir ao eleitor que seu voto seja corretamente computado. E garantir que seja o eleitor que se apresenta à mesa receptora de votos aquele que possui o direito ao exercício do voto.

Em passado recente havia distorções que não permitiam a correta aferição da vontade do povo. É a época das cédulas que vinham prontas de casa para serem introduzidas na urna de votação. Seguiu-se o momento da cédula única, que o eleitor recebia com a rubrica dos mesários, na hora de votar, para preenchê-la e introduzi-la na urna. Durante esse momento, o título de eleitor não era informatizado e identificava esse eleitor através de fotografia. Mas o risco na correta aferição da vontade do povo residia no aparecimento de distorções do voto, como o voto *formiguinha*, entre outros. Foi o momento do *mapismo,* fraude eleitoral cometida *nas fímbrias da Justiça Eleitoral*, consistente na alteração dos mapas com a passagem de votos de um candidato para outro ou dos votos em branco ou nulos para determinado candidato. A lei, para combater essa fraude, chegou a se apoiar em dispositivos que permitiam a recontagem quando acontecessem desvios que chamassem a atenção. O então deputado ROBERTO CARDOSO ALVES conseguiu recontar votos no Tribunal Eleitoral, em urnas, no Vale do Paraíba, onde aparecia com contagem de votos igual a zero. Foram recontadas diversas urnas, em que ele recuperou cerca de 1.000 votos, quantidade insuficiente para sua reeleição. Quando, a partir desse precedente, outras urnas de 1 e 2 votos iam ser recontadas, o homem público morreu e o processo não teve continuidade.

Certo é, pois, que a urna eletrônica tende a derrubar o problema do *mapismo*. Ainda mais que as urnas são individuais, com programas individualizados, cada secção eleitoral com a sua lista de eleitores e com boletins de urna emitidos e entregues aos partidos tão logo terminada a votação. Só após isso é que os disquetes são levados a um centro de computação para serem transmitidos, via intranet, para a central de totalização. Entretanto, como os partidos já têm o boletim de urna individualizado por secção, é possível conferir, urna a urna, os boletins fornecidos após a apuração, com os resultados totalizados.

Preocupa ainda, como atentado ao voto livre, a possibilidade de, juntamente com os programas corretos, ser introduzido, na urna eletrônica, *vírus* tendente a adulterar o resultado do pleito, retirando percentual de votos em branco e passando para determinado candidato, para nos fixarmos em um exemplo. Mas o próprio setor de informática do Tribunal Superior Eleitoral aceita a conferência do sistema por amostragem, com 2% das urnas, por exemplo, arredondando-se a fração sempre para cima. Nesse método, urnas eletrônicas seriam examinadas logo após o pleito para verificar se existia algum programa a mais, sabendo-se que o assim chamado *vírus* nada mais é do que um programa de informática. Outra alternativa seria a de retirar, no início da votação, algumas urnas para serem removidas até a sede local da Justiça Eleitoral, onde seriam testadas na presença dos interessados, dos partidos políticos, de entidades como a Ordem dos Advogados e da imprensa. Enquanto isso, as urnas retiradas seriam substituídas por outras, de contingência, para dar seqüência normal ao pleito.

Outro passo na direção do voto secreto é garantir que o ato de votar seja praticado sob a proteção de biombos, suficientemente amplos para que não se veja em quem o eleitor está votando.

Deve haver, em cada secção eleitoral, número suficiente de eleitores para que não se possa identificar tendências. O retorno à impressão do voto para permitir conferência pelo eleitor pode ser um mal maior do que a garantia, ao eleitor, da confirmação de seu voto. Com a impressão do voto na mão, não será difícil ao eleitor ausentar-se do local de votação com o material impresso para negociar o seu voto, nem será difícil que ali, na secção eleitoral, ele exiba o resultado impresso ao fiscal do partido do candidato no qual votou. Tudo isso em prejuízo do voto secreto.

1.10 Voto em lista

O parlamento brasileiro estudou, para adoção no pleito de 2002, o voto em lista fechada. Por esse voto, o eleitor não escolhe seu candidato. Ao contrário, somente vota no partido, o qual, por processos internos, longe de democráticos, coloca seus candidatos na ordem determinada por ele.

Esse é o sistema que vigeu na Alemanha Oriental. Votavase, mas sem riscos de escolher candidatos contra a *nomenklatura*. A forma de protesto contra essa aferição da vontade popular era o voto em branco, cujo único resultado era provocar escândalo.

1.11 Voto secreto: direito ou dever?

Uma dúvida que sempre surge sobre o voto secreto é saber se ele é apenas um direito, ou é também um dever. Entendo que, além de direito, ele é um dever *durante o ato de votar*.

Não se discute a possibilidade de qualquer eleitor, nos limites da lei, dar seu testemunho em favor deste ou daquele candidato. Fala-se "nos limites da lei" porque ela proíbe que, filiado a um partido, suba no palanque de outro com o qual não está coligado.

Esse ato de testemunho, de apoio, de atuação, é permitido. O que não se permite é que o eleitor, durante o ato de votar, identifique seu voto por qualquer processo, quebrando o sigilo, qualquer que seja a razão.

Claro que sempre há as exceções. O pai que leva seu filho pequeno e com ele compartilha o ato de votar está, antes de tudo, plantando cidadania. O deficiente de qualquer forma, com qualquer tipo de limitação, pode ser auxiliado a consignar seu voto, ainda que este corra o risco de ser conhecido por mais alguém. Mesmo o deficiente não pode exibir seu voto como um troféu para registro pela imprensa, por hipótese absurda.

Também, durante o ato de votar, o eleitor pode estar vestido com camiseta identificadora de seu partido ou candidato, produzindo *manifestação silenciosa*, conforme votação unânime do TSE em apoio a voto do Min. SEPÚLVEDA PERTENCE. Até os fiscais podem ostentar identificação do partido, como consta da Res. TSE 15.645, da relatoria do Min. OCTAVIO GALLOTTI.

1.12 Voto secreto: pesquisas eleitorais

As pesquisas eleitorais feitas quando o eleitor acabou de votar não constituem afronta ao voto secreto. Ao contrário, tanto na Alemanha como no México, dentre outros lugares onde são usadas, essas pesquisas têm o condão de ajudar a sedimentar o processo.

Quando da eleição do presidente mexicano VICENTE FOX, essas *encuestas de salida* eram utilizadas para permitir, à cidadania e aos observadores eleitores, o controle da inexistência de distorções, visto que, até aquela ocasião, o México era considerado país de um partido único, o PRI.

O que se deve evitar é o anúncio desses resultados, proibidos tanto aqui como na Alemanha e no México, antes do fechamento das urnas, como forma de atuar sobre o inconsciente popular. Nos Estados Unidos, com a diferença de fuso horário, anunciam-se resultados da Flórida três horas antes do fechamento das urnas da Califórnia, o que pode resultar em atentado à vontade popular.

Mas a vontade popular pode ser deformada por pesquisas tão incorretas que deturpem essa vontade, como na passagem para o segundo turno das eleições para o governo de São Paulo em 1998. Há processo na Justiça Eleitoral a respeito.

Ainda que entenda deva existir completa liberdade para o voto, não se pretende deixar de consignar que, ao contrário de outros países, *revelações de escândalos de última hora* podem influir e influem na vontade do eleitor. A atuação deve ser no sentido da conscientização dos eleitores para que se tornem imunes a esses escândalos, indagando do porquê de terem sido apresentados só na última hora. Nas democracias mais conscientes, esses atos acabam se revelando contraproducentes. Aqui no Brasil, infelizmente, ainda produzem efeitos, como aquele denunciado no pleito de Ouro Preto, em 1988, que resultou na anulação das eleições daquele município.

1.13 Conclusão

Caminhamos, pois, na direção de obedecer ao princípio constitucional de que *todo o poder emana do povo*, na medida em que procurarmos garantir as modalidades de voto e seu respeito, acima definidas. Insiste-se na ausência de tutela da vontade popular e entende-se que, ao contrário do afirmado por aquele ilustre atleta brasileiro, o povo sabe, sim, votar. E aquele que não sabe deve tentar, escolhendo por própria convicção, até acertar.

À pergunta de como se escolhe o melhor candidato se dá a resposta de que se examine o plano de atuação do partido a que pertence esse candidato, para começar. Por mais que se alterem as cores, transformando o verde em amarelo e o vermelho em lilás, sempre o verde será verde, por razões de origem e formação, bem como o vermelho será vermelho. Em seguida, examinem-se o candidato, seu *curriculum* e sua atuação. Certo que os adeptos dos movimentos sociais deverão escolher quem lhes é próximo e participou de movimentos iguais. Mas nada impede que o esportista escolha o esportista e o homem religioso escolha alguém de sua fé. Esses diferentes matizes, e vários outros, devem estar representados nas Casas de Lei.

Mas há um produto que deve ser procurado nos candidatos de todos os matizes, que é a honestidade, com subproduto na seriedade da conduta. Não se trata de cassar quem, eleito pelo povo, surge como responsável por atos criminosos. Trata-se de não reelegê-lo porque o julgamento do povo, ao fim e ao cabo, é que é o correto, muito mais importante do que as acusações levianas que existem em profusão e do que as provas terminativas, difíceis de serem obtidas em casos de corrupção.

Por certo, ao largo das decisões judiciais quem deve julgar é o povo, porque é dele que emana todo o poder, e as autoridades, mesmo as judiciárias, que não são, no Brasil, eleitas diretamente, agem em seu nome.

2
PRINCÍPIOS DE DIREITO ELEITORAL: *PARS CONDITIO* E SEGURANÇA JURÍDICA

ALBERTO ROLLO

SUMÁRIO: 2.1 *Pars conditio* – 2.2 Imprensa: desequilíbrio – 2.3 Desincompatibilização e desequilíbrio – 2.4 Desnecessidade – 2.5 Abuso do poder econômico como fator de ruptura da igualdade – 2.6 A tentativa de coibir o abuso do poder econômico com a Lei 9.840/1999 – 2.7 Um erro justifica o outro? – 2.8 Antecipação de propaganda – 2.9 Súmula vinculante no processo eleitoral – Princípio da segurança jurídica – 2.10 Princípios: conclusão.

2.1 *Pars conditio*

Vale a pena reproduzir trecho de entrevista do Ministro NÉRI DA SILVEIRA, quando Presidente do Tribunal Superior Eleitoral, ao jornal *O Globo* na edição de 09.07.2000:

"P – Não é desigual candidatos disputando o mesmo cargo, e um deles já estar investido nesse cargo, usando todas as prerrogativas e ocupando espaço na mídia?

R – O princípio básico do processo eleitoral que tem de ser respeitado na campanha é o de igualdade entre os candidatos. *Não é possível admitir-se o tratamento desigual entre candidatos de diferentes partidos políticos.*

P – Mas com a reeleição os candidatos já nascem desiguais, não?

R – *Daí a dificuldade da reeleição."*

A *pars conditio* é a desejável condição de igualdade que deve existir entre diferentes candidatos postulantes ao mesmo cargo e originários de diferentes partidos.

A introdução do instituto da reeleição, além de causar desacertos constitucionais, como o da impossibilidade da eleição de parente ou o da necessidade de desincompatibilização do ministro ou do secretário, enquanto o chefe do poder permanece no cargo, causa sério abalo à preconizada condição de igualdade que deve existir entre os candidatos, atuando contrariamente a esse princípio do direito eleitoral.

O mal, todavia, não é brasileiro, somente. Quando se adotou o instituto da reeleição já se admitiu a influência dele na disputa eleitoral direta, afetando a condição de igualdade. Os exemplos que vêm de fora mostram isso. A utilização de recursos para auxiliar Estados, com vistas aos votos eleitorais daqueles redutos, como já anotado acima, praticada por BILL CLINTON quando candidato à reeleição nos Estados Unidos, além do uso indevido da Casa Branca, com cafés e hospedagens oferecida para grandes contribuintes de campanha, é exemplo disso.

Na França, em 1988, sendo MITERRAND candidato à reeleição, suas viagens de governo e sua agenda eram organizadas por seus orientadores de campanha, que atuavam na sede do seu partido, o PS. Como já dito, há um Conselho Superior Audiovisual que examina o aparecimento dos candidatos no rádio e na televisão, sendo responsável pelo equilíbrio do espaço concedido a cada candidato. Porém, não há como impedir que os detentores do poder, no exercício de suas funções de governo, sejam expostos por mais tempo na mídia, aparecendo mais vezes.

2.2 Imprensa: desequilíbrio

Aqui, nesse tema, as regras de direito eleitoral e sua aplicação têm procurado fazer coabitar essa partilha de tempo no noticiário com a liberdade de imprensa. Em caso recente de município do interior de São Paulo, onde havia forte acusação do uso de jornais e rádio durante todo o ano do pleito, assim se manifestou a Dra. ALICE KANAAN, Procuradora Regional Eleitoral: "Ocorre que, sendo o recorrente Prefeito Municipal e também candidato à reeleição, seu nome e as atividades da Prefeitura são por vezes veiculados na mídia, pois trata-se aqui de uma pessoa pública e chefe do Poder Executivo Municipal. Se possíveis abusos de poder político ou econômico ocorreram, os mesmos não foram demonstrados ou comprovados nestes autos, pois o simples fato de existirem reportagens no jornal cujos proprietários são parentes do recorrente não significa que há presunção de abuso dos meios de comunicação, do poder econômico, ou a prática de qualquer outro ilícito eleitoral".

Também do mesmo v. acórdão extrai-se esta passagem do voto do relator, Des. JOSÉ CARDINALE, que subscreveu o parecer da PRE e acrescentou: "O exame das matérias publicadas, no entanto, revela que estas, em sua generalidade, contêm mera divulgação de atividades e obras realizadas pelo então prefeito, e, não obstante o inegável destaque a este dado, não configuram o afirmado abuso dos meios de comunicação social. Revestem-se elas de caráter jornalístico, informando a população sobre os acontecimentos do Município, nos quais se incluem obras e demais realizações da administração municipal, o que, ressalte-se, é inerente ao mister da imprensa" (Ac. TRE-SP 139.833, *DOE* 23.08.2001, v.u.).

2.3 Desincompatibilização e desequilíbrio

Todo o arcabouço jurídico construído pelo constituinte de 1988 e legislador de 1990, inclusive quando exigiu afastamento de cargo com influência decisiva para a concessão de benesses através da administração pública, fortalecendo o instituto da desincompatibilização no direito eleitoral, foi por terra com a alteração constitucional que introduziu a reeleição.

O § 7.º do art. 14 da CF está mantido, tornando inelegíveis parentes consangüíneos e afins até o segundo grau, nas situações que prevê. Ora, se o titular pode candidatar-se à reeleição, por que vedar-se a eleição do parente? Já na LC 64/1990 estão previstas situações em que o detentor do cargo ou função é obrigado a afastar-se se pretender candidatar-se, num período de quatro ou seis meses anteriores ao pleito, enquanto o titular da função executiva pode candidatar-se à reeleição permanecendo no cargo. Essas regras de inelegibilidade ou desincompatibilização são típicas do direito eleitoral brasileiro.

A incoerência é mostrada mais uma vez na necessidade de desincompatibilização do diretor da OAB (Ac. TSE 16.551), do agente postal (Ac. TSE 12.531), secretário municipal (Ac. TSE 12.712), entre outros, enquanto o titular, prefeito, governador ou presidente da República, permanece no cargo.

2.4 Desnecessidade

O mesmo Min. NÉRI DA SILVEIRA, que deixou transparecer crítica à reeleição em entrevista que anotamos, é o relator do Ac. TSE 19.953, que ressalta a desnecessidade de desincompatibilização do candidato que pretende reeleger-se. Ficou dito em seu voto: "...bem de entender é que não cabe exigir-lhes desincompatibilização para concorrer ao segundo mandato, assim constitucionalmente autorizado".

A reeleição é, de per si, fato gerador de desequilíbrio na disputa eleitoral. Entretanto, agravando o instituto e ajudando a romper com a *pars conditio*, a permanência no cargo enquanto disputa o pleito só faz piorar a situação do candidato à reeleição.

Há, tramitando no Congresso Nacional, projetos de alteração legal e constitucional exigindo a desincompatibilização ou mesmo a renúncia dos candidatos à reeleição – alterações que ainda não foram aprovadas.

2.5 Abuso do poder econômico como fator de ruptura da igualdade

Sem dúvida alguma, um fator de desequilíbrio no pleito, capaz de romper com a desejável igualdade na disputa, é o abuso do poder econômico.

Vantagens econômicas ou patrimoniais são trocadas por votos. Já existe, no Código Eleitoral, a previsão do tipo penal que persegue quem dá, promete ou recebe vantagem ilícita em troca de voto. Um ato desses, praticado isoladamente, mesmo que não venha a influir, por sua magnitude, no resultado do pleito, é crime e punível com as penas do art. 299 do diploma citado.

Começa a instalar-se no TSE uma discussão sobre a interpretação do art. 41-A, introduzido pela Lei 9.840/1999 na Lei eleitoral 9.504/1997. E a principal conseqüência que se tira é a concernente ao fato de que um ato isolado de abuso de poder econômico seria capaz de cassar o mandato do beneficiário, independentemente do potencial eleitoral configurado, o que constituiria um rompimento da jurisprudência existente. Somos do entendimento da continuação da exigência do potencial de influência no resultado, como da jurisprudência mais recente, como conseqüência do nexo de causalidade a ser comprovado. Isso porque continuamos a pensar que o princípio maior do direito eleitoral é e continua sendo o da Constituição Federal, de que todo o poder emana do povo. Porém, haverá quem engendre, para prejudicar adversário político, um ou dois casos de abuso de poder tendo esse adversário como beneficiário. E, finalmente, eleição que se decide com diferença superior a milhões de votos, como a do pleito presidencial de 1998, não pode ser afetada por abuso de poder econômico (ou político, ou dos meios de comunicação social), absolutamente limitado.

2.6 A tentativa de coibir o abuso do poder econômico com a Lei 9.840/1999

Freqüentou, com ênfase, as páginas dos jornais do Brasil a aprovação pelo Congresso e a sanção pelo Presidente da República do projeto de iniciativa popular que objetivou moralizar as eleições com a perseguição dos candidatos que venham a atuar para corromper o eleitorado com promessas, doações ou ofertas de bens materiais, em troca de voto. É a Lei 9.840/1999.

Houve quem dedicasse editorial para anotar que, a partir de então, tais processos seriam velozes, com 13 dias de duração, podendo resultar na cassação dos candidatos infratores ainda antes da eleição, pela retirada de seus registros.

Quem opinou não se deteve no exame mais completo da lei. Não se deu conta de que essa singela lei, de cinco artigos, foi toda a reforma eleitoral feita pelo Congresso para o pleito de 2000, reforma que já foi chamada de mãe de todas as reformas. E com certeza não houve para 2002.

Há que se elogiar o espírito e a luta de tantos quantos recolheram mais de 1.000.000 (um milhão) de assinaturas para esse projeto de iniciativa popular. Quanto mais participação popular, mais democracia. Há que se aferir, no espírito do projeto, a intenção de perseguir os políticos que fazem do abuso do poder econômico e político o trampolim para a obtenção de votos. Porém, ressalvada a imposição de multa, que pode variar entre 1.000 e 50.000 UFIR, as novidades positivas da lei aprovada acabaram aí.

E diz-se isso porque, tanto a compra de votos como as condutas vedadas perseguidas pelo art. 73 da Lei 9.504/1997, em seus incisos I (cessão de bens públicos para uso em campanha), II (uso de materiais custeados pelo governo), III (uso de servidor em campanha), IV (uso promocional de bens e serviços públicos) e VI (transferência de recursos, propaganda pública e pronunciamentos oficiais), que também são motivo para cassação de registro conforme anotação da nova lei, são especificidades de uma regra genérica, já existente.

O art. 22 da LC 64/1990, em seu *caput,* já prevê a investigação judicial para apurar uso indevido, desvio ou abuso de poder econômico ou de poder de autoridade, bem como a utilização indevida dos meios de comunicação social em favor de candidato. E as condutas vedadas aos agentes públicos, exemplificadas na nova lei, nada mais são do que espécies do gênero abuso do poder de autoridade. A compra de votos é, no mínimo, uso indevido ou desvio do poder econômico, podendo, se em grande quantidade, vir a constituir abuso desse mesmo poder. Pelo que se vê, a lei em comento não reinventou sequer a roda, limitando-se a detalhar-lhe, para fixarmo-nos no exemplo, o tamanho e a qualidade dos aros.

Também sob o ponto de vista processual, a lei nada cria, limitando-se a dizer que o procedimento a ser aplicado será o previsto no art. 22 da LC 64/1990, nos seus 15 incisos e parágrafo único. São essas as regras que, segundo o editorialista, reduzem o prazo do processo a 13 dias. Realmente, contados os prazos dos incisos desse art. 22, e fazendo-se a soma dos mesmos, teremos 13 dias de procedimento, os mesmos já existentes. Pode-se imaginar a pergunta: e por que, então, não houve cassação de registros de candidatos até agora, se o formato processual dos 13 dias já existia? E a resposta, para aqueles que são algo mais além de curiosos, tem a ver com princípios constitucionais, como o amplo direito de defesa e o exercício do contraditório.

Terminando o comentário dessa lei, vale anotar aquilo que passou despercebido para a maioria. O legislador incluiu um art. 5.º, que vem após aquele relativo à revogação das disposições em contrário, revogando expressamente o § 6.º do art. 96 da Lei 9.504/1997. Qual a importância dessa revogação, no contexto da lei pretendida como saneadora? O dispositivo revogado era justamente aquele que permitia fosse a citação para o processo feita ao partido ou coligação do candidato, dando, assim, maior agilidade ao início do processo.

Por certo não foram razões de índole constitucional, e elas existem, que levaram à revogação do dispositivo legal citado. Antes disso, ao que se sabe, pretendeu-se, não para a eleição municipal de 2000, mas para o pleito de 2002, impedir a velocidade do processo retardando a citação do candidato, que deverá ser citado pessoalmente, ele que, normalmente ou como desculpa, sempre estará ausente da sede do TRE, em campanha, percorrendo o Estado, um dia aqui, outro ali, nunca encontrável e só encontrado após o pleito, como nos casos de até agora.

Dessa forma, ao especialista em direito eleitoral sobram poucos motivos, e a iniciativa popular foi um deles, de regozijo com essa lei apresentada como redentora. Reforma eleitoral e política são feitos com voto distrital, democracia direta, urna eletrônica e título de eleitor com fotografia. Temas que ficaram relegados para outro momento.

2.7 Um erro justifica o outro?

Em verdade, o título bombástico mal esconde uma determinação, um princípio do direito eleitoral, que vem escrito no art. 219 do Código Eleitoral: "Art. 219. Na aplicação da lei eleitoral o juiz atenderá sempre aos fins e resultados a que ela se dirige, *abstendo-se de pronunciar nulidades sem demonstração de prejuízo*" (grifo nosso).

A finalidade da lei eleitoral é assegurar a escolha legítima de representantes do povo.

Assim, parece profundamente incoerente perseguir processualmente e cassar o candidato que pratica determinado abuso, distribuindo 100 cestas básicas para usarmos um exemplo, colocando outro no seu lugar, que, eventualmente, tenha distribuído benesses com o mesmo potencial de influência no processo eleitoral. Isso é pronunciar nulidade sem demonstrar o prejuízo, pois, no exemplo dado, ambos teriam infringido a legitimidade do processo eleitoral.

Essa razão nos leva a entender ser possível formular, em defesa apresentada em processo de cassação, argumentos que mostrem ter aquele que se irá beneficiar da cassação praticado os mesmos atos do réu da ação ou de potencial idêntico a influenciar no processo eleitoral. Isso para que, ao final, possa usar-se o princípio adotado no art. 219 já citado, do *pas de nullité sans grief*.

Se ambos os candidatos, o vencedor e o perdedor, praticaram abusos similares em qualidade ou potencial, cassar um deles e ungir o outro é permitir, de qualquer forma, a vitória da ilegalidade eleitoral. Se atos eleitorais tiverem de ser compensados, que prevaleça a vontade do eleitor.

É por isso que se anotou a máxima de que um erro justifica o outro. Entretanto, no aspecto criminal, uma afronta ao art. 299 do CE, com doação em troca de voto, implica em ato punível e condenação certa.

Vale repetir, entretanto, que o direito eleitoral tem regras e caminhos próprios. Não há como transportar, simplesmente, regras de direito penal para o campo eleitoral.

E é em razão disso que se entende ser o disposto no art. 219 do CE um princípio importante a ser adotado e respeitado.

2.8 Antecipação de propaganda

Houve quem, no exercício do mister de julgar os feitos relativos ao pleito do ano 2000, antecipasse o início do processo eleitoral para os primórdios do ano de 1999.

Totalmente equivocada a posição de quem assim agiu. Cartões de Natal, mensagens de aniversário, críticas administrativas, um elenco de fatos jurídicos sem repercussão eleitoral direta foi perseguido e cerceado pela atuação de juízes eleitorais.

A classificação do que é propaganda eleitoral antecipada passa pelos estudos das normas e da forma e época de sua criação.

O art. 240 do CE, que fala de propaganda antecipada, é fruto da ditadura, de um regime que se impôs no Brasil, cujo término é anotado como tendo ocorrido em 1985. Até por isso, quem subscreve ansiosamente seus ditames não está apto a exercer o mister de julgar atos de democracia, como escolha de candidatos, propaganda e o ato de votar.

O texto do nosso Código Eleitoral, e o seu art. 240, foi discutido e votado no Congresso Nacional, pese embora tê-lo sido sob a égide do Ato Institucional n. 1, de 09.04.1964.

Os pesquisadores encontrarão o registro de que o aludido art. 240, com sua vedação, teve o escopo de subordinar o candidato aos ditames de seu partido, impedindo-o de projetar-se como candidato e criando um fato consumado que o partido não poderia descartar.

Essa é a razão, no dizer do Prof. FRANCISCO PRADO, pela qual "o texto legal abrigou apenas o preceito – a vedação da conduta –, deixando o seu sancionamento às normas internas de cada partido. *No fundo, o que se pretendeu foi conter a irradiação dos prestígios individuais contrários ao regime, por via de controle partidário, razão pela qual a instauração do sistema bipartidário foi o passo seguinte na trilha desse propósito*" (grifo nosso).

O bem jurídico consagrado no preceito, em verdade, foi o da autoridade partidária, então reforçado. O legislador pós-Constituição de 1988 estabeleceu o mesmo preceito, somente que com sanções administrativas, nas Leis 8.713/1993, 9.100/1995 e 9.504/1997, todas de natureza eleitoral.

Já erros de julgamento foram cometidos quando se pretendeu coibir eventual propaganda antecipada com o texto das Leis 8.713/1993 e 9.100/1995, que esgotavam sua vigência com os pleitos para os quais tinham sido elaboradas, aplicando-se o art. 240 do CE, que tem a norma mas não indica a sanção. Com o advento da Lei 9.504/1997, tivemos uma lei permanente com norma e sanção para a propaganda antecipada. Mas sanção de caráter administrativo, sem natureza penal.

O questionamento passou a ser sobre o que é propaganda eleitoral antecipada. A resposta é que de longa data houve uma especialização na ciência das comunicações sobre os conceitos de propaganda, informação e comunicação. Propaganda é expressão de origem religiosa "que nasceu em 1622, com o instituto da Sacra Congregatio de Propaganda Fide, pelo Vaticano, e que foi laicizada no século XIX por Aléxis de Tocqueville" (Prof. FRANCISCO PRADO).

Essa expressão, vista com objetividade, só pode qualificar, no plano eleitoral, atividade de divulgação de eleitor que contenha induvidosa intenção eleitoral, com três elementos caracterizadores já definidos pelo Tribunal Superior Eleitoral e que são: "... induvidosa (e não sub-reptícia) intenção de revelar ao eleitorado o cargo político que se almeja, a ação política que pretende o beneficiário desenvolver e os méritos que o habilitam para o exercício da função" (Ac. AI TSE 1714-CE, rel. Min. EDSON VIDIGAL).

Assim, quando o cidadão eleitor e elegível busca expor-se à mídia e fazer proselitismo de seu nome, sem cumprir as três razões que caracterizam a propaganda eleitoral, que devem ser entendidas na sua soma, não pode ser impedido em seu trabalho, sob pena de afronta ao princípio da *pars conditio.*

E termina o Prof. FRANCISCO PRADO sua cirúrgica intervenção, através do voto no Ac. 128.076, da corte paulista, de 09.10.1997: "Face a esses detentores de cargos públicos e outros que, por força de sua arte ou de sua profissão, estão constantemente diante do público, os demais pretendentes a cargos eletivos certamente que ficariam em posição de franca desigualdade se lhes retirasse a ocasião de exibir-se, com o seu nome ou a sua imagem, diante de todos, para fazer-se conhecer, sem alusão a qualquer disputa". Com isso espera-se dirimir dúvidas sobre o que é ou não propaganda eleitoral antecipada e sua influência sobre o princípio da igualdade.

2.9 Súmula vinculante no processo eleitoral – Princípio da segurança jurídica

Já escrevemos em nosso trabalho sobre a Lei eleitoral 9.504/1997 que o pensamento do TSE deve ser adotado como regra geral pelas instâncias eleitorais inferiores, de forma a estabelecer segurança jurídica no julgamento e condição de igualdade entre os candidatos.

O Tribunal Superior Eleitoral, eleição a eleição, costuma reexaminar temas polêmicos que foram objeto de julgamentos idênticos para determinado pleito, quando se apresenta nova oportunidade com o alvorecer de um novo pleito.

Exemplo clássico disso é a rejeição das contas exorcizada pela alínea *g* do inc. I do art. 1.º da LC 64/1990 e a possibilidade de proposição de ação desconstitutiva dessa rejeição. O tema, ferido eleição a eleição, gerou a Súmula 1 do TSE.

Sempre que um novo pleito se avizinha, juízes e TRE examinam o tema e divergem, sob a ótica da moralidade, da adoção dos princípios da súmula. E, a cada pleito, o TSE debate e reexamina o tema na primeira oportunidade. A partir daí, ainda que haja votos divergentes, todos os ministros adotam a posição majoritária, ressalvada a convicção pessoal. O caso do beneficiário não consentido que gerou a Súmula 17 é outro desses temas.

Acaba havendo nas diversas instâncias da Justiça Eleitoral uma diferente tomada de posição que, na celeridade do processo eleitoral, acaba por afetar a segurança jurídica e a igualdade de condições. Eis o que dissemos: "Mas a segurança jurídica é o escopo que se busca. Não é possível que, em pleitos estaduais, haja diferentes interpretações do texto legal, em diferentes municípios de um mesmo Estado, fazendo com que candidatos mais afortunados possam fazer suas propagandas sem serem impedidos pela Justiça Eleitoral porque, em algumas Comarcas, há juízes que se preocupam com o que pensa o TSE, enquanto em outras os juízes firmam seu próprio entendimento, exercendo o seu direito de pensar e julgar, por certo, mas levando candidatos ao desespero porque desenvolvem campanhas em regiões onde esses julgadores se mostram apartados do entendimento da Corte Eleitoral Superior e atuam de forma impeditiva e cerceadora de propaganda que o TSE já considerou regular".

2.10 Princípios: conclusão

Nos dois primeiros capítulos deste trabalho procurou-se passar informação sobre alguns princípios jurídicos que embasam a estrutura do direito eleitoral.

Falou-se que todo o poder emana do povo, principal elemento de formação do direito eleitoral. Esse princípio, sozinho, é a viga mestra do direito eleitoral, devendo servir de norte e rumo aos aplicadores da legislação eleitoral. Seja sob qual pretexto for, não se pode deixar de respeitar a vontade do povo. Agir contrariamente a ela, só em casos de extrema gravidade e devidamente comprovados, inclusive sobre o seu potencial de influência no processo eleitoral.

O princípio da condição de igualdade entre os candidatos, mais do que um princípio, é uma utopia a ser perseguida, pois os candidatos são desiguais a partir de suas condições pessoais, das posições que ocupam, de sua exposição à mídia, dos partidos a que pertencem e, até, a partir de condições de momento. Quem não se lembra do alcance do Plano Cruzado e da perseguição aos bois no pasto para a eleição de mandatários no pleito que se seguiu? Quanto a tentar manter a igualdade entre os candidatos, o melhor trabalho é o da conscientização, do aprimoramento da capacidade de escolha a ser feita pelo eleitor, visto que até as condições econômicas tornam os partidos desiguais. Partidos com mais deputados federais têm mais tempo de televisão. Tudo isso atenta contra a igualdade desejável entre os candidatos.

E não se diga que o financiamento público de campanha virá ao encontro da igualdade de oportunidades porque, aí, sim, voltará a existir com mais força o caixa 2 de campanha e os financiamentos feitos por debaixo do pano.

Outro princípio que se defendeu foi o do erro escusável por idêntico procedimento do adversário. É mandamento de ordem legal e que já foi mais praticado em outro momento do direito eleitoral. Mas, como ordenamento legal, existe e é importante.

Finalmente procuramos defender a atuação idêntica de juízes, promotores e advogados, mais consentânea com a jurisprudência mais recente do Tribunal Superior Eleitoral, para que causas com o mesmo suporte fático não venham a ter diferentes soluções, com prejuízo de alguns candidatos e benefício de outros. A boa atuação jurisdicional decorre da aplicação da lei, *da mesma forma*, para os distintos interessados. Se a aplicação da lei se dá, em determinada circunscrição, em desacordo com o entendimento do TSE, mas da mesma forma para diferentes candidatos, não haverá por que reclamar-se de parcialidade na condução do pleito. Se, entretanto, a lei for interpretada de maneira diferente para candidatos ao mesmo pleito, por certo haverá parcialidade com origem na própria atuação judicial.

Anotados esses alicerces e fincados esses princípios, passar-se-á ao exame da propaganda eleitoral e de sua interpretação a partir da jurisprudência mais atual da Corte Eleitoral Superior.

3
ASPECTOS GENÉRICOS
DA PROPAGANDA ELEITORAL

ALBERTO ROLLO
ALBERTO LUIS MENDONÇA ROLLO

SUMÁRIO: 3.1 Antes de 6 de julho – 3.2 O que é propaganda eleitoral? – 3.3 Propaganda intrapartidária – 3.4 Beneficiário não consentido – 3.5 Outros aspectos gerais da propaganda eleitoral – 3.6 Comícios.

3.1 Antes de 6 de julho

Como da lei, o período apto a que se produza propaganda eleitoral começa a partir de 6 de julho. Antes disso, o que se permite, até em homenagem à isonomia, é o proselitismo consistente na divulgação do cidadão para conhecimento por parte das pessoas e daquela parte constituída pelos eleitores. Nesse sentido, a cada eleição as formas de proselitismo se vêm aperfeiçoando cada vez mais.

Qualquer propaganda eleitoral feita antes de 6 de julho é vedada por lei, constituindo propaganda antecipada.

Defendemos o entendimento de que a propaganda eleitoral é aquela que atinge, sem a menor dúvida, o eleitor, de tal maneira que ele saiba que aquilo nada mais é do que um pedido de voto, para um cargo certo e numa eleição certa. Nesse contexto é que ocorrem as promoções pessoais, o proselitismo, como as mensagens sazonais, os votos de boa Páscoa, de feliz Dia das Mães, de bom Carnaval, e nas eleições municipais vemos com certa freqüência as felicitações pela passagem de datas importantes para aquele determinado município (emancipação, comemoração de fundação, dentre outros).

Mas para que não fiquem à margem da ribalta, partidos e candidatos encontram formas de enaltecer seus feitos e suas qualidades ainda antes do período permitido de propaganda eleitoral, fazendo o tal proselitismo político.

O TSE, no Ac. 19.905, de 22.08.2003 (*DJ*), firma o entendimento de que uma mensagem de agradecimento ou de congratulações pode ou não caracterizar a propaganda eleitoral antecipada, dependendo de outras circunstâncias: "1. A fim de verificar a existência de propaganda subliminar, com propósito eleitoral, não deve ser observado tão-somente o texto dessa propaganda, mas também outras circunstâncias, tais como imagens, fotografias, meios, números e alcance da divulgação".

Para nós isso significa que a exposição pura e simples, ainda que através de *outdoors*, publicações, entrevistas, sem aqueles elementos que identificam a propaganda eleitoral, podem acontecer. Nesse sentido o TSE admitiu, inclusive, entrevista de prefeito candidato à reeleição, como do Ac. 19.178, de 19.04.2001: "Propaganda eleitoral antecipada – Entrevista em programa de rádio – Prefeito candidato à reeleição – Comentários sobre atividades inerentes à Prefeitura – Ausência de pedidos de votos ou de referência a qualidades do administrador que pudessem influenciar o eleitor em seu voto".

Vale dizer, o detentor do mandato, Presidente, Governador ou Prefeito, ainda que no período eleitoral, continua sendo Chefe do Poder Executivo, com todas as obrigações inerentes à função. As obrigações decorrem do mandato já adquirido, ainda que esteja no pensamento daquela pessoa a vontade de obter nas urnas mais um mandato. E nessa condição, do exercício de um mandato já adquirido, inevitavelmente acabam tendo uma exposição maior do que os outros. Como exemplo podemos mencionar o rompimento de uma represa, com vítimas fatais, a exigir do poderes constituídos várias providências, explicações, satisfações. Uma obra de grande complexidade e importância pode exigir do Chefe do Executivo uma ou outra explicação sobre demora, valores, melhorias.

Àqueles que perguntam como separar a figura do candidato daquele que já exerce um mandato executivo, e como se comportar no período que antecede o período da propaganda eleitoral, a resposta é simples: quando o mandatário está acompanhando a execução de uma obra, visitando uma escola ou hospital, portanto cumprindo uma obrigação, dando satisfação sobre investimentos e gastos de dinheiro público, sendo cobrado e respondendo sobre fatos que preocupam e incomodam o dia-a-dia daquela comunidade, está agindo como pessoa no exercício do mandato. Por outro lado, quando fala do futuro, faz promessas para período seguinte, pede compromisso de continuidade, insinua a necessidade de apoio para o futuro, age como candidato.

É perfeitamente possível, sim, separar a figura daquele que está no exercício do mandato da figura do candidato.

A possibilidade de a exposição e o proselitismo não configurarem a propaganda eleitoral antecipada, resulta entrarem, partidos e candidatos, na zona cinzenta que separa o lícito do ilícito, constituindo o exame dessas exposições ato intrincado de sopesamento jurídico a que juízes e tribunais se dedicam de forma quase casuística.

Uma das formas de proselitismo é a propaganda partidária prevista no art. 45 da LOPP, Lei 9.096/1995. Essa propaganda deve ser utilizada para *difundir os programas partidários, divulgar a posição do partido em relação a temas político-comunitários e transmitir mensagens aos filiados sobre a execução de programa partidário.*

O TSE está atendo aos abusos, como na representação que resultou no Ac. 660 (classe 30.ª), de 18.12.2003: "Propaganda partidária – Alegação de desvio de finalidade – Promoção pessoal – Proporcionalidade – Parcial procedência. Constatada a utilização parcial do tempo destinado à divulgação de propaganda partidária para exclusiva promoção pessoal de filiado ao partido responsável pelo programa, notório pré-candidato a cargo eletivo, no semestre anterior ao do pleito, impõe-se a cassação do tempo da transmissão a que faria jus o partido infrator no semestre seguinte ao do julgamento proporcional à natureza da falta e à sua extensão".

Na verdade, como se vê, não se cogita aqui de propaganda eleitoral antecipada de responsabilidade e com sanção para o beneficiário, mas sim de desvio do uso do tempo da propaganda partidária, com sanção da perda do tempo daquele partido, no futuro, já passadas as eleições.

Há que se ter cuidado para que a falta de punição expressa para o beneficiário e somente para o partido, e com a perda do tempo futuro a que teria direito, não sirva de estímulo, já que, provavelmente, a efetivação da punição com a perda do tempo para a exibição do programa partidário vai ocorrer em ano em que não há eleição, com poucos prejuízos para o partido transgressor.

Não pode valer a pena para o partido transgressor descumprir a lei, expondo pré-candidato a uma sanção futura e relativamente sem maiores conseqüências. Mas para isso há que ser mudada a lei, que não prevê sanções aos beneficiários de verdadeira propaganda eleitoral antecipada no lugar de propaganda partidária.

Recentemente assistimos na cidade de São Paulo notório pré-candidato que, no horário para a propaganda partidária, prometeu acabar com a taxa de lixo, enviando seu primeiro projeto de lei para a Câmara Municipal, nesse sentido. Ora, isso nada mais é do que propaganda eleitoral antecipada – até porque acompanhada de outros elementos – feita no horário da propaganda partidária, e o partido permitiu ou se omitiu no desvio da finalidade daquele espaço.

Esses tipos de desvio e de programa têm sido sistematicamente utilizados para finalidade diversa daquela permitida por lei. E a lei, nesse ponto, não é exemplificativa, é taxativa.

Assim, dentro da zona permitida da interpretação jurídico-eleitoral está a participação de possíveis candidatos transmitindo mensagens aos espectadores da TV ou aos ouvintes de rádio que trazem carga relativa ao programa do partido. Quando falam de obras feitas como governantes, navegam na zona cinzenta do que é permitido, já que os programas de governo se efetivam com suas realizações. O desbordamento para o proibido se dá com a ênfase ao realizador, com frases como "eu fiz", "eu realizei", "eu construí", situação que pode constituir o excesso punível, o desvio do uso da propaganda partidária.

Entretanto, caminham fortemente para o lado vedado do uso do programa de rádio e TV dos partidos aqueles que aparecem defendendo-se das críticas ou acusações de seus adversários, políticos ou não, ou os que atacam os outros com o uso de tais programas. Verdadeiros comerciais são produzidos com essa finalidade, como aquele do oficial de justiça que aparece batendo na porta de alguém e chamando-o pelo nome para, em seguida, voltando-se para a câmera, dizer: ele nunca está quando nós o procuramos. Clara a intenção de ofender, com total desvio de finalidade do programa eleitoral partidário.

Esses programas, que se repetem a cada semestre, não podem ser autorizados para o período compreendido entre 30 de junho e o fim de dezembro do ano da eleição. Sendo programa nacional, autorizado pelo TSE, é dele a responsabilidade para eventual julgamento de desvio de uso. Se o programa é feito sob a responsabilidade dos Tribunais Regionais, são eles que vão aferir desvio de uso. E mais: a Corte Paulista já aceitou que os programas estaduais sejam gerados localmente, para atingir o eleitorado de determinada região, permitindo assim, ainda mais, a divulgação dos políticos locais. Só uma das redes de TV vinha exigindo ordem expressa da Corte Eleitoral a respeito, deixando de gerar o programa nessa modalidade.

Outras formas de proselitismo político ocorrem de diferentes maneiras, sendo impossível prever-se qual vai ser o entendimento do judiciário eleitoral acerca de cada caso.

Se o proselitismo se dá de forma exacerbada, acaba por constituir propaganda eleitoral antecipada prevista no art. 36, § 3.º, do CE, e, por esse dispositivo, proibida e apenada.

Já foi dito por ENIR BRAGA e ALBERTO ROLLO que "não existem pré-candidatos, nem candidatos a candidato. Assim, toda a propaganda de cunho eleitoral é irregular do ponto de vista jurídico-eleitoral, se feita antes da escolha do candidato na convenção" (*Comentários à Lei 9.100,* p. 115).

Resta definir o que é e o que não é propaganda eleitoral, constituindo mero proselitismo político.

3.2 O que é propaganda eleitoral?

Doutrinadores há que entendem haver propaganda eleitoral se, da mensagem passada pelo cidadão, político militante ou possível candidato, se puder intuir a intenção da disputa eleitoral ao mesmo tempo que exigem deva existir, na mensagem, condições de influir na vontade do eleitor.

Discordamos dessa linha de pensamento muito etérea, muito fluida, que levará o julgador ao exame da matéria caso a caso, com evidente prejuízo para candidatos que estiverem em diferentes jurisdições, vendo o processo eleitoral ser comandado por juízes mais ou menos rigorosos.

Mensagens de Natal difundidas por candidatos devem ser proibidas? E as sempre presentes tabelas de jogos da Copa do Mundo? E as camisetas?

Os melhores trabalhos produzidos a respeito vêm do Tribunal Superior Eleitoral e do Tribunal Regional Eleitoral do Paraná. Contra veiculação de *"mensagem de possível candidato, publicada em jornal, parabenizando município pelo aniversário de sua fundação"* foi proposta representação para a aplicação das penas do art. 36, § 3.º, da Lei 9.504/1997, que proíbe propaganda antecipada. Faixas de congratulações, mensagens do dia das mães, estas últimas já em maio do ano do pleito, camisetas e outras modalidades de proselitismo político foram tidas como propaganda antecipada e punidas.

Assim ficou anotado, para casos do mesmo gênero, o que é propaganda eleitoral *ilícita*, no Ac. TRE-PR 20.570: "A propaganda eleitoral ilícita há que ser aquela em que o pré-candidato atua como se candidato fosse, visando influir diretamente na vontade dos eleitores, mediante ações que traduzem um propósito de fixar sua imagem e suas linhas de ação política, em situação apta, em tese, a provocar um desequilíbrio no procedimento eleitoral relativamente a outros candidatos, que somente após as convenções poderão adotar esse tipo de propaganda".

Também o Ac. TRE-SP 20.577 caminha na direção do que é considerado propaganda eleitoral ou não, para, através desse conceito, poder perseguir a propaganda antecipada, de natureza eleitoral: "Não há dúvida de que as mensagens cogitadas traduzem o intuito de promoção pessoal de um político e remotamente tendem a estar vocacionadas a um fim eleitoral, mas nem por isso os atos de promoção pessoal podem indistintamente ser qualificados como atos de propaganda eleitoral. A propaganda eleitoral antecipada que se quer punir é aquela que se traduz em uma antecipação da própria campanha eleitoral, mediante atos e instrumentos que situam induvidosamente o interessado como candidato diante do eleitorado. No caso em exame, as mensagens de Natal e fim de ano tinham uma natureza episódica e foram veiculadas através de faixas de colocação transitória. Tais circunstâncias evidenciam que as mensagens não seriam aptas a gravar imagens ou comunicações de natureza eleitoral no curso do ano de 1996".

Definindo o que se permite antes do período de propaganda eleitoral, anotando a forma como se traduz a existência do mero proselitismo político diferente da propaganda antecipada, o Ac. TSE 15.372, relator o Min. EDUARDO ALCKMIN, pode ser tomado como paradigma em várias de suas passagens. Do seu voto extraímos:

"O direito à liberdade de manifestação é a regra e suas limitações a exceção. Esta última deve ser interpretada sempre em sentido estrito. O que a lei veda é a propaganda eleitoral antes de determinado período.

"Atos que impliquem mera promoção pessoal em si mesmos não configuram propaganda eleitoral, até porque, se fosse ao contrário, qualquer manifestação pública de autoridades, artistas, jornalistas e religiosos que fossem eventuais candidatos teriam tal caráter.

"A igualdade absoluta no que tange ao acesso ao público, para efeito de diminuir eventuais desigualdades de oportunidades eleitorais, é meta impossível de se alcançar e, se perseguida, causaria distorções igualmente inconvenientes como o cerceamento do exercício da atividade normal do cidadão.

"Ora, se pela profissão exercida naturalmente determinado postulante tem um acesso privilegiado à mídia, não há por que exprimir manifestações que somente resultam em tornar determinada pessoa mais conhecida do público."

E finalmente, no mesmo acórdão citado, o Min. EDUARDO ALCKMIN acabou por definir o que é propaganda eleitoral a ser punida na modalidade antecipada, fixando três condições que, somadas, determinam a existência do tipo: "A tipificação desta [propaganda eleitoral] exige que de seus termos haja induvidosa intenção de revelar ao eleitorado o cargo político que se almeja, a ação política que pretende o beneficiário desenvolver e os méritos que o habilitam ao exercício da função".

Ou estão presentes os três elementos, de forma concomitante e somados, ou não existe propaganda eleitoral. Se a mensagem ou o trabalho perseguido ocorreu antes do período permitido, inexistindo os três elementos, inexiste a propaganda eleitoral. E quando se fala em induvidosa intenção, tem-se a necessidade da presença de elementos determinados, que não sejam subreptícios, disfarçados ou insertos em zona cinzenta.

Esse entendimento do TSE já foi repetido em outros acórdãos, como aquele do AI 1.714 TSE-CE, sendo relator o Min. EDSON VIDIGAL, exatamente na mesma direção. Comungamos com o pensamento dos acórdãos citados.

É comum ainda a dúvida sobre a questão da crítica feita ao adversário, também antes do período da propaganda eleitoral. O TSE já decidiu, no Ac. 20.073, de 23.10.2002, que é hipótese, sim, de propaganda eleitoral antecipada, ao inverso: "Recurso especial – Distribuição de panfletos – Críticas ao posicionamento e à atuação de parlamentar – Propaganda eleitoral antecipada negativa – Art. 36 da Lei 9.504/97 – Recurso conhecido e provido. 1. A divulgação de fatos que levem o eleitor a não votar em determinada pessoa, provável candidato, pode ser considerada propaganda eleitoral antecipada, negativa".

Deste modo, se em vez de promoção do candidato houver a crítica ao adversário, ou potencial adversário, antes de 6 de julho, fica caracterizada, também, a propaganda eleitoral antecipada.

3.3 Propaganda intrapartidária

No período entre 10 e 30 de junho do ano do pleito acontecem as convenções para a escolha dos candidatos. A propaganda dirigida ao público interno é permitida para propiciar a escolha do candidato como tal na convenção. A Lei 9.504/1997 permite tal tipo de propaganda nos 15 dias que antecedem a convenção. Mas é expressamente vedada propaganda com esse escopo feita através de rádio, TV ou *outdoor*.

Em leis anteriores chegou a haver fixação de tipo penal para quem desrespeitasse a vedação de propaganda através de *outdoor*. Já a Lei 9.504/1997 só sanciona com multa administrativa tal tipo de ocorrência. O Tribunal Superior Eleitoral chegou a proibir o uso de internet nessa propaganda intrapartidária. Porém, mais recentemente, o Tribunal Superior Eleitoral descaracterizou infrações decorrentes do uso de internet ao argumento de que o acesso ao sítio da internet onde está a propaganda é ato de vontade da pessoa que acessa. Dessa forma, não se trata de propaganda no sentido estrito porque o eleitor não é atingido inadvertidamente por ela, senão que deve praticar ações para entrar nesse sítio.

Há vários julgados sobre o tema, podendo ser destacado o Ac.TSE-11.955, de 01.09.1994, rel. o Min. TORQUATO JARDIM, que afirma ser *a propaganda eleitoral ilegal porque anterior à convenção partidária não convocada.*

Quanto às prévias que se realizam em muitos partidos visando a escolha de candidatos a serem homologados em convenção, por inexistir proibição específica, entendemos deva ser dada a elas o mesmo enfoque dado às convenções, sendo possível fazer-se propaganda direcionada a elas nos âmbitos e limites da agremiação partidária, e nos acessos à sua sede ou ao local de votação para escolha de candidatos. Passadas as prévias, inexistindo candidatos, continua vedada a propaganda eleitoral de seus vencedores.

E mais, houve tempo em que a Justiça Eleitoral permitia a propaganda a partir da escolha de candidatos. Agora, com a data fixada para todo e qualquer tipo de propaganda, mesmo candidatos escolhidos no período próprio das convenções devem aguardar o termo inicial posterior a 6 de julho do ano do pleito para iniciarem suas campanhas.

Há também, nos Estados e nas grandes cidades, a possibilidade da realização de pesquisa de opinião interna, como forma de unificar os líderes e as diferentes correntes internas em torno de um nome, fortalecendo a sigla para a disputa.

O TSE, no Ac. 20.816, de 19.06.2001, já firmara posição de que neste caso não há que se falar de propaganda eleitoral antecipada: "Prévias eleitorais – Pesquisa de opinião interna dos partidos – Realização antes de 5 de julho – Possibilidade. 1. Os partidos políticos podem realizar, entre seus filiados, as chamadas prévias eleitorais, destinadas a buscar orientação e fixar diretrizes, inclusive sobre escolha de candidatos. 2. A eventual divulgação, pelos veículos de comunicação, dos resultados da consulta interna não caracteriza, em princípio, propaganda eleitoral antecipada".

Também resultante da evolução do pensamento da sociedade temos visto mais recentemente, nas grandes cidades, convenções partidárias que se realizam no bojo de grandes festas, *shows*, apresentações de cantores famosos, sorteios de motos e até de bois, tudo com a finalidade de atrair multidões para um ato que deveria, em tese, ser restrito aos filiados daquele determinado partido.

Antigamente falava-se dos partidos que levavam elefantes às suas convenções, até como forma de atrair os pais com seus filhos para um programa de domingo. Hoje os elefantes viraram artistas de renome nacional e internacional, em atos abertos ao público, com grande poder de aglutinação e de movimentação popular.

Nosso entendimento é o de que, ainda que permitida a propaganda com vistas às convenções antes de 6 de julho, em casos como os descritos, onde ocorrem verdadeiros *showmícios*, uma vez presentes os demais elementos tipificadores da propaganda eleitoral, como a exposição do candidato, seus méritos pessoais, sua plataforma de governo, resta ferido o dispositivo que proíbe a propaganda eleitoral antes de 6 de julho, isto é, resta caracterizada a propaganda eleitoral antecipada.

Mas não é só: ainda que o partido alegue se tratar de atos promocionais da convenção, e não deste ou daquele determinado candidato, entendemos seja possível a perseguição das convenções assim realizadas, sob a forma do abuso do poder econômico e/ou abuso do poder político.

Convenções assim, com shows de artistas de renome, com sorteios de bens (motos, bois e outros), custam rios de dinheiro e atraem milhares de pessoas, numa oportunidade que, conforme a lei, deveria ser restrita aos filiados do partido.

3.4 Beneficiário não consentido

A batalha jurídica travada nos tribunais durante a vigência da Lei 9.504/1997, e que ocorreu nos dois últimos pleitos, foi grande quanto à punição da figura do beneficiário, especialmente o beneficiário não consentido.

Houve até a edição da Súmula 17, pelo TSE, expressa ao excluir de qualquer punição a figura do beneficiário não consentido. Mas esta súmula foi revogada.

Entendiam juízes, dentre os quais a maioria do TRE-SP que julgou o pleito de 1998, que seria desprezar o conteúdo profilático, tanto do § 3.º do art. 36 como do *caput* do art. 37, não aplicar a multa ao beneficiário, independentemente de seu conhecimento.

Em pleito anterior, o Des. MÁRCIO BONILHA, então com assento na Corte paulista, chegou a expedir intimações para que candidatos beneficiados com propaganda indevida corrigissem a ilicitude para não se verem processados, até por desobediência. Havia, com a intimação, ordem direta a ser obedecida.

Durante as discussões que se travaram sobre o tema no plenário do TSE, o Min. COSTA PORTO chegou a esboçar sugestões ao legislador para que adaptasse o preceito à realidade fática. Entendia ele ser possível introduzir alterações sobre esse aspecto da lei, criando o aviso ao candidato que infringisse o disposto em ambos os dispositivos legais do art. 36, § 3.º, e do *caput* do art. 37 para que cumprisse a lei, criando o seu conhecimento induvidoso sobre o tema, para que, sem a correção, fosse possível puni-lo de forma a eliminar a alegação de ausência de prévio conhecimento, ou de ato de terceiros sem responsabilidade do candidato.

Permanece a sugestão, essa, sim, forma correta de eliminar o problema da não aplicação de ambos os dispositivos. O que não se concebe, mais uma vez, é a figura da presunção do prévio conhecimento ou da fragilidade do argumento do candidato que colocava a culpa em terceiros desconhecidos.

Eis a posição favorável à punição do candidato mesmo sem o seu conhecimento prévio alinhavada em qualificado voto anotado no Ac. TRE-SP 135.123, e que restou subscrito pela maioria da Corte, da lavra do Juiz VITO GUGLIELMI, do qual dissentiu o Des. federal SOUZA PIRES, como se verá também.

Eis o fato: "A defesa vem calcada no sentido de que o recorrente não determinou as pinturas nem teve prévio conhecimento da propaganda realizada em seu nome".

Ao que o voto vencedor expressou:

"Desde logo, e sendo o beneficiário candidato a mandato eletivo, não é crível, nem razoável, alegar desconhecimento quanto à propagação de seu nome pela referida cidade, em face da proximidade de um novo pleito.

"Ora, confirmar o recorrente a veracidade dos fatos e atribuir a terceiros quanto às inserções realizadas, aduzindo a ausência de prévio conhecimento ou autorização, é insustentável, pois, se assim o fosse, e como pessoa pública conhecedora das normas que regem um pleito, haveria de se posicionar, pois, conhecedor também das conseqüências advindas deste ato.

"Ademais, o que caracteriza a propaganda legalmente vedada é exatamente a intenção de captar – ou, em tese, a tanto se mostra hábil – a vontade do eleitor.

"Pois bem. Dizer que as divulgações com referência ao seu nome foram inseridas sem o seu prévio conhecimento, bem como alegar qualquer participação nos fatos aqui tratados, é argumento que, certamente, nem de longe se pode admitir."

A esses argumentos foram opostas colocações do Des. SOUZA PIRES, em voto divergente e vencido, no qual anotou:

"Parece-me evidente, assim, s.m.j., não ser cabível interpretar como sendo, necessariamente, o 'beneficiário' a pessoa do 'responsável', uma vez que a apuração e conseqüente identificação do culpado deverá sempre proceder à imposição da penalidade cabível.

"Penso, assim, que entender em sentido contrário importaria em se instituir a responsabilidade objetiva, para efeito de se impor punição administrativa, o que não se compadece com o sistema jurídico pátrio.

"Na verdade, a prosperar tal entendimento, ao recorrido sobraria apenas a realização de *prova negativa*, o que violaria o princípio constitucional do contraditório, mercê da extrema dificuldade ou mesmo da impossibilidade da realização da prova, a ponto de se tornar inócua ou ineficiente a defesa do candidato autuado.

"Nesse sentido, entendo que o Poder Público deve munir-se dos meios necessários para identificar e punir os responsáveis e, após o *devido processo legal*, sim, puni-los na forma da lei. Entendo, portanto, não ser a melhor solução tentar suprir as notórias deficiências do aparelhamento que dá suporte ao Poder Público, através de uma responsabilização por presunção, uma vez que a lei a isso não autoriza."

Entendemos que a democracia se faz através do cumprimento da lei, obstadas interpretações que elasteçam em excesso o seu conteúdo. E o exercício da democracia não suporta que se examinem temas sob o pálio da presunção, ainda que se persigam ideais em matéria de justiça.

A melhor solução é aquela já adotada pelo Des. MÁRCIO BONILHA, embora informal, ou aquela aventada pelo Min. COSTA PORTO, quando debateu o tema.

Entretanto, na ausência da alteração legislativa que se impõe para o aperfeiçoamento da lei, a solução expendida no voto do Des. SOUZA PIRES parece ser a melhor.

Desses debates veio a uniformização dos julgamentos no TSE (TSE: Ac. 15.995, Min. MAURÍCIO CORREA; Ac. AI 1.442, Min. EDUARDO ALCKMIN), com a edição da Súmula 17, do seguinte teor: *"Não é admissível a presunção de que o candidato, por ser beneficiário de propaganda eleitoral irregular, tenha prévio conhecimento de sua veiculação (arts. 36 e 37 da Lei 9.504/97)"* (grifo nosso). Entretanto, esta súmula foi revogada pelo TSE.

Continuamos defendendo a posição jurídica e processual, com base na própria Constituição Federal, de que ninguém deve ser punido sem o devido processo legal, sem contraditório e sem a possibilidade da mais ampla defesa.

E neste sentido o TSE, firmando nova posição, já ao longo de ano de 2004, no Ac. 21.397, de 06.04.2004, assim decidiu: "Propaganda eleitoral irregular – Art. 37 da Lei 9.504/97 – Multa – Beneficiário – Intimação para retirada – Caracterização – Prévio conhecimento. 1. É pacífica a jurisprudência deste Tribunal Superior no sentido de que a multa por propaganda eleitoral irregular se aplica ao beneficiário tanto nas hipóteses do art. 36 da Lei 9.504/97 quanto nos casos do art. 37 da mesma lei. 2. Não estando demonstrada, desde logo, a autoria, intima-se o beneficiário da propaganda para que este, caso não seja por ela responsável, possa retirar a propaganda e não sofrer a imposição da sanção; ou, mesmo sendo o autor, possa retirá-la ao tomar ciência de que esta não atende às regras legais. 3. Sendo o beneficiário da propaganda irregular intimado para providenciar sua retirada, e não o fazendo, resta caracterizado o prévio conhecimento do candidato, autorizando-se, assim, a imposição de multa".

3.5 Outros aspectos gerais da propaganda eleitoral

Havia, na legislação anterior à existência de segundo turno, previsão somente quanto ao fim do período da propaganda eleitoral, que ocorria 48 horas antes do pleito. A Lei 9.504/1997 estabeleceu que o prazo de propaganda termina 48 horas antes do pleito e recomeça, se for o caso, 24 horas após o pleito. Assim, não há propaganda eleitoral desde as 8 horas da manhã do penúltimo dia antes do pleito. Dir-se-á que a propaganda é proibida durante a madrugada, mas a distribuição de panfletos e jornais de campanha poderá ser feita nesse período, para fixarmos um exemplo. A propaganda poderá recomeçar às 17 horas do dia seguinte ao do pleito, considerando-se esse horário o do encerramento.

A legenda partidária deve ser legível no material de campanha. Na propaganda para o pleito proporcional cada partido usará sua legenda sob o nome da coligação.

Alto-falantes podem funcionar, divulgando as candidaturas, das 8 horas até as 22 horas do período permitido de campanha. Deve ser atendido o limite de 200 metros, que, em leis anteriores, foi sensivelmente maior.

Os comitês eleitorais podem ter, em suas fachadas, as inscrições que melhor atenderem à conveniência dos partidos, sem restrições de cores, tamanhos e congêneres.

3.6 Comícios

Nos termos do art. 39 e §§ 1.º e 2.º, a realização de qualquer ato de propaganda partidária ou eleitoral, em recinto aberto ou fechado, não depende de autorização da polícia nem da Justiça Eleitoral.

A previsão é de que o interessado, partido, coligação ou mesmo o candidato, deverá comunicar o evento à autoridade policial, com anterioridade mínima de 24 horas. Feita essa comunicação, a autoridade policial deverá garantir o evento, mantido o direito de quem o pretende realizar, obedecido o critério de prioridade na comunicação.

Para a autoridade policial, só resta adotar as providências para garantir a realização do ato, tomando as providências necessárias ao funcionamento do tráfego e demais serviços públicos que possam ser afetados.

Claro está que o comício só poderá ser realizado no período entre as 8 horas e as 24 horas de cada dia, nos termos do § 4.º do art. 39 da lei em comento.

Entretanto, sobre a realização de comícios com a só comunicação prévia, há manifestações divergentes da Corte Eleitoral paulista. Vale a transcrição de votos proferidos pelos juízes MÁRCIO MORAES e RUBENS APPROBATO MACHADO, que estão insertos no Ac. 126.713. Vale a transcrição de ambas as posições, sendo que nos filiamos aos conceitos expendidos no voto do Juiz APPROBATO MACHADO, por refletir com mais acuidade a intenção do legislador e primados constitucionais. Vejamos:

Juiz MÁRCIO MORAES – a favor de restrições:

"A questão dos autos é deveras interessante e diz com a liberdade de reunião e, especificamente, com a de realizar comícios, apenas comunicando-se à autoridade policial com antecedência (art. 5.º, XVI, CF; art. 53, § 2.º, da Lei 9.100/95).

"Não se discute aqui que esse direito é previsto no ordenamento jurídico com amplitude. Mas o seu exercício deve ser balizado pelo critério da razoabilidade.

"(...)

"Assim, a questão passa a ser casuística para se perquirir se, na espécie, é ou não razoável a realização do comício no local questionado."

Juiz APPROBATO MACHADO – contra as restrições:

"O direito de reunião é direito fundamental, inscrito no art. 5.º, XVI, da CF, que só pode sofrer as restrições constantes do próprio texto constitucional.

"(...)

"Feita a comunicação prévia pelo partido, nada mais pode impedir a reunião, salvo se tivesse havido a prioridade de dia, hora e local por outro partido, inexistente no caso.

"O poder de polícia da Justiça Eleitoral não pode chegar ao ponto de negar um direito fundamental."

Estão dessa forma colocadas duas valiosas opiniões, expressas em votos, sobre a matéria, que não chegou a ser submetida, ao que se sabe, à Corte Superior.

As limitações sobre o uso de amplificadores de som e alto-falantes, bem como distâncias de determinados lugares, não se aplicam a comícios.

Ainda dentro do tema da propaganda em recinto fechado, foi fixado o entendimento, no Ac. TSE AI 2.124 de Nova Iguaçu-RJ, sendo relator o Min. EDUARDO ALCKMIN, de que não pode ser fixada propaganda eleitoral em templos e igrejas, por serem esses bens considerados de uso comum. A proibição não se estende às falas de padres e pastores, em apoio a este ou àquele candidato, que poderão ocorrer.

4
CONDUTAS VEDADAS ÀS EMISSORAS DE RÁDIO E TELEVISÃO

João Fernando Lopes de Carvalho

SUMÁRIO: 4.1 Restrições às emissoras – 4.2 Veiculação de propaganda partidária paga – 4.3 Vedações legais e sistema constitucional – 4.4 Interpretação das restrições – 4.5 Pesquisas – 4.6 Trucagens – 4.7 Propaganda política e opinião favorável ou contrária – 4.8 Tratamento privilegiado – 4.9 Produções artísticas – 4.10 Nome de programa – 4.11 Candidato titular de programa – 4.12 Penalidades – 4.13 Internet – 4.14 Debates – 4.15 Entrevistas – 4.16 Realidade das pequenas cidades – 4.17 Procedimento adequado – 4.18 Propaganda eleitoral gratuita.

4.1 Restrições às emissoras

A atuação das emissoras de rádio e televisão subordina-se ao atendimento de objetivos específicos, conforme estabelecido no art. 221 da CF. A atividade caracteriza-se como serviço de interesse público em vista de peculiaridades que lhe são inerentes, como a privilegiada importância estratégica, no que toca à segurança do Estado, e a força maciça de suas mensagens no meio social. Por isso, essa atividade só é entregue à exploração dos particulares em regime de concessão, permissão ou autorização em que a União figure como poder concedente, permitente ou autorizador, tudo conforme o art. 223 da Magna Carta.

Em julgado bastante esclarecedor a respeito do tema já asseverou o STJ, através do relator Min. DEMÓCRITO REINALDO:

"Os serviços de radiodifusão sonora de sons e imagem e demais serviços de telecomunicações constituem, por definição constitucional, serviços públicos a serem explorados diretamente pela União ou mediante concessão ou permissão, cabendo à lei dispor sobre a licitação, o regime das empresas concessionárias e permissionárias e o caráter especial do respectivo contrato (art. 175, parágrafo único, I, da Constituição Federal).

"Esses serviços públicos (radiodifusão sonora), quando delegados a terceiros, mediante permissão, têm como suporte jurídico um contrato de caráter especial e regido por regras de direito público, consoante determinação constitucional (Lei 8.987/1995, art. 1.º).

"As condições básicas desse contrato são impostas ao particular, segundo disciplinamento consignado em lei, e é a Administração que delimita os tópicos acerca dos quais poderá haver manutenção dos particulares firmatórios da avença.

"(...)

"Não se inclui no conceito de atividade econômica aquela que a Constituição qualificou como serviço público, ainda que potencialmente lucrativa (v.g., serviços de radiodifusão sonora), mas se sujeita a uma disciplina cujo objetivo é realizar o interesse público" (STJ – 1.ª T. – MS 5307/DF – j. 14.10.1998 – m.v.).

Se tratamos de atividade – exploração dos meios de comunicação de massa – em que o interesse público está tão salientado a ponto de fazer inserir no texto da Constituição Federal os objetivos que devem norteá-la, não impressiona que lei infraconstitucional lhe imponha também uma série de restrições, já aqui para garantir a livre e gratuita difusão da propaganda política e eleitoral, bem como para proibir que os veículos de massa empreguem seu enorme alcance em favor ou em desfavor de candidatos ou partidos políticos quaisquer. Nesse desiderato é que o legislador inseriu na Lei 9.504/1997 disposições relacionadas à atividade de exploração da difusão de transmissões pelo rádio e pela televisão.

Para tratar das restrições impostas a essa atividade pela legislação de caráter eleitoral, ainda há de se fazer menção às regras estabelecidas na Lei 9.096/1995 a respeito da propaganda partidária, levada ao público gratuitamente por duas vezes nos anos em que não há eleições e uma vez no primeiro semestre dos anos em que se realizam pleitos eleitorais.

Temos, assim, um conjunto de regras a dispor sobre a atuação das emissoras de rádio e televisão frente às eleições e respectivas disputas políticas, que se inicia na Constituição Federal e segue até as normas de menor grau hierárquico.

Podemos distinguir, desde logo, duas ordens de restrições impostas na Lei 9.504/1997 às emissoras de rádio e televisão durante o período pré-eleitoral: umas positivas, outras negativas. Em relação às primeiras exige-se das emissoras uma conduta comissiva, de transmitir os programas gratuitos de propaganda eleitoral, nos dias e horários legalmente estabelecidos. Quanto às outras, impõem conduta negativa, de deixar de praticar alguns atos, como o de manifestar opinião favorável a candidato ou partido político, ou preferência em relação a outros, durante o período de campanha eleitoral.

As duas ordens de restrição implicam, para as emissoras, obrigação de adaptar suas programações às imposições legais. Se é aparentemente fácil a verificação do cumprimento da obrigação de transmissão do programa de propaganda eleitoral gratuito, bem menos evidente é a verificação do cumprimento às restrições de caráter negativo que se estendem a toda a programação normal das emissoras durante o período de campanha, a demandar incessante fiscalização de sua observância por parte de todos os interessados no processo eleitoral, mormente partidos, candidatos e Ministério Público Eleitoral.

Vale ressaltar que, nos termos do art. 57 da Lei 9.504/1997, o tratamento legal imposto neste diploma atinge as emissoras de televisão que operam em VHF e em UHF e ainda os canais por assinatura, sob a responsabilidade do Senado Federal, da Câmara dos Deputados, das Assembléias Legislativas, da Câmara Legislativa do Distrito Federal ou das Câmaras Municipais.

De tudo se extrai que o direito público de acesso à informação preconizado no art. 5.º, XIV, da Constituição da República cede passo, dentro e fora do período pré-eleitoral, ao interesse público e geral da população de que se realize o debate político com plena divulgação (compulsória) pelas emissoras de rádio e televisão dos programas de partidos e candidatos, e bem assim de que estas emissoras não interfiram na desejada igualdade de condições da disputa eleitoral.

Ressalve-se, desde já, que as restrições impostas na legislação, embora constitucionais, têm caráter excepcional, e deverão ser sempre interpretadas restritivamente, de modo a preservar os bens constitucionalmente tutelados pertinentes à liberdade de manifestação. O tema será retomado adiante.

4.2 Veiculação de propaganda partidária paga

O art. 44 da Lei 9.504/1997 regula a atuação das emissoras de rádio e televisão em relação à propaganda política, vedando a veiculação de peças pagas a qualquer tempo, dentro ou fora do período de campanha eleitoral. Trata-se de vedação legal diversa das mencionadas no artigo seguinte, pois atinge período estranho ao da campanha eleitoral.

Assim, se a legislação impõe às emissoras a obrigação de transmitir os programas de propaganda dos partidos políticos, e ainda estabelece restrições ao seu normal funcionamento durante o período de campanha eleitoral, é certo que também proíbe, a qualquer tempo, a comercialização de horários para fins de propaganda política paga.

Não quis o legislador que houvesse liberdade absoluta de veiculação em relação à divulgação de ideais políticos em emissoras de rádio e televisão. Estabelecido um sistema na legislação ordinária que prevê manifestações públicas dos programas partidários, dentro e fora dos períodos de campanha para captação de votos, assegurando a gratuita exposição a toda a população de seus ideais, não será possível que os partidos veiculem outros programas além daqueles legalmente previstos.

Nem é possível a veiculação paga de peças publicitárias, verificando-se pagamento remuneratório da divulgação realizado por parte do partido à emissora de rádio ou televisão. A jurisprudência eleitoral tem afirmado que "na legislação eleitoral brasileira não é permitida a propaganda política paga no rádio e na televisão" (TSE – Consulta 983 – rel. Min. LUIZ CARLOS MADEIRA – j. 17.02.2004 – v.u.). Em se tratando de exibição de peças publicitárias em meio à programação de emissoras comerciais, é certo que há um custo envolvido para estas, e assim, do ponto de vista das emissoras, a divulgação dos programas partidários e da publicidade eleitoral é sempre onerosa. O que este dispositivo determina, na realidade, é a proibição de exibição, gratuita ou remunerada, de qualquer peça publicitária de partidos políticos além daqueles programas de transmissão obrigatória previstos na Lei das Eleições (n. 9.504/1997) e na Lei dos Partidos Políticos (n. 9.096/1995).[1]

Neste ponto, portanto, é limitada a liberdade das empresas de comunicação, em prol da formação de um sentimento de imparcialidade político-partidária que se lhes deve exigir, ao menos em tese, no exercício de suas importantes funções.

4.3 Vedações legais e sistema constitucional

É o art. 45 da Lei 9.504/1997 que vem discriminar as restrições impostas às emissoras de rádio e televisão em sua programação normal durante o período de campanha política.

Mais especificamente, tal período é fixado no dispositivo citado com termo inicial em 1.º de julho do ano da eleição. Muito embora não se estabeleça o termo final do prazo, parece evidente que este se dará com o encerramento da votação no segundo turno, ou já no primeiro, onde aquele não ocorrer.

Vale ressaltar que a vedação dirige-se aos noticiários e à programação normal das emissoras de rádio e televisão, nes-

---

[1] Nesse sentido: "Os programas destinados à doutrinação e à educação política, produzidos por partido político, ou por fundação ou instituto por ele criado, somente podem ser veiculados em rádio e televisão na forma gratuita prevista na Lei 9.096/1995, sendo *vedada* a sua difusão por meio de propaganda paga em rádio e televisão, vedação essa que se estende aos canais de televisão por assinatura ou via satélite" (TSE – Consulta 1.012 – rel. Min. ELLEN GRACIE – j. 01.04.2004 – v.u.).

ta compreendidos programas dos mais diversos, sejam eles gravados, como filmes, séries, novelas, ou mesmo transmitidos "ao vivo". Toda a programação de tais emissoras estará sob restrição.

Nesse ponto, é de se questionar se tais restrições não afrontam a proibição de censura, garantida como direito fundamental na CF, no art. 5.º, inc. IX, e mais, se podem ser compatibilizadas com as peremptórias previsões do art. 220 da Magna Carta, em especial seus §§ 1.º e 2.º. Aliás, têm sido constantes os reclamos de diversos órgãos de imprensa contra as restrições legais, freqüentemente formuladas sobre o apontamento de inconstitucionalidade da Lei 9.504/1997.

A resposta ao questionamento supra-estabelecido não se pode oferecer sem atenção para as demais disposições constitucionais, de modo a preservar a harmonia do todo que tem por nome Constituição Federal. Tanto se diz porque a liberdade de informação jornalística não pode ser concebida como um fim em si mesma, como se divorciada do regime político estabelecido constitucionalmente em que, afinal, está inserida. A liberdade pública de acesso à informação jornalística (art. 5.º, XIV, da CF) é conseqüência natural da liberdade de manifestação de pensamento (art. 5.º, IV, da CF) e de expressão de atividade intelectual, artística, científica e de comunicação (art. 5.º, IX, da CF), caminhando ao lado da liberdade de crença religiosa e de convicção filosófica ou política (art. 5.º, VIII, da CF).

Mas não se trata de valor absoluto, incontrastável. Trata-se, sim, de princípio constitucional, de grande abrangência e pouca concretude, cujo sentido se elastece ou restringe diante das demais normas dessa mesma natureza encontradas na Constituição. No sistema constitucional, está submetido aos princípios fundamentais estabelecidos nos primeiros artigos do Texto, bem assim aos fundamentos da República, como são a soberania, a cidadania e o pluralismo político, e ao princípio geral de direito que é o da igualdade, expresso no *caput* do art. 5.º.

E, acima de tudo, só pode existir essa liberdade como instrumento do efetivo exercício da democracia no regime republicano, eis que a República Federativa do Brasil constitui-se em Estado Democrático de Direito (art. 1.º, *caput*, da CF). O poder da imprensa não está, portanto, acima do poder popular, único legitimado para a escolha dos representantes políticos (art. 1.º, parágrafo único, da CF). Não se trata de poder autônomo que se sobreponha, portanto, aos valores maiores consagrados no próprio texto constitucional, mas de direito que deve ser exercido em harmonia com eles, tão-somente.

É nesse contexto constitucional que deve ser compreendida a liberdade de informação jornalística, e não como bem que paire acima do sistema, irrefreável e ilimitado. Os limites estão na própria Constituição Federal, como visto, cuja concepção foi objeto de integração pela Lei ordinária 9.504/1997, a nosso ver estabelecida sem afronta ao sistema constitucional retro-explicitado, exatamente porque voltada para proteger outros bens de alcance maior assegurados na Constituição da República.

Daí por que não se nos afiguram inconstitucionais as restrições impostas pela Lei 9.504/1997, particularmente no seu art. 45, que estabelecem rígidos limites às mensagens transmitidas, durante sua programação normal, pelas emissoras de rádio e de televisão durante o período de campanha político-eleitoral.

Nesse mesmo sentido têm ocorrido reiteradas manifestações da Justiça Eleitoral, como se exemplifica: "Rejeição da alegação de violação aos princípios constitucionais que asseguram o direito à informação e à livre manifestação do pensamento – Recurso não conhecido. As normas que disciplinam a veiculação de propaganda eleitoral não afetam a liberdade de manifestação do pensamento constitucionalmente garantida, porque não estabelecem qualquer controle prévio sobre a matéria a ser veiculada, sendo equivalentes, na ordem constitucional, o referido princípio com o da lisura e legitimidade dos pleitos, com o que a compatibilização de ambos torna possível a repressão dos abusos cometidos" (TSE – Ac. 15.637 – rel. Min. EDUARDO ALCKMIN – j. 17.11.1998 – v.u.).[2]

Em outras palavras, pode-se simplesmente afirmar que "é livre a manifestação de pensamento e o direito de informação, desde que não viole dispositivo expresso em lei" (TSE – Ac. 15.588 – REspE 15.588 – Classe 22.ª – rel. Min. COSTA PORTO – j. 03.11.1998 – v.u.).

4.4 Interpretação das restrições

Se, *prima facie*, não se vislumbra confronto material entre as disposições legais examinadas e o quanto consagra a Constituição Federal, nem por isso poderemos emprestar-lhes sentido irrazoável, que venha lançar por terra a própria essência da liberdade de informação, de resto reputada fundamental no próprio Texto Constitucional.

Se os dispositivos legais não se reputam inconstitucionais, visto que na espécie paira acima da liberdade de informação jornalística o conjunto de normas constitucionais que definem a própria essência do regime político brasileiro, nem por isso será o caso de imaginar completamente esquecida aquela liberdade.

---

[2] No mesmo sentido: TSE – Ac. 1.868 (Agravo de Instrumento) – rel. Min. COSTA PORTO – j. 10.08.1999 – v.u.; TSE – Ac. 19.268 (Embargos de Declaração em Agravo Regimental) – rel. Min. FERNANDO NEVES – j. 12.06.2001 –v.u.; e TSE – Ac. 21.298 (Recurso Especial Eleitoral) – rel. Min. FERNANDO NEVES – j. 04.11.2003 – v.u.

Mais uma vez, a harmonização de todo o ordenamento deverá ser preocupação do intérprete, visando à obtenção de um sentido da norma legal que preserve todos os dispositivos constitucionais em jogo, em verdadeiro exercício de interpretação conforme à Constituição.

Isso se afirma porque as disposições restritivas da liberdade de emissoras de rádio e televisão inseridas no art. 45 da Lei 9.504/ 1997 não podem servir como instrumento de limitação pura e simples da atividade das emissoras de televisão. Apenas será lícita a imposição das restrições ali previstas quando estiverem em jogo os interesses maiores da preservação do regime republicano democrático estabelecido na Lei Maior.

Portanto, as restrições impostas no dispositivo legal em estudo devem ser interpretadas em cada caso concreto de modo a atender os interesses maiores do Estado brasileiro, mas de tal forma que só se limite o direito de informação e de manifestação artística ou filosófica inserta na programação normal das emissoras de rádio e televisão quando se verificar efetivo comprometimento da regularidade da disputa eleitoral, em aferição concreta que deverá constar como única válida motivação expressa da decisão judicial ou administrativa impositiva das restrições ou de penalidades a estas conseqüentes.

Diante da importância do tema tratado, em cuja análise se contrapõem o exercício de direitos fundamentais e a manutenção do regime democrático, devemos ter por regra, em conformidade com os valores constitucionais já indicados, que não haverá cerceamento ao direito de manifestação e de informação das emissoras de rádio e televisão, exceto se o exercício dessas liberdades comprometer concretamente a lisura e a igualdade de condições de disputa entre os candidatos às eleições, desde 1.º de julho do ano eleitoral até o encerramento da votação.

Alcançando essas conclusões, aproximamo-nos da opinião de MANUEL ALCEU AFFONSO FERREIRA, que já asseverou: "Não há como confundir o lícito exercício de um direito com o seu abuso, este sim, mas nunca o adimplemento regular, punido pelo Direito. Quando a emissora, mesmo na fase eleitoral, razoavelmente e sem demasias, emitir opiniões sobre candidatos e partidos, estará exercendo prerrogativa que a Constituição paraninfou e que, graças a essa qualificada origem, o Congresso não poderá suprimir. Todavia, caso a emissora o faça de maneira desabrida e contínua, ao invés de simplesmente opinar na verdade encetando 'campanhas', aí sim, e apenas nessa hipótese, em tese poderia ocorrer o abuso. Há diferenças marcantes, que o bom senso e o equilíbrio da Justiça Eleitoral saberão casuisticamente detectar, entre uma coisa e outra".[3]

Depreende-se, portanto, que a avaliação a respeito de eventual afronta às restrições estabelecidas no art. 45 da Lei 9.504/1997 deverá ser produzida diante das peculiaridades do caso concreto. Caberá ao Judiciário Eleitoral a melindrosa tarefa de punir as irregularidades praticadas pelas emissoras de rádio e televisão, sem com isso permitir a instauração de regime de censura aos meios de comunicação, caminhando sempre, tanto quanto possível, para a coibição dos atos mais claramente revestidos de parcialidade partidária, salvaguardada a liberdade de informação e manifestação artística.

A partir dessa perspectiva é que passamos a examinar os incisos do art. 45 da Lei das Eleições.

Nesse espírito, é de se destacar que o primeiro limite à imposição das restrições estabelecidas no art. 45 da Lei 9.504/1997 é o temporal, posto que o *caput* do dispositivo determina que elas

---

[3] Trecho do artigo Radiodifusão e eleições, publicado em 27.07.2000 no jornal *O Estado de S. Paulo*.

só se aplicam a partir de 1.º de julho do ano da eleição. Assim, somente os fatos ocorridos após a data mencionada é que podem caracterizar infração punível nos termos dos parágrafos do art. 45, restando excluídas de punição, por atipicidade, as práticas levadas a efeito em período anterior, ou em qualquer período em anos sem eleições.

4.5 Pesquisas

A legislação eleitoral cerca de cuidados a divulgação de pesquisas de intenção de votos, como se vê nas duras previsões inseridas nos arts. 33 a 35 da Lei 9.504/1997. No entanto, não se há de confundir a proibição inserida no art. 45, I, da Lei 9.504/1997 com as restrições versadas nos mencionados arts. 33 a 35 da mesma lei, já que aquela se refere à veiculação, pelas emissoras de rádio e televisão, de imagens, ou entrevistas, contendo reprodução de consulta popular com conteúdo eleitoral. Já o art. 33 e seguintes disciplinam a divulgação, por qualquer meio de comunicação, das pesquisas e testes pré-eleitorais pelas empresas que as realizarem, que fica condicionada ao prévio registro, junto à Justiça Eleitoral, das informações pertinentes à sua metodologia.

O dispositivo do inc. I do art. 45 tem alcance maior, eis que se refere a pesquisas e "qualquer outro tipo de consulta popular de natureza eleitoral". Assim, não se cuida apenas da pesquisa de opinião pública – realizada presumidamente com base em critérios científicos de apuração por amostragem estatística de um determinado questionamento em uma dada população –, mas também da mera consulta – questionamento desprovido de critérios científicos de tabulação de dados –, desde que uma ou outra lidem com assuntos de natureza eleitoral.

A princípio, a restrição estabelecida neste inciso dirige-se apenas às emissoras de televisão, sem atingir as de rádio, pois proíbe somente a divulgação de "imagens de realização de pesquisa". Não é compreensível, porém, a razão de tal discriminação, em especial em relação à divulgação de pesquisas ou consultas em que haja manipulação de dados, já que esta pode ocorrer tanto através da televisão como do rádio. E mesmo no que toca à divulgação de realização de pesquisas, também o rádio é veículo eficiente e comumente empregado para tal. Ao que parece, houve falha na redação do dispositivo estudado, que o restringiu de forma incompatível com os objetivos já identificados do artigo, mas que nem por isso poderá atingir as emissoras de rádio, pois, como já visto, tratamos aqui de disposições legais que estabelecem exceção ao princípio da liberdade de informação, e que deverão, por essa razão, merecer interpretação restritiva de seus termos.

Acresça-se que a vedação tem em mira as entrevistas previamente preparadas em que um repórter consulta vários partidários de determinado partido ou candidato a respeito da sua preferência de voto. Essa técnica, comumente empregada em peças publicitárias de partidos políticos, é facilmente conduzida para o resultado desejado em favor do candidato ou do partido, ou contra seus adversários, passando à audiência a impressão de fortalecimento daquela candidatura entre o eleitorado em geral. No entanto, a redação do dispositivo legal estabelece que apenas quando o entrevistado for identificável é que ocorrerá a infração.

A esta hipótese equipara-se qualquer outra em que se evidencie manipulação de dados de pesquisa ou de consulta popular.

4.6 Trucagens

O inc. II do art. 45 da Lei 9.504/1997 estabelece ser vedado "usar trucagem, montagem ou outro recurso de áudio ou vídeo que, de qualquer forma, degradem ou ridicularizem candidato, partido ou coligação, ou produzir ou veicular programa com esse efeito".

Aqui se estabelece importante restrição ao direito de crítica política exercido pelos meios de comunicação, que por isso mesmo deve ser interpretada com cautela, visto que esta possibilidade de manifestação não pode, em nenhum regime efetivamente democrático, ser totalmente cassada. E, como visto, o nosso ordenamento constitucional garante o exercício de tais liberdades, sendo excepcional sua restrição, como na espécie.

Apenas as trucagens, montagens ou outros recursos de áudio e vídeo utilizados diretamente para influir na disputa eleitoral, favoravelmente ou contrariamente a partido ou candidato envolvidos na disputa eleitoral, é que são vedados. Outros, concebidos como crítica administrativa ou política, mas desprovidos de influência na competição, ou mesmo do objetivo puramente eleitoral, não podem ser restringidos. A aferição dessa realidade, em toda a sua complexidade, apurando-se o efetivo comprometimento da igualdade de condições de disputa entre os candidatos à eleição e a intenção da crítica, é tarefa entregue à sensibilidade do juiz eleitoral.

Esta poderá ser guiada por inúmeros elementos de convencimento, como o alcance do programa, o teor da manifestação crítica, que demonstre ou não a intenção de afetar o desempenho eleitoral de partido ou candidato, a regularidade dessa conduta, e outros. O que não parece adequado é que determinados programas televisivos ou radiofônicos – especialmente os de cunho humorístico – sejam repentinamente desprovidos de sua habitual verve e de seu conteúdo crítico, tudo em favor da igualdade de condições da disputa eleitoral.

Há de se considerar que hoje a realidade brasileira acomoda a candidatura de chefes do Poder Executivo à reeleição sem afastamento do cargo. Se pode haver um argumento que justifique essa situação de evidente desigualdade, em que um dos candidatos ao pleito, diferentemente dos demais, tem em suas mãos a máquina administrativa em pleno funcionamento, compreendendo a contínua realização de diversas inaugurações, obras e serviços públicos durante o período de campanha eleitoral (com ou sem a participação direta desse candidato), é o de que o exercício do poder carrega em si também os ônus da atuação administrativa, dentre os quais está a crítica pública e seu conseqüente desgaste. Seria profundamente antidemocrático – e contrário aos valores maiores de nosso Estado Democrático de Direito, caminhando mesmo para um totalitarismo mal disfarçado – estabelecer a possibilidade de reeleição sem afastamento do cargo e ainda sem direito de crítica pelos meios de comunicação de massa.

A preservação da lisura eleitoral não quer significar preservação incondicional dos políticos e de seus partidos das críticas da sociedade, proferidas por seus diversos instrumentos de comunicação, dentre os quais se destacam, pela importância e pelo alcance, o rádio e a televisão. A crítica política e administrativa pode e deve permanecer durante o período de campanha eleitoral. Apenas não deve ser instrumento utilizado pelos órgãos de imprensa para influir diretamente na disputa. A solução dessa complicada equação não é fácil. Caberá ao Judiciário construir, caso a caso, os critérios de sua resposta.

Outro elemento a ser considerado é o subjetivo, porquanto vedada está a utilização de trucagem, montagem, ou recursos de áudio e vídeo somente quando voltada à degradação ou ridicularização de candidato, partido ou coligação. A contrário, será possível o uso dessas técnicas quando seu objetivo não seja transmitir impressão degradada ou ridícula dos mesmos sujeitos.[4]

---

[4] Nesse sentido é o Ac. 137.525 do TRE-SP, j. 25.09.2000, rel. Juiz VITO GUGLIELMI, em que o voto condutor define: "Em suma:

Tome-se como exemplo de aplicação do dispositivo legal em estudo o julgado do TRE-SP proferido nas eleições de 2000, em que se considerou como infração ao disposto no inc. II do art. 45 a produção de críticas dirigidas contra funcionário público municipal durante o período eleitoral, mesmo estando afastado do exercício do respectivo cargo o Prefeito candidato à reeleição.[5]

4.7 Propaganda política e opinião favorável ou contrária

A proibição estabelecida no inc. III do art. 45 da Lei 9.504/1997 foi dirigida à possibilidade mais explícita de influência nociva nas eleições do que à prevista no inciso anterior em relação à atuação das emissoras de rádio e televisão durante o período de campanha eleitoral. Trata-se da divulgação, por emissora de rádio ou televisão, durante sua programação normal, de opinião favorável ou contrária a candidato, partido ou coligação, ou de propaganda partidária.

Se o inc. II pune a utilização de trucagens ou outros expedientes voltados para a sátira e para a crítica mais sutil, geralmente embutida em manifestação humorística, este dispositivo combate a manifestação externada sem subterfúgios técnicos, diretamente disposta à exteriorização de uma preferência ou de uma restrição.

---

a consideração para análise da ocorrência da infração deve ter em conta a impressão que ela gera ao seu destinatário natural que é o eleitor" (apud RUI STOCO e LEANDRO DE OLIVEIRA STOCO, *Legislação eleitoral interpretada* – Doutrina e jurisprudência, São Paulo, RT, 2004, p. 297).

[5] Conforme Ac. 137.506 do TRE-SP, j. 25.09.2000, rel. Juiz EDUARDO BOTALLO, v.u. Idêntico é o caso abordado no Ac. 137.868 do TRE-SP, j. 03.10.2000, rel. Juiz EDUARDO BOTALLO, v.u.

É de se ressaltar que a propaganda política aqui mencionada não é aquela elaborada pelos partidos políticos. Proíbe-se aqui a propaganda disfarçada, elaborada pelas próprias emissoras e inserida em meio à sua programação artística ou jornalística.

Sem dúvida, essa é postura que merece restrições dos grandes veículos de comunicação, e em especial dos meios televisivos e radiofônicos: o de assumir postura elogiosa ou crítica em relação a um candidato ou partido, praticamente integrando-se à campanha publicitária eleitoral. É maneira muito comum – muitas vezes mal dissimulada – utilizada pela imprensa para influir no resultado eleitoral.[6]

É bem verdade que o elogio e a reprovação também se compreendem, evidentemente, no direito de crítica política e administrativa inerente à liberdade de informação jornalística, e nesse sentido também aqui devem ser levadas em conta todas as considerações expendidas nos itens anteriores. Não é admissível a simples eliminação do direito da crítica jornalística; o que se estabelece na lei são limites, restrições, que incidirão nos momentos em que a atuação jornalística – ou artística – das emissoras de rádio e televisão se revelar, por suas circunstâncias, em apreciação feita caso a caso, deliberadamente direcionada para efeitos eleitorais, favoravelmente ou contra determinado candidato ou partido político.

---

[6] Já deixou assentado o TSE: "Divulgação de opinião favorável ao candidato da situação, apresentada de maneira a induzir o eleitor a concluir ser o mais apto ao exercício de função pública – Candidato não indicado por meio de seu nome, mas identificável pelo fato de receber apoio do governador do Estado – Propagação de imagem negativa de seu adversário – Configuração de ofensa ao art. 45, III, da Lei 9.504/1997. Agravo não provido" (Ac. 2.567 – Agravo de Instrumento – rel. Min. FERNANDO NEVES – j. 20.02.2001 – v.u.).

Preservando-se a liberdade jornalística, consagrada na norma constitucional, coíbe-se o seu abuso. Especialmente diante da possibilidade de reeleição para os titulares de cargos do Poder Executivo, há de se distinguir se as críticas eventualmente veiculadas através das emissoras de rádio e televisão são dirigidas ao administrador ou ao político. Na primeira hipótese, representam livre exercício de liberdade de manifestação, cuja preservação deve ser procurada, mercê de sua importância para a manutenção do regime democrático; na outra, verifica-se desvio reprovável e punível da emissora, a configurar indesejável influência no processo de formação da vontade popular.[7]

A distinção é necessária, pois é punida a manifestação de crítica ou elogio desvinculada da análise da atuação administrativa das autoridades públicas. Em outras palavras, podemos dizer que é lícita – e desejável – a manutenção de uma imprensa atenta perante os diversos níveis hierárquicos governamentais, capaz de enfatizar os aspectos positivos e negativos da gestão pública, com liberdade até mesmo para denunciar desvios. A preservação de um jornalismo livre e independente para noticiar e comentar os diversos temas vinculados à administração do patrimônio público é, sem dúvida, característica indissociável das práticas democráticas, cujo enfraquecimento, ao contrário, é claro indício de instalação de sistema político autoritário.

Por outro lado, a lei coíbe a atuação das empresas radiofônicas e televisivas, quando afastada da crítica política ou admi-

---

[7] Confira-se, a esse respeito, julgado do TSE em que restou anotado: "É garantido às emissoras de rádio e televisão liberdade de expressão e de informação, podendo ser apresentadas críticas à atuação de chefe do Poder Executivo, mesmo que candidato à reeleição, desde que se refiram a ato regular de governo e não à campanha eleitoral" (Ac. 21.369 – REspE 21.369 – rel. Min. FERNANDO NEVES – j. 19.02.2004 – v.u.).

nistrativa e centrada na análise individual das qualidades e defeitos pessoais de determinado candidato, ou das virtudes e deméritos de partido ou coligação. O que se pretende evitar aqui é que as emissoras de rádio e televisão possam empregar seu enorme potencial de influência junto à população para inflar ou denegrir a imagem de um candidato, contribuindo assim decisivamente para uma odiosa definição manipulada da vontade popular.

A Justiça Eleitoral já decidiu, por exemplo, que merecia punição emissora de rádio que inseriu em sua programação vinheta sonora em que chamava conhecido político paulista pelo nome de Paulo Superfaturado M..., tipificando o procedimento como infração ao disposto no art. 45, III, da Lei 9.504/1997. A condenação imposta foi de multa, pelo valor mínimo previsto no art. 45, § 2.°, do artigo de lei examinado.[8] A opinião emitida por apresentador é suficiente para conduzir à punição da emissora, por imposição de responsabilidade objetiva.[9] E a mera leitura, em difusão de rádio, de matéria publicada em jornal continente de opinião desfavorável a candidato é suficiente para conduzir à punição, por infração ao art. 45, III, da Lei das Eleições.[10] O Tribunal Superior Eleitoral já estabeleceu punição a emissora de televisão em razão de opinião contrária a candidato proferida por entrevistado;[11] o TRE-SP, no entanto, tem entendido que a pena

---

[8] Julgamento do TRE-SP no Ac. 14.322, de 26.07.2000, sendo relator o Juiz EDUARDO BOTALLO.

[9] Como do Acórdão do TSE de n. 168-DF (Recurso em Representação), j. 13.10.1998, rel. Min. FERNANDO NEVES.

[10] Conforme Ac. 19.334 do TSE (Recurso Especial), j. 24.05.2001, rel. Min. FERNANDO NEVES, v.u.

[11] Ac. 21.369, no REspE 21.369, j. 19.02.2004, rel. Min. FERNANDO NEVES, v.u., em que se considera "irrelevante", para efeito de responsabilização da emissora, o fato de a emissão de opinião

não deve ser imposta à emissora quando se tratar de entrevista veiculada "ao vivo".[12]

De outro lado, reportagem veiculada por emissora de televisão, supostamente conduzida por repórter apontado como afilhado político de candidato local, não foi considerada ofensiva à proibição legal pelo TRE-SP, por não se vislumbrar, subjetivamente, difusão de opinião desfavorável.[13]

4.8 Tratamento privilegiado

O inc. IV do mesmo artigo em estudo pune a emissora de rádio ou televisão que conceda tratamento privilegiado a candidato, partido ou coligação. A prática facilmente se confunde com a emissão de opinião favorável a candidato ou partido, mas deve-se entender que se radica, *a priori*, na observação da forma da programação, e não em seu conteúdo.

---

favorável ou contrária a candidato ter sido realizada "pelo entrevistado, pela emissora ou por agente dela".

[12] Segundo o Tribunal paulista, "o que o inc. III do art. 45 da Lei 9.504/1997 proíbe, a partir de 1.º de julho do ano da eleição, é que as emissoras de rádio e televisão veiculem propaganda política ou difundam opinião favorável ou contrária a candidato e não o próprio ouvinte, quando entrevistado através de telefone, em programa ao vivo, até porque não haveria como a emissora avaliar a mensagem e imediatamente tirá-la do ar" (Agravo na Repres. 12.915 – Classe 7.ª – Ac. 143.713 – rel. Juiz STOCO – j. 27.08.2002 – apud RUI STOCO e LEANDRO DE OLIVEIRA STOCO, *Legislação eleitoral interpretada* – Doutrina e jurisprudência, São Paulo, RT, 2004, p. 79-80).

[13] Trata-se do caso julgado no Ac. 137.392, por votação unânime, j. 28.09.2000, sendo relator o Juiz OTÁVIO HENRIQUE.

Infringe essa proibição a emissora que concede espaço maior a determinado candidato, em detrimento dos demais.[14]

Não obstante, ainda assim há de se considerar o teor da manifestação concedida a respeito de candidato ou partido, configurando-a como elogiosa ou favorável a este, para que se tenha configurada a infração à restrição legal. Assim, entende-se ocorrer tal infração se emissora concede grande espaço a candidato dirigente de clube esportivo, desde que o espaço tenha sido utilizado para emitir palavras e frases de teor político,[15] mas já se decidiu que divulgar a opinião de parlamentar sobre problemas locais não infringe a vedação legal.[16]

Também não se há de exigir que os meios de comunicação abram espaço de cobertura jornalística rigorosamente igual para todos os candidatos. Durante a campanha, alguns candidatos se sobressaem, e é mesmo natural que mereçam mais atenção da imprensa, em comparação àqueles que mal se fazem conhecer pelo eleitorado. O que se quer é que não haja um único candidato a merecer a atenção da mídia, desprezando-se completamente os demais. A cobertura jornalística deverá ser equilibrada, destacando o dia-a-dia dos principais candidatos e os fatos mais importantes que envolvam as eleições em geral, embora seja admis-

---

[14] Nesse sentido é o Ac. 16.023 do TSE, j. 22.02.2000, sendo relator o Min. EDUARDO RIBEIRO, em que, por votação unânime, ficou assentado que a concessão de entrevista a candidato dentro da programação normal de emissora de televisão caracteriza tratamento privilegiado.

[15] Tal é o caso retratado no Ac. 1.714 do TSE (Agravo de Instrumento), j. 13.05.1999, por v.u., sendo relator o Min. EDUARDO ALCKMIN.

[16] Ac. 18.358 do TSE (Recurso Especial), j. 20.03.2001, rel. Min. FERNANDO NEVES, v.u.

sível que alguns candidatos tenham maior atenção da imprensa, exatamente porque seus atos despertam mais interesse no público em geral, ou porque envolvidos em fatos de significado jornalístico. Nesse prisma, é certo que não representa infração ao inc. IV do art. 45 da Lei 9.504/1997 a recorrente prática das emissoras de rádio e televisão de informar a agenda diária de alguns dos candidatos aos cargos majoritários, desprezando a divulgação dos compromissos dos demais concorrentes, desde que o procedimento não se preste para a exposição especial de um só dos pretendentes.[17]

Em outras palavras, a cobertura jornalística deve refletir o interesse público a respeito dos fatos da campanha ou da atualidade política. Tanto quanto estejam dando cobertura a eventos de interesse da sociedade, é legítima a atuação das emissoras; quando, porém, agem diferentemente desse padrão, incidem na infração em estudo.

A emissora que só cuida dos atos e pronunciamentos de um candidato, sem destacar os mesmos fatos relacionados aos demais, pratica essa infração. Isso se dá, repita-se, a par da análise do conteúdo da cobertura jornalística: importa saber se as matérias são favoráveis ao candidato retratado com efeitos diretos sobre a eleição, para que se configure o tratamento desigual. O conteúdo marcadamente favorável ou contrário ao candidato é punido no inc. III do art. 45, e independe da configuração de tratamento privilegiado. Porém, para que se caracterize conduta de infração ao inc. IV do mesmo art. 45, além da diferenciação no espaço concedido a determinado partido ou

---

[17] A esse respeito, o TSE puniu emissora televisiva que, na divulgação de agenda de candidatos, conferia um "destaque todo especial" a um deles (REspE 15.637 – rel. Min. EDUARDO ALCKMIN – j. 17.11.1998 – v.u.).

candidato, é preciso que se identifique teor apontado como violador do inc. III.

Se os programas de jornalismo se prestam para veículos de candidatos que por razões distantes da política neles aparecem, há a infração. É o caso de candidato que concede entrevista na condição de dirigente esportivo, mas utiliza o generoso espaço para tecer diversas considerações políticas, conduta em que a emissora de radiodifusão infringe ao mesmo tempo os incs. III (opinião favorável a candidato) e IV (tratamento privilegiado a candidato) do art. 45.[18] Na mesma hipótese incide a emissora de televisão que, em sua programação normal, veicula entrevista com deputado em que este se manifesta em favor de candidato ao governo, chegando a pedir votos.[19]

Diferentemente, não existe privilégio dirigido a candidato "se a emissora abriu espaço para todos os candidatos apresentarem suas propostas e idéias (...) mesmo que o candidato tenha exaltado suas qualidades e apontado os defeitos dos adversários e de suas plataformas políticas" (TSE – Ac. 19.996 – REspE 19.996 – rel. Min. FERNANDO NEVES – j. 23.10.2002 – v.u.).

Não se deve descurar da realidade de várias pequenas – e grandes – localidades brasileiras em que o controle dos meios de comunicação é exercido pelos dirigentes políticos da cidade, situação em que os espaços são generosamente ofertados ao candidato da casa, que sempre tem liberdade para tecer as mais diversas considerações políticas. Diante de tal situação,

---

[18] Essa é a hipótese fática julgada no Ac. 1.714 do TSE, em que foi relator o Min. EDUARDO ALCKMIN, julgado à unanimidade, em 13.05.1999.

[19] Conforme decidido pelo TSE no REspE 16.023, rel. Min. EDUARDO RIBEIRO, j. 22.02.2000, v.u.

há desigualdade entre este candidato e os demais, situação combatida pela lei, ressalvando-se apenas o caso em que o adversário esteja igualmente aparelhado por apoio dos meios de comunicação, pois aqui não há verdadeiramente desequilíbrio na disputa eleitoral.

Vale a pena ressaltar trechos de julgado do TRE-SP em que a questão foi tratada:

"Nesse norte, o chamado *tratamento privilegiado*, vedado pelo inc. IV do art. 45 da Lei 9.504/1997, é aquele com potencialidade para influenciar a vontade do eleitor, eis que o bem que se almeja resguardar é a isonomia da disputa.

"(...)

"Assim, os comentários difundidos no programa são capazes de alterar o conceito que o eleitor, eventualmente, pudesse ter a respeito dos candidatos, desequilibrando o processo eleitoral.

"Dessa forma, entrevejo configurado verdadeiro tratamento privilegiado, sendo inoportuno falar-se, apenas, em exercício da liberdade de expressão, informação e comunicação, em confronto com as regras proibitivas da legislação eleitoral" (TRE-SP – Ac. 131.646 – rel. Juíza ANNA MARIA PIMENTEL – j. 08.10.1998 – v.u.).

4.9 Produções artísticas

No inc. V do art. 45 insere-se proibição que atinge diretamente a liberdade de manifestação artística consagrada na Constituição Federal, em seu art. 5.º, IX. Proíbe-se no dispositivo a alusão ou crítica a candidato ou partido político, "mesmo que dissimuladamente", em filmes, novelas, minisséries ou qualquer outro programa. O tema é delicado.

Constranger a liberdade de criação artística em filmes, novelas e minisséries, por conta de suas mensagens políticas, é atitude que caminha a passos largos em sentido antidemocrático. A desejada igualdade de condições de disputa eleitoral não se pode prestar a tanto. Proibir a veiculação de determinados filmes, minisséries ou qualquer outro programa de representação dramática em razão de eventual conteúdo marcado por críticas a certo ideário político é providência que não se acomoda com a efetiva fruição de regime democrático, pautado pelo asseguramento de liberdades fundamentais, como as relativas à manifestação de pensamento político ou filosófico, veiculadas sob qualquer forma de expressão artística ou intelectual. Daí por que, a respeito deste tema, como em nenhum outro, a possibilidade de imposição de restrições às atividades das emissoras de rádio e televisão deve ser utilizada com sensibilidade e escrúpulo pelo Judiciário.

Apenas quando a manifestação artística assumir realmente contornos de propaganda eleitoral, servindo como elemento de captação de votos de determinado candidato ou partido, é que se pode punir ou restringir tal prática, pois de outro modo o resultado será o exagero absolutamente indesejável.

Não podemos olvidar tantos momentos da dramaturgia mundial que marcaram a crítica social a determinado regime e que se transfiguraram para o cinema em inesquecíveis películas que tocaram as mazelas sociais ou políticas do século XX. Pode-se proibir a exibição de filmes clássicos de conteúdo social durante o período de campanha eleitoral? Pode-se banir o cinema político? Pode-se impedir a exibição de novelas ou minisséries de sátira política, como notoriamente ocorreu durante o período militar? Somente na hipótese extrema – difícil de conceber – de se configurar influência indevida no processo de convencimento do eleitorado é que ficaria autorizada a intervenção na programação artística.

Em suma, esta é uma restrição que não deve ser imposta, a não ser excepcionalmente em contexto extraordinário. O dispositivo recende a inadmissível censura política sobre produções artísticas.

Importante ressaltar que a parte final do dispositivo em exame exclui expressamente da restrição os programas jornalísticos ou de debates políticos, em que, evidentemente, seria inviável a proibição de "alusão" a candidato ou partido político. Exige-se sempre o tratamento imparcial dos temas de interesse jornalístico, sob pena de se configurar afronta aos incs. III e IV do art. 45 da Lei 9.504/1997. A esse respeito já declarou o Tribunal Superior Eleitoral que "as emissoras de rádio e de televisão, no período de que trata o art. 45 da Lei 9.504/1997, podem, em seus programas jornalísticos, divulgar matérias de interesse da população, mesmo que digam respeito a candidato ou a partido político, desde que veiculem a posição de todos os interessados de modo imparcial" (Ac. 21.014 – REspE 21.014 – rel. Min. FERNANDO NEVES – j. 17.12.2002 – v.u.). A fixação desses contornos é bem-vinda.

Tratando de entrevista concedida em programa de jornalismo sob o enfoque do art. 45, V, da Lei 9.504/1997, o TRE-SP já julgou que não configuram ofensa ao dispositivo legal mencionado "críticas formuladas contra candidato, que não ultrapassam os limites da dignidade pessoal". Na hipótese fática versada, o entrevistado havia afirmado que o prefeito seria "incapaz de extirpar a zona do meretrício do centro da cidade".[20]

---

[20] Ac. 134.680 – rel. do voto vencedor Juiz EDUARDO BOTALLO – j. 22.02.2000 – m.v.

4.10 Nome de programa

O inc. VI do art. 45 veda às emissoras de rádio e televisão a veiculação de nome de programa que se refira a candidato escolhido em convenção.

A restrição atinge o nome de programa idêntico ao nome de candidato ou a variação nominal por ele adotada para concorrer no pleito, impondo restrição que se traduz na adoção de outro título para a programação durante o período de campanha eleitoral.

É bem de ver que neste dispositivo é estabelecida penalidade mais rigorosa, dirigida diretamente ao candidato beneficiário, que acarretará a cassação do seu registro de candidatura, no caso de infração à proibição aqui estabelecida.

Nesse particular, o inc. VI do art. 45, ao determinar cassação de registro do candidato, deve ser aplicado em conjunto com o art. 22 da LC 64/1990, eis que traz hipótese que pode ser enquadrada como de desvio ou abuso dos meios de comunicação social, inserida, portanto, em tipo já contemplado na lei complementar. O que se faz neste dispositivo da lei ordinária é especificar um caso fático de abuso dos meios de comunicação social. A penalidade prevista no inc. VI somente pode ser aplicada em sede da investigação judicial prevista no art. 22 da LC 64/1990, eis que aqui se prevê uma hipótese fática que se circunscreve ao seu alcance. Aplica-se a penalidade prevista, na forma da lei complementar, se assim entender-se caracterizado abuso dos meios de comunicação social. Mas a pena não deverá ser aplicada se o abuso não restar caracterizado, o que demanda a apreciação de determinadas circunstâncias na investigação judicial eleitoral, como a presença de potencialidade para influir no resultado eleitoral.

4.11 Candidato titular de programa

A previsão do § 1.° do art. 45 da Lei 9.504/1997 é tradicional na nossa legislação. Refere-se a candidato oriundo do meio radiofônico ou televisivo, onde seja titular de programa, e às restrições a este impostas durante o período de campanha eleitoral.

Trata-se, aqui, de programas apresentados por homens ou mulheres de comunicação, cuja permanente exibição durante o período de campanha eleitoral implicaria possibilitar-lhes um canal direto de contato com o eleitorado, inexistente para os demais candidatos. Proibindo-se a veiculação de tais programas vela-se pela *pars conditio*, ou seja, pela igualdade de condições de disputa entre todos os candidatos, como de resto é característica de todos os dispositivos deste artigo. A restrição realmente tem razão de ser, em vista da enorme penetração dos meios de comunicação de massa.

Merece parcial transcrição o voto proferido pelo Juiz EDUARDO TESS em julgamento do TRE-SP, em que ficou assentado:

"... não se pode falar em tratamento privilegiado concedido para a candidata a governadora pelo Partido dos Trabalhadores, uma vez que o espaço a ela aberto na programação de rádio data de anos. Além do mais, a própria lei veda a transmissão de programas radiofônicos ou televisivos nestas condições somente a partir de 1.° de agosto de 1998 (art. 45, § 1.°, Lei 9.504/1997).

"Também não colhe a alegação de que teria havido propaganda eleitoral antecipada, posto que, como se percebe pela fita, grampeada ao processo, as falas da candidata atêm-se aos termos normalmente tratados pelo programa.

"Os comentários que faz a respeito do tráfico de drogas, da violência e do trabalho irregular de menores contêm-se ao seu roteiro usual, muito embora sub-repticiamente poder-se-ia entender que a candidata, se eleita, erradicaria esses flagelos sociais. Assim, procede a observação da r. decisão monocrática recorrida: 'O importante é que, colocados os comentários em zona cinzenta no que tange à propaganda eleitoral, não se poderia concluir, com a certeza necessária, que a emissora de rádio, com a continuidade do programa, estivesse dando tratamento privilegiado à candidata apresentadora'" (Ac. 131.213 – rel. Juiz EDUARDO TESS – j. 25.08.1998 – v.u.).

De outro lado, o TSE aproveitou infração caracterizada originalmente como tratamento privilegiado a candidato para instruir investigação eleitoral calcada no art. 22 da LC 64/1990 e punir candidatos radialistas por abuso de poder econômico e dos meios de comunicação social. A ementa do julgado é bastante esclarecedora:

"Recurso especial contra decisão em investigação judicial – Art. 22 da LC 64/1990 – Recebimento como ordinário. Programa de rádio apresentado por candidato a deputado distrital no período previsto no art. 45 da Lei 9.096/1995, no qual participou candidato a senador, proprietário da emissora, com elogios recíprocos e referências diretas à eleição. Propaganda eleitoral vedada, por tratamento privilegiado, que se configurou pelo grande destaque dado aos recorridos pela emissora. O fato de terem os recorridos se valido da condição de um deles ser proprietário da emissora e a reiteração da conduta levam à caracterização da prática de abuso do poder econômico e dos meios de comunicação social. Recurso provido para decretar a inelegibilidade dos recorridos por três anos" (Ac. 16.184 – rel. Min. EDUARDO ALCKMIN – j. 01.06.2000).

A simples exposição na mídia, decorrente de atuação profissional que a favoreça, não constitui, por si só, infração à legislação eleitoral. Nesse sentido foi o posicionamento do TSE ao responder os termos da Consulta 469, voltada para a situação de artistas e atletas famosos (Res. 20.243 –, j. 24.06.1998 – rel. Min. EDUARDO RIBEIRO – v.u.). De outro lado, a veiculação, na programação das emissoras de rádio e televisão, de propaganda comercial de produtos ou serviços com a participação de candidato a cargo eletivo pode caracterizar concessão de tratamento privilegiado, de acordo com a Res. 20.215, que respondeu à Consulta 432 (j. 02.06.1998 – rel. Min. NÉRI DA SILVEIRA – v.u.).

4.12 Penalidades

É no § 2.º do art. 45 fixada a penalidade prevista para o descumprimento de qualquer dos incisos do *caput*: multa de 20 a 100.000 UFIR.

A punição é dirigida especialmente às emissoras de rádio e televisão, únicas destinatárias das vedações estabelecidas no artigo. Os candidatos beneficiados pela infração não podem ser condenados ao pagamento de multa, por falta de previsão legal específica.[21] Excepcionalmente apenas o candidato beneficiado pela veiculação de programa cujo nome o favoreça é que pode sofrer a condenação prevista no inc. VI, a ser apurada em processo próprio, sob a forma do art. 22 da LC 64/1990, conforme já anotado no item 4.10 retro.

---

[21] Nesse sentido: TSE – Ac. 15802 (Recurso Especial) – rel. Min. EDSON VIDIGAL – j. 09.09.1999; e TSE – Ac. 16.004 (Recurso Especial) – rel. Min. MAURÍCIO CORRÊA – j. 07.10.1999 – v.u. No entanto, o TSE deixou registrado que "o fato do candidato beneficiário da propaganda irregular ser o proprietário de emissora de TV não o isenta da multa prevista na Lei 9.504/1997, art. 45" (REspE 15.802 – rel. Min. EDSON VIDIGAL – j. 09.09.99 – v.u.).

Penalidade ainda mais rigorosa, por suas conseqüências práticas, é a estabelecida no art. 56 da Lei 9.504/1997. Trata-se da suspensão, por 24 horas, da programação normal da emissora que deixar de dar cumprimento às disposições da lei. A cada nova condenação, após a primeira decisão que considerar ilícita a atuação da emissora, a suspensão será duplicada. No entanto, a reincidência só se verifica "se após a punição nova infração" venha a ser praticada.[22] O TRE-SP firmou jurisprudência, nas eleições de 2000, no sentido de que, "vencido o período de propaganda eleitoral", não mais se impõe a pena de suspensão.[23]

Em qualquer caso, as penalidades são impostas às emissoras, e não a seus funcionários, estabelecendo-se, nesse campo infracional, verdadeira responsabilidade objetiva das empresas,[24] que lhes possibilita o direito de regresso contra o funcionário causador do descumprimento à lei. Ressalve-se, porém, que a responsabilidade objetiva só existe durante o período de restri-

---

[22] É o que se extrai do Ac. 131.707 do TRE-SP, relatado pelo Juiz VITO GUGLIELMI, j. 15.10.1998, por maioria de votos.

[23] Conforme mencionado no Ac. 138.218 do TRE-SP, j. 11.10.2000, por v.u., rel. Juiz VITO GUGLIELMI. No mesmo sentido, dentre outros, é o Ac. 137.868 do TRE-SP, rel. Juiz EDUARDO BOTALLO, j. 03.10.2000, v.u..

[24] Conforme acórdão do TRE-SP no Recurso 13.165: "A Lei 9.504/1997, em seu art. 45, § 2.º, estabeleceu verdadeira responsabilidade objetiva. Diz expressamente que a inobservância das disposições nele contidas sujeita *a emissora* ao pagamento da multa. Não faz qualquer ressalva ou exceção, de modo que, quando muito, poderá a recorrente exercer eventual direito de regresso contra quem de direito. Para efeito da legislação eleitoral, responsável é a emissora que faz a transmissão" (destaque no original). No mesmo sentido é o Ac. 168-DF do TSE (Recurso em Representação), j. 13.10.1998, rel. Min. FERNANDO NEVES.

ções impostas à programação normal das emissoras estabelecido no *caput* do art. 45, ou seja, a partir de 1.º de julho e até o fim da votação.[25] E, nos termos do art. 57 da Lei 9.504/1997, atinge emissora de televisão operando em UHF e em VHF, e ainda os canais por assinatura sob a responsabilidade dos órgãos dos Poderes Legislativos da União, Estados, Distrito Federal e Municípios.

É possível a cumulação de penas de multa e de suspensão do funcionamento da emissora.[26]

4.13 Internet

As proibições do *caput* e seus incisos do art. 45 da Lei 9.504/1997 atingem também os sítios de internet "mantidos pelas empresas de comunicação social (...) e demais redes destinadas à prestação de serviços de telecomunicações de valor adicionado".

Considera-se, assim, que os pontos de divulgação institucional das emissoras de rádio e televisão consubstanciados em sítios da Internet são extensões da transmissão comum de sua atividade comercial, ao menos para os efeitos de contenção de suas mensagens dentro das restrições estabelecidas nesse art. 45.

Não se estenda, porém, a restrição de conteúdo dos sítios mantidos pelas emissoras de rádio e televisão à internet em ge-

---

[25] Assim, eventual propaganda antecipada realizada através de rádio ou televisão, a violar o disposto no art. 36 da Lei 9.504/1997, não comporta responsabilidade objetiva das emissoras, impondo-se as penalidades previstas naquele dispositivo aos funcionários responsáveis.

[26] Nesse sentido: TSE – Ac. 1772 (Agravo de Instrumento) – rel. Min. EDUARDO RIBEIRO – j. 01.06.2000 – v.u.

ral, pois não é esse o objetivo da lei.[27] A rede de internet pode ser utilizada como meio de divulgação de ideais políticos antes e durante o período de campanha de captação de votos, sendo mesmo regulamentada a utilização de sítios por candidatos durante o período eleitoral. A proibição aqui fixada dirige-se apenas aos sítios institucionais de divulgação da atuação das emissoras de rádio e televisão, que se sujeitam às mesmas restrições impostas à programação artística ou jornalística em geral.

4.14 Debates

Ainda cuidando da atuação das emissoras de rádio e televisão na sua programação normal, o art. 46 da Lei 9.504/1997 estabelece regras a serem observadas para a realização de debates entre os candidatos, durante o período de propaganda eleitoral.

Aqui também a legislação busca o equilíbrio de condições de disputa de votos, ao estabelecer a obrigatoriedade de participação, em quaisquer debates, de candidatos de todos os partidos com representação na Câmara dos Deputados (art. 46, *caput*). O critério de atribuição de garantia de participação aos partidos ou coligações é o mesmo estabelecido para o horário de propaganda gratuito: representação na Câmara Federal. Partidos e coligações que a possuem têm garantido o direito de participar de todos os debates; os que não a possuírem serão chamados por liberalidade das emissoras organizadoras, se e quando estas assim desejarem.

---

[27] Nesse sentido é o Ac. 20.251 do TSE, em que se afirma: "As empresas de comunicação social referidas no art. 45, § 3.º, da Lei 9.504/1997 são apenas as emissoras de rádio e de televisão" (REspE 20.251 – rel. Min. FERNANDO NEVES – j. 07.11.2002 – v.u.).

Prevalece, mais uma vez, a isonomia entre candidatos, partidos e coligações, aqui com um direcionamento de fazer cumprir o pluralismo político consagrado no texto da Constituição Federal. Ou o debate se realiza com os candidatos de todos os partidos habilitados, ou não há debate. Parece que a atual legislação quer impedir situações ocorridas sob a égide da lei eleitoral anterior (n. 9.100/1995), em que puderam ser realizados debates em que "todos os participantes revelaram uma única posição política e, ainda, o apresentador se mostrou alinhado com ela", punidos pelo TSE como prática de tratamento privilegiado outorgado a candidato e manifesta preferência a ele devotada.[28]

Nesse particular, as boas intenções da legislação terminam por conduzir a uma burocracia e a um engessamento dos debates jornalísticos que pouco ou nada contribuem para o esclarecimento do eleitorado. As emissoras interessadas em realizar debates têm de abrir espaço para candidatos desinteressantes e inexpressivos, ao lado dos candidatos favoritos do eleitorado, a respeito dos quais se cria verdadeira expectativa em relação às suas respectivas participações. De um lado, candidatos "folclóricos"; de outro, aqueles que realmente disputam a preferência do eleitorado.

Acresça-se que o art. 46, nos seus dispositivos, garante que até mesmo os debates entre candidatos às eleições proporcionais seguirão as mesmas regras, em que se impõe a participação compulsória de representantes de todos os partidos ou coligações disputantes.

Merece reflexão a necessidade de se estabelecer essa verdadeira "reserva de mercado", traduzida na garantia de participação em debates aos candidatos de todos os partidos com repre-

---

[28] TSE – Ac. 15.235 – Min. EDUARDO ALCKMIN. – j. 22.10.1998 – v.u.

sentação na Câmara Federal. Aliás, na prática essa participação é quase que simbólica, ou periférica, em vista da inevitável inclusão nas regras do debate de possibilidades de concentração de perguntas e participação em favor dos candidatos favoritos. Nesse ponto, a lógica das emissoras é a do mercado, da busca de audiência: abrem seu espaço para os candidatos mais carismáticos, que têm capacidade de atrair maior audiência. Nem se poderia exigir-lhes conduta diferente.

É bem verdade que a Lei das Eleições possibilita a realização de debates entre grupos de candidatos, de no mínimo três (art. 46, I, *b*), mas é forçoso convir que essa técnica não contribui para a realização de melhores programas, senão para a realização de programas "de primeira" e "de segunda" classe.

Por essas razões temos tido poucos debates promovidos por emissoras de rádio e televisão durante as últimas campanhas eleitorais, e os que têm sido realizados raramente empolgam a audiência. Há sempre muitos candidatos para serem ouvidos, e os principais candidatos pouco dizem. E pior: quando um dos candidatos de menor expressão não concordar com as regras estabelecidas para o debate, negando-se a participar, fica inviabilizado o programa.

Ora, os programas de debate constituem importante oportunidade para a realização da mais elevada discussão política. Sua realização, que traduz uma importante contribuição das emissoras em benefício do desenvolvimento social e político do País, devia ser estimulada, e não restringida pela legislação, como ocorre no presente. Retirando-se a "reserva de mercado" hoje existente, importante contribuição para o aprimoramento de nossas instituições políticas estaria sendo dado.

Há de se registrar que a jurisprudência atual tem se mostrado mais liberal em relação a práticas adotadas pelas emissoras, especialmente as televisivas, que têm negado a participação a todos os candidatos cuja presença em debates é garantida por lei, alegando critérios de interesse jornalístico para a seleção dos candidatos convidados. Tem se admitido a exclusão do debate dos candidatos mal colocados nas pesquisas populares de intenção de voto, permitindo-se a compensação através da participação dos candidatos excluídos (dentre aqueles registrados por partidos com representação na Câmara Federal) em outros programas da emissora, em entrevistas exclusivas de tempo reduzido.

4.15 Entrevistas

Não há, na lei eleitoral, vedação à realização de entrevistas dos candidatos pelos diversos órgãos de imprensa, dentre os quais se encontram as emissoras de rádio e televisão. Entrevistas, portanto, podem a princípio ser realizadas a qualquer tempo em rádio ou televisão.

Tanto se diz porque a realização de programas de entrevistas passou a ser, para as emissoras de rádio e televisão, alternativa aos debates, estes de difícil realização em vista das restrições legais atualmente vigentes. E nas últimas eleições municipais várias foram as emissoras que adotaram essa estratégia.

A recente jurisprudência eleitoral tem firmado que "não cabe à Justiça Eleitoral impor às emissoras de televisão, ou a qualquer outro veículo de comunicação, a obrigação de entrevistar esta ou aquela pessoa" (TSE –Agravo de Instrumento 3720 – trecho da decisão denegatória de seguimento – rel. Min. CARLOS VELLOSO – j. 16.03.2004 – v.u.). Assim fica aberta a possibilidade de as emissoras de rádio e televisão, como alternativa aos complicados debates eleitorais, levarem ao ar rodadas, ou ciclos, de entrevistas com os candidatos que escolherem, sem obrigatoriedade de chamar todos aqueles registrados por partidos com representação na Câmara Federal. O critério para chamamento dos candidatos será definido pela própria emissora segundo o interesse jornalístico, sendo admissível selecionar os candidatos melhor colocados nas pesquisas populares de intenção de votos.

Não se pode dizer que essa prática encontre vedação expressa na lei eleitoral. Não existe tal vedação, dirigida especificamente à transmissão de entrevistas, sejam estas longas ou curtas, inseridas na programação normal de jornalismo ou em programas especialmente concebidos para sua veiculação. No entanto, do conjunto das disposições do art. 45 da Lei 9.504/1997 vemos que outra ordem de preocupações deve ser considerada para determinar se as entrevistas são lícitas.

É que a concessão de grandes espaços jornalísticos a um ou alguns candidatos, em detrimento da participação equânime de todos, pode facilmente ser considerada como infração ao disposto no art. 45, IV, da Lei das Eleições, por constituir tratamento privilegiado.[29] E tal é o que efetivamente se dá quando as emissoras de rádio e televisão buscam fugir das complicadas regulamentações legais impostas aos programas de debate para dedicar-se a entrevistas especiais dos principais candidatos. Se não concederem espaço igual aos candidatos de todos os partidos, a infração às disposições legais é clara, e deve ser punida pela Justiça Eleitoral.

Tal é a hipótese que segue, julgada pelo TRE-SP:

---

[29] O Ac. 139.171 do TRE-SP, j. por votação unânime em 22.02.2001, sendo relator o Juiz VITO GUGLIELMI, porém, decidiu caso em que partidários de determinada candidatura foram entrevistados "ao vivo" por emissora de rádio, punindo esta última com base no art. 45, III, da Lei 9.504/1997, por entender que o fato configurava emissão de opinião favorável a candidato ou partido.

"Dispõe o art. 45 da Lei 9.504/1997 sobre as vedações a que são submetidas as emissoras de rádio e televisão, em sua programação normal e noticiário após o dia 1.º de julho do ano da eleição.

"Após tal data, segundo a representação (no dia 1.º de julho de 2000, no horário compreendido entre 10:00 e 16:00 hs), foi transmitido programa especial de entrevista a diversos candidatos que concorrem ao pleito, ressaltando estes suas pretensões junto à administração municipal.

"(...)

"Nem se alegue, por outro lado, que o candidato representante fora convidado a dele participar, mas preferiu omitir-se. Primeiro, porque não tinha ele obrigação de participar. Segundo, porque não se tratava, tecnicamente, de debate, que exigia, a rigor, observância do disposto no art. 46, II, da lei eleitoral. Terceiro, porque, se assim o fosse, deveria haver a comprovação de que o candidato fora convidado com a antecedência prevista em lei, o que também não fez a recorrente.

"E ao tempo da propaganda eleitoral específica, a presença de candidatos em programa de rádio e televisão, e a difusão de opinião favorável ou elogio às condutas que porventura experimentarem, traduz quebra de igualdade que deve haver entre todos no pleito.

"E é exatamente isso o que a Lei 9.504/1997, em seu art. 45, IV, veda, *e objetivamente responsabiliza a emissora* (§ 2.º do referido dispositivo), sem prejuízo de que exerça contra quem de direito, eventual regresso.

"(...)

"Em suma: muito mais do que veiculação de informação jornalística, o que se positivou foi a divulgação de opinião favorável a candidatos" (TRE-SP – Ac. 138.218 – rel. Juiz VITO GUGLIELMI – j. 11.10.2000 – v.u.).

De modo geral, a utilização de entrevista como meio de propaganda eleitoral é punida, ainda que ocorra antes do período de restrição imposto no *caput* do art. 45 (a partir de 1.º de julho), caso em que o dispositivo violado será o do art. 36 da Lei.[30]

4.16 Realidade das pequenas cidades

As regras previstas na Lei das Eleições vigem, por óbvio, em todo o território nacional. Mas vale a pena pôr em relevo que a aplicação da lei não será necessariamente a mesma nos grandes centros urbanos e nas pequenas localidades do interior, à vista das evidentes diferenças existentes nos apontados meios sociais.

Com efeito, a realidade das grandes cidades é ver diluir-se o alcance das mensagens transmitidas por emissoras de rádio e televisão em meio a uma multidão de espectadores, e a uma maior quantidade de emissoras em atividade. De outro lado, nos meios pequenos não raro é reduzida a variedade de emissoras de rádio e televisão, e a mensagem das pequenas emissoras locais ganha uma força decisiva na conformação da opinião pública.

Assim, a interpretação das restrições legais deverá levar em conta também a força das emissoras de rádio ou televisão junto ao eleitorado, para aferir o efetivo cometimento de infrações às restrições legais examinadas.

Nem é demais lembrar que é comum a concentração de emissoras de rádio e televisão nas mãos de tradicionais políticos ou seus conhecidos apoiadores – ou mesmo familiares –, reali-

---

[30] Hipótese tal foi julgada no Ac. 135.835 do TRE-SP (rel. Juiz VITO GUGLIELMI, j. 08.08.2000, v.u.), não se admitindo a responsabilidade objetiva da emissora de rádio no período anterior ao das vedações estabelecidas no art. 45 da Lei 9.504/1997.

dade bem percebida em muitas pequenas cidades brasileiras. Em situações como essas, a atuação da emissora pertencente a determinado político ou a grupo empresarial seu, ou mesmo a familiares ou notórios amigos, deve ser vista com olhos mais atentos, eis que a possibilidade de que sua conduta seja direcionada a influir no processo eleitoral é mais presente.

Assim, a interpretação da lei pode, em tese, ser mais rigorosa nos pequenos centros urbanos, à vista das razões elencadas, que justificam um tratamento mais atento em relação à possível prática de condutas vedadas na legislação eleitoral.

Ressalve-se, porém, a comum situação vivida em pequenas cidades, dentro da qual cada candidato dispõe de equivalente "poder de fogo" em emissoras de rádio, televisão e jornais locais, hipótese em que a Justiça Eleitoral deverá agir com especial isenção e cautela, para não punir um só dos lados. A punição equânime a todos os infratores deve ser a solução para preservar a igualdade de condições entre os candidatos na disputa por votos.

4.17 Procedimento adequado

É através do procedimento previsto no art. 96 da Lei 9.504/1997 (representação) que se há de punir as infrações aos arts. 44, 45 e 46 da mesma lei. Assim, tal medida será intentada com respeito às mínimas exigências formais que lhe são impostas, e que serão analisadas em outra parte deste livro.

4.18 Propaganda eleitoral gratuita

De acordo com a previsão estabelecida no art. 55 da Lei 9.504/1997, as restrições constantes nos incs. I e II do art. 45 da mesma lei são aplicáveis às peças de divulgação da propaganda eleitoral no horário gratuito de rádio e televisão.

Trata-se das vedações de utilização de imagens de realização de pesquisa ou outro tipo de consulta popular, ainda que sob a forma de entrevista jornalística (inc. I) e de emprego de trucagem, montagem ou outro recurso de áudio ou vídeo visando degradar ou ridicularizar candidato, partido ou coligação (inc. II). Assim, fica proibido o uso desses expedientes específicos nas peças publicitárias levadas ao ar pelos partidos políticos e suas coligações, no horário gratuito de propaganda eleitoral no rádio e na televisão.

Anote-se, porém, que a infração a essas proibições, quando ocorrida no horário eleitoral gratuito, não acarreta penalidade alguma para as emissoras de televisão e rádio, que funcionam aqui como meras retransmissoras, sem responsabilidade pelo conteúdo dos programas políticos produzidos pelos órgãos partidários.

As penalidades, no caso, serão aquelas previstas no parágrafo único do art. 55, dirigidas contra o partido político ou coligação responsável pela veiculação infratora, e significarão a perda do tempo equivalente ao dobro do utilizado para a prática ilícita no período do horário gratuito subseqüente, dobrada a cada reincidência, devendo ser exibida a informação de que a não-exibição se deu por infração à lei eleitoral.

5
PROPAGANDA ELEITORAL NO RÁDIO E NA TELEVISÃO

ALEXANDRE LUIS MENDONÇA ROLLO

SUMÁRIO: 5.1 Introdução – 5.2 Parte teórica: comentando a Lei 9.504/1997: 5.2.1 Dias e horários reservados para as diferentes eleições; 5.2.2 Divisão do tempo destinado a cada eleição entre os partidos/coligações; 5.2.3 Termo inicial para a contabilização dos representantes de cada partido na Câmara dos Deputados; 5.2.4 Casos de fusões ou de incorporações partidárias; 5.2.5 Redistribuição do tempo; 5.2.6 Partidos/coligações com tempo inferior a 30 segundos; 5.2.7 – Reserva de tempo para municípios despidos de emissoras geradoras (rádio e televisão); 5.2.8 O segundo turno e a propaganda eleitoral no rádio e na televisão; 5.2.9 A ordem de veiculação das propagandas eleitorais no rádio e na televisão; 5.2.10 As inserções; 5.2.11 Plano de mídia (art. 52 da Lei 9.504/1997); 5.2.12 Censura prévia; 5.2.13 Participação de terceiros na propaganda eleitoral (art. 54 da Lei 9.504/1997); 5.2.14 Novas vedações a serem observadas no horário gratuito; 5.2.15 As emissoras de rádio e de televisão e as sanções a que estão sujeitas; 5.2.16 Emissoras de televisão sujeitas à divulgação do horário eleitoral gratuito – 5.3 Parte prática: resoluções e acórdãos sobre o tema: 5.3.1 Dias e horários reservados para as diferentes eleições; 5.3.2 Divisão do tempo destinado a cada eleição entre os partidos/coligações; 5.3.3 Redistribuição do tempo; 5.3.4 Reserva de tempo para municípios despidos de emissoras geradoras (rádio e televisão); 5.3.5 O segundo turno e a propaganda eleitoral no rádio e na televisão; 5.3.6 A ordem de veiculação das propagandas eleitorais no rádio e na televisão; 5.3.7 As inserções; 5.3.8 Participação de terceiros na propaganda eleitoral (art. 54 da Lei 9.504/1997); 5.3.9 Novas vedações a serem observadas no horário gratuito – 5.4 Conclusões.

5.1 Introdução

Coube-nos, dentro deste estudo dirigido às mais diferentes espécies de propaganda eleitoral, tratar daquela que se realiza no rádio e na televisão, mais especificamente, no denominado horário eleitoral gratuito. Não se pode negar que, de todas as diferentes formas de propaganda eleitoral, aquela mais importante aos candidatos, até mesmo em razão de sua magnitude e capacidade de atingir um maior número de eleitores, é a realizada no rádio e na televisão. Por serem meios de comunicação de massa, o rádio e a televisão atingem, de uma só vez, milhares, às vezes até mesmo milhões de eleitores, como é o caso, por exemplo, da propaganda eleitoral veiculada por candidato à Presidência da República (transmitida em todo o País).

Dada sua importância até mesmo decisiva dentro do pleito eleitoral, o legislador tratou de estabelecer regras específicas e detalhadas para esta forma de propaganda eleitoral, todas elas constantes dos arts. 44 a 57 da Lei 9.504/1997, valendo notar que, no que tange ao horário eleitoral gratuito, os preceitos legais que tratam da matéria se iniciam no art. 47 da já referida lei. Antes, porém, de serem analisados esses dispositivos legais (arts. 47 a 57), há que se fazer alguns comentários acerca da conveniência e oportunidade do chamado horário eleitoral gratuito, principalmente agora quando se discutem, dentre outros temas ligados à reforma política, o financiamento público de campanhas eleitorais e o voto em lista fechada.

Se por um lado é verdade que em países como os Estados Unidos da América não há horário eleitoral gratuito no rádio e na televisão, não menos verdade é que, em um país com pouco tempo de vigência do regime democrático como é o caso do Brasil, é de todo conveniente que os meios de comunicação de massa auxiliem a consolidar o Estado Democrático de Direito, reservando espaço para o aperfeiçoamento da democracia. Pode parecer, à primeira vista, pouco democrática a obrigação dirigida às emissoras de rádio e televisão, no sentido de que, de dois em dois anos (devemos lembrar que se realizam de maneira intercalada as eleições municipais e as eleições estaduais e federais), reservem elas determinado espaço de tempo para a divulgação das idéias e propostas dos diferentes candidatos e partidos. Mas, se colocarmos lado a lado o interesse comercial das emissoras de rádio e televisão e o interesse difuso ligado à consolidação do Estado Democrático de Direito, não podem restar dúvidas de que até mesmo esta imposição é democrática. Na mesma linha de raciocínio, se compararmos a propaganda eleitoral realizada nos EUA com aquela realizada no Brasil (sempre em relação ao rádio e à televisão), chegamos ao atrevimento de afirmar que o sistema brasileiro é mais eficaz e menos elitista. Isso porque, como nos EUA não há horário eleitoral gratuito, os candidatos compram espaços no rádio e principalmente na televisão para a divulgação de suas idéias, privilegiando-se o poder econômico. Conclusão: as campanhas mais ricas e com mais colaboradores (em regra aquelas ligadas ao partido conservador ou ao partido democrata) acabam com maior vantagem em relação aos candidatos chamados independentes (lembre-se aqui que, nos EUA, as candidaturas não precisam estar atreladas a partidos políticos, tal como ocorre em nosso sistema eleitoral). Já aqui, com a existência do horário eleitoral gratuito, não há falar em venda e compra de espaços no rádio e na televisão, o que, inclusive, é expressamente proibido pela legislação. Daí por que entendemos mais democrático o sistema brasileiro.

Como se vê, apesar de criticado pela maioria, o horário eleitoral gratuito, em nosso sentir, é um importante instrumento de conscientização do povo brasileiro e do exercício da cidadania, em seu conceito restrito.

Conforme ocorre em todos os demais assuntos ligados à disputa eleitoral, na propaganda realizada no horário eleitoral gratuito do rádio e da televisão deve prevalecer a *pars conditio* ou ainda a igualdade de oportunidades entre os candidatos, igualdade essa, todavia, mitigada pela máxima apresentada por RUI BARBOSA, de que igualdade é tratar igualmente os iguais e desigualmente os desiguais, na medida de suas desigualdades. Assim, teremos igualdade estrita, por exemplo, no art. 44 da Lei 9.504/1997, quando tal preceito legal afirma que a propaganda eleitoral nos meios de comunicação eletrônica de massa restringe-se ao horário eleitoral gratuito, proibida a veiculação de propaganda paga. Portanto, por mais rico ou poderoso que seja o candidato, não poderá ele adquirir espaços no rádio e na televisão para veiculação de suas idéias e propostas de ação política. Outro exemplo de isonomia ao pé da letra está na proibição incidente sobre as emissoras, no que toca a dar tratamento privilegiado a candidato, partido ou coligação (art. 45, IV, da Lei 9.504/1997). Nesse exemplo, não importa se o candidato é proprietário da emissora, já que não poderá ele gozar de tratamento privilegiado, sob pena de desequilibrar, além do permitido, as oportunidades que devem ter os diferentes candidatos. Mas, conforme dito, como isonomia também é tratar desigualmente os desiguais, temos como exemplos de desequilíbrios expressamente permitidos pelo legislador a diferente distribuição do tempo de rádio e televisão destinado a este ou àquele partido ou coligação (o que será visto adiante), a possibilidade de se distribuir, de forma desigual, o tempo que cada candidato do mesmo partido/coligação irá utilizar, a possibilidade de fixação de limites de gastos diferentes por partido ou coligação (o que faz com que alguns candidatos possam investir mais do que outros) etc. Algumas dessas diferenças entre candidatos serão vistas, de forma mais detalhada, adiante, sendo importante, neste momento, sabermos que o princípio da igualdade não impõe igualdade estrita entre aqueles que disputam cargos eletivos. Vejamos a seguir as normas que se aplicam à propaganda no horário eleitoral gratuito.

5.2 Parte teórica: comentando a Lei 9.504/1997

Passando do genérico para o específico, vejamos os preceitos legais que regulam o horário eleitoral gratuito no rádio e na televisão, que, conforme já dito, vão do art. 47 ao art. 57 da Lei 9.504/1997.

Iniciando-se pelo art. 47 da Lei 9.504/1997, temos que tal preceito determina que as emissoras de rádio (AM/FM e comunitárias) e de televisão[1] reservem, para os 45 dias anteriores à

---

[1] Aqui se incluem as emissoras de televisão que operam em VHF (Very High Frequency) e UHF (Ultra High Frequency), bem como os canais de televisão por assinatura sob a responsabilidade da Câmara dos Deputados e do Senado Federal, das Assembléias Legislativas, da Câmara Legislativa do DF e das Câmaras Municipais (art. 57 da Lei 9.504/1997). Excluem-se desse rol os canais por assinatura ou TV a cabo, comerciais ou culturais.

antevéspera do pleito, horário gratuito destinado à propaganda eleitoral. Tal se faz em consonância com a previsão expressa no art. 44 desta mesma lei, que restringe ao horário gratuito a propaganda eleitoral a ser divulgada no rádio e na televisão, proibindo ainda a veiculação de propaganda paga. Essa é a principal regra ligada à propaganda eleitoral no rádio e na televisão, da qual todas as demais regras defluem. Ora, se a lei determina que se reservem alguns dias *anteriores* à antevéspera do pleito, significa dizer que na própria antevéspera já não existirá horário eleitoral gratuito. Para que se situe isso no tempo, se a eleição ocorrer no domingo, a véspera da eleição será o sábado e, conseqüentemente, a antevéspera será a sexta-feira imediatamente anterior ao pleito, ou seja, na sexta-feira já não haverá horário eleitoral gratuito, cujo último dia será a quinta-feira anterior ao pleito. Assim, o horário eleitoral gratuito terá início 47 dias antes do pleito (ou 45 dias antes da antevéspera do pleito), encerrando-se dois dias antes dele, totalizando 45 dias de horário eleitoral gratuito.

Resumindo: a data inicial para a propaganda no rádio e na televisão cairá sempre em uma terça-feira de agosto, e a data final na quinta-feira imediatamente anterior à eleição. Tanto isso é verdade que, para as eleições municipais de 2004, o período reservado para a propaganda eleitoral gratuita no rádio e na televisão vai de 17 de agosto (terça-feira) a 30 de setembro (quinta-feira), conforme estabelece o art. 29, *caput*, da Res. TSE 21.610/2004.

5.2.1 Dias e horários reservados para as diferentes eleições

O § 1.º deste art. 47, em seus sete incisos, estabelece a divisão do horário eleitoral gratuito nas sete diferentes eleições (para presidente da República, deputado federal, governador de Estado e do Distrito Federal, deputado estadual e distrital, senador, prefeito e vice,[2] e vereador). Antecipa-se desde logo que, no primeiro turno das eleições, não há formação de cadeia para a trasmissão de horário eleitoral gratuito aos domingos (exceção feita às inserções que serão vistas adiante). Outra situação a ser destacada é a de que em determinados anos (2002, 2006, 2010, 2014, e assim sucessivamente) temos eleições para presidente, governador, senador, deputado federal e deputado estadual/distrital. Já em outros anos (2004, 2008, 2012, 2016, e assim sucessivamente), temos as chamadas eleições municipais, envolvendo prefeito e vereador. Também é importante frisar que, na veiculação da propaganda eleitoral gratuita, será considerado o horário de Brasília/DF (conforme art. 29, parágrafo único, da Res. TSE 21.610/2004).[3]

Conforme o inc. I deste § 1.º, a propaganda eleitoral dos candidatos a presidente da República será realizada às terças, quintas e sábados: no rádio (alínea *a*), das 7h às 7h25 e das 12h às 12h25; já na televisão (alínea *b*), das 13h às 13h25 e das 20h30 às 20h55, num total de 50 minutos diários ou 150 minutos semanais (para cada veículo de comunicação), a serem divididos entre os diferentes candidatos dos diferentes partidos e/ou coligações.

Já a propaganda eleitoral dos candidatos a deputado federal (inc. II do mesmo parágrafo), será realizada nos mesmos dias previstos para a propaganda dos candidatos a presidente da Re-

[2] Não se sabe por que, no caso do prefeito, lembrou-se da figura do vice-prefeito, enquanto nos casos do presidente da República, dos governadores e dos senadores, não se fez qualquer menção aos respectivos vices e suplentes.

[3] Em que pese a Res. TSE 21.610/2004 se referir às eleições municipais, não vemos qualquer empecilho em se utilizar a regra em questão também nas eleições gerais.

pública (terças, quintas e sábados), nos seguintes horários: rádio (alínea *a*), das 7h25 às 7h50 e das 12h25 às 12h50; já na televisão (alínea *b*), das 13h25 às 13h50 e das 20h55 às 21h20, num total de 50 minutos diários ou 150 minutos semanais (para cada veículo de comunicação), a serem divididos entre os diferentes candidatos dos diferentes partidos e/ou coligações.

O inc. III desse § 1.º estabelece que o horário eleitoral gratuito destinado aos candidatos a governador de Estado e do Distrito Federal será transmitido às segundas, quartas e sextas: no rádio (alínea *a*), das 7h00 às 7h20 e das 12h às 12h20; já na televisão (alínea *b*), das 13h às 13h20 e das 20h30 às 20h50, num total de 40 minutos diários ou 120 minutos semanais (para cada veículo de comunicação), a serem divididos entre os diferentes candidatos dos diferentes partidos e/ou coligações.

Por sua vez, o inc. IV estabelece que o horário eleitoral gratuito destinado aos candidatos a deputados estaduais e distritais será transmitido às segundas, quartas e sextas: no rádio (alínea *a*), das 7h20 às 7h40 e das 12h20 às 12h40; na televisão (alínea *b*), das 13h20 às 13h40 e das 20h50 às 21h10, num total de 40 minutos diários ou 120 minutos semanais (para cada veículo de comunicação), a serem divididos entre os diferentes candidatos dos diferentes partidos e/ou coligações.

O inc. V estabelece que o horário eleitoral gratuito destinado aos candidatos ao Senado será transmitido às segundas, quartas e sextas: no rádio (alínea *a*), das 7h40 às 7h50 e das 12h40 às 12h50; na televisão (alínea *b*), das 13h40 às 13h50 e das 21h10 às 21h20, num total de 20 minutos diários ou 60 minutos semanais (para cada veículo de comunicação), a serem divididos entre os diferentes candidatos dos diferentes partidos e/ou coligações.

De se notar que os incs. I a V acima abordados referem-se às eleições que serão realizadas nos mesmos anos (2002, 2006, 2010 etc.), de maneira que, nos 45 dias que antecedam a antevéspera das eleições destes anos, teremos nas segundas, quartas e sextas horários reservados para os candidatos a governador, deputado estadual/distrital e senador, enquanto nas terças, quintas e sábados, horários reservados para os candidatos a presidente da República e deputado federal.

Já a propaganda eleitoral dos candidatos a prefeito e vice-prefeito (inc. VI do mesmo § 1.º) será transmitida às segundas, quartas e sextas: no rádio (alínea *a*), das 7h às 7h30 e das 12h às 12h30; na televisão (alínea *b*), das 13h às 13h30 e das 20h30 às 21h, num total de 60 minutos diários ou 180 minutos semanais (para cada veículo de comunicação), a serem divididos entre os diferentes candidatos dos diferentes partidos e/ou coligações.

Por fim, o inc. VII estabelece que o horário eleitoral gratuito destinado aos candidatos a vereador será transmitido às terças, quintas e sábados, nos mesmos horários previstos para os candidatos a prefeito e vice-prefeito, num total de 60 minutos diários ou 180 minutos semanais (para cada veículo de comunicação), a serem divididos entre os diferentes candidatos dos diferentes partidos e/ou coligações.

Observe-se que os incs. VI e VII acima abordados referem-se às eleições que serão realizadas nos mesmos anos (2004, 2008, 2012 etc.), de maneira que nos 45 dias que antecedam a antevéspera das eleições destes anos teremos nas segundas, quartas e sextas horários reservados para os candidatos a prefeito e vice-prefeito, enquanto nas terças, quintas e sábados, horários reservados para os candidatos a vereador.

O pano de fundo da fixação aqui estudada aparece nos casos concretos, em que candidatos a prefeito ocupam horário destinado à propaganda de candidatos a vereador, candidatos a governador ocupam horário destinado à propaganda eleitoral de candidatos a deputado estadual, e assim por diante. Outra forma de invasão que se comete é a de candidato de cidade que não possui propaganda eleitoral no rádio e na televisão ocupar espaço de candidato do mesmo partido em cidade vizinha, onde há tal espécie de propaganda. Por óbvio tais invasões de horário refletem no princípio da igualdade de oportunidades entre candidatos, ou seja, se determinado candidato tem direito a dez minutos, não terá direito a dez minutos e dez segundos, invadindo tempo que não lhe cabia. O mesmo se diz de candidato que não possui tempo algum, e que recebe doação de tempo de seu colega da cidade vizinha.

Como tais situações desequilibram a isonomia, uma vez que nem todos terão esta mesma oportunidade, decidiu a Justiça Eleitoral proibi-la, tal como se verifica no art. 30, § 8.º, da Res. TSE 21.610/2004, que possui a seguinte redação: "É vedado aos partidos políticos e coligações incluir, no horário destinado aos candidatos proporcionais, propaganda das candidaturas majoritárias, ou vice-versa, ressalvada a utilização, durante a exibição do programa, de legendas, camisetas e acessórios com referência a candidatos majoritários, ou, ao fundo, cartazes ou fotografias desses candidatos".

E não se afirme que tal regra vem desacompanhada da respectiva sanção, o que a tornaria inaplicável uma vez que "o partido político ou a coligação que não observar a regra contida no parágrafo anterior perderá, em seu horário de propaganda gratuita, tempo equivalente no horário reservado à propaganda da eleição disputada pelo candidato beneficiado" (art. 30, § 9.º, da Res. TSE 21.610/2004). Exemplo: se o candidato a prefeito Amarelo da Silva "surgir" no horário de propaganda destinado aos vereadores e lá permanecer por 30 segundos, este tempo será descontado do seu partido ou coligação no horário destinado à propaganda majoritária. Resta saber o que será transmitido durante esses 30 segundos ou se nada será transmitido.

Uma crítica que se faz a essa sanção é que ela retira do beneficiário tão-somente o "tempo equivalente" por ele utilizado indevidamente, o que pode até compensar para candidatos a prefeito que queiram aparecer diariamente em detrimento dos candidatos a vereador, já que, no cômputo final, seu tempo de apariçào continuará a ser o mesmo (somente os candidatos a vereador perderão). Duas sugestões ficam registradas: a) na próxima resolução o tempo descontado pode ser o dobro do efetivamente utilizado (o que serve para desencorajar os aparecidos); b) ao verificar tal situação no caso concreto, o juiz deve registrar uma ordem direta para que a conduta ilegal não se repita, sob pena de desobediência.

Registre-se novamente que a Res. TSE 21.610/2004 se aplica tão-somente às eleições municipais de 2004. Todavia, acreditamos que tal proibição expressa continuará a existir para as futuras eleições (2006, 2008, 2010 etc.), em razão do número de processos que já versaram tal tema (talvez ocorram algumas adaptações, mantendo-se, no entanto, o principal).

5.2.2 Divisão do tempo destinado a cada eleição entre os partidos/coligações

Tal divisão encontra-se disciplinada no § 2.º do art. 47 da Lei Eleitoral, que desde o início fixa as seguintes premissas: para que o partido ou a coligação recebam tempo para a realização de propaganda eleitoral no rádio e na televisão, devem eles possuir em primeiro lugar candidatos e, em segundo lugar, representação na Câmara dos Deputados (deputados federais filiados ao partido).

Parece óbvia a primeira regra, uma vez que não se pode falar em tempo para a divulgação de propaganda eleitoral de candidatos se o partido ou a coligação não possuírem candidatos registrados para aquela eleição. Ex.: três partidos se coligam em torno de um candidato a prefeito (eleição majoritária), mas não se coligam e não lançam candidatos de forma isolada para vereador (eleição proporcional). Nesse caso, está preenchido o primeiro pressuposto – existência de candidato – em relação à eleição majoritária, mas não em relação à proporcional, de forma que para tais eleições nenhum dos três partidos do exemplo terá direito à reserva de tempo para propaganda eleitoral radiofônica ou televisiva.

Já a segunda regra estabelece como pressuposto para a reserva de tempo no rádio e na televisão a existência da representação daquele partido/coligação na Câmara dos Deputados. Dessa forma, interpretando-se restritivamente o art. 47, § 2.º, da Lei Eleitoral, poder-se-ia dizer que não basta que o partido/coligação apresente candidatos (o que preencheria tão-somente o primeiro pressuposto previsto em lei), já que além disso também seria necessária sua representação na Câmara dos Deputados. Entretanto, o TSE, nas instruções que edita para cada eleição, tem adotado interpretação mais branda, no sentido de que o primeiro terço do tempo deve ser dividido de forma isonômica entre todos os partidos/coligações com candidatos, o que inclui aqueles que não tenham representantes na Câmara dos Deputados, de forma que nenhum partido/coligação com candidato fique fora da divisão do primeiro terço do tempo. Já os dois terços restantes ficam reservados exclusivamente aos partidos/coligações que tenham lançado candidatos e que possuam representação na Câmara Federal, dividindo-se tal tempo proporcionalmente ao número de representantes de cada partido/coligação.

Mas como ficaria uma situação na qual em coligação formada por quatro partidos apenas um deles tenha representação na Câmara dos Deputados? Como a formação da coligação faz com que ela funcione como um só partido político, no relacionamento com a Justiça Eleitoral (TSE – Ac. 345 – rel. Min. EDUARDO ALCKMIN – j. 29.09.1998; e art. 30, § 4.°, da Res. TSE 21.610/2004 – eleições municipais de 2004), não importa se em coligação com dez partidos políticos apenas um deles possua representação na Câmara dos Deputados, uma vez que a coligação formada substitui os partidos coligados, que, para todos os efeitos, deixam de existir isoladamente para aquela determinada eleição. Assim, tem-se que qualquer coligação, desde que apenas um dos partidos coligados possua representação na Câmara dos Deputados, preenche o segundo pressuposto da norma ora comentada.

Não se olvide que, para que o partido/coligação possa participar da divisão dos dois terços (art. 47, § 2.°, II) do horário reservado para a propaganda eleitoral no rádio e na televisão, é necessário o preenchimento dos dois pressupostos fixados em lei, quais sejam: ter lançado candidatos e ter representação na Câmara dos Deputados.

Já a divisão do horário propriamente dita segue as regras fixadas nos incs. I e II do mesmo § 2.° acima comentado, de onde se extrai que um terço do tempo é dividido de forma igualitária entre todos os partidos/coligações que tenham lançado candidatos (inc. I), enquanto os outros dois terços são divididos apenas entre os partidos/coligações que tenham lançado candidatos e que possuam representação na Câmara Federal, já que tal representação será levada em conta na divisão do tempo ("proporcionalmente ao número de representantes na Câmara dos Deputados" – diz a lei), ou seja, prevalece a regra do "quem pode mais chora menos".

Temos aqui um dos exemplos de que, no direito eleitoral, nem sempre há igualdade de condições entre os diferentes candidatos, havendo aqueles que possuem mais e aqueles que possuem menos tempo para a divulgação de suas idéias e propostas, valendo lembrar o exemplo daquele candidato à Presidência da

República que, em pleitos passados, falava pouco mais do que seu próprio nome. Lembra-se novamente que o princípio da isonomia não garante igualdade absoluta, mas sim tratamento igual aos iguais e desigual aos desiguais, na medida de suas desigualdades. Assim, candidatos de partidos "fortes" com grande representação na Câmara dos Deputados não podem ser tratados como candidatos de partidos "nanicos", por serem desiguais.

Oportuno ainda observar que, no caso das coligações (união de dois ou mais partidos), soma-se o número de representantes de cada um dos partidos que a integram, já que, conforme dito acima, a coligação funciona como se partido fosse, no relacionamento com a Justiça Eleitoral. Daí por que pré-candidatos à Presidência da República ou a governador antecipam o início de seus "namoros" com partidos que, unidos em coligação forte, proporcionarão mais tempo de rádio e televisão para a divulgação das idéias do candidato por eles apoiado.

Mas como fica a distribuição do tempo destinado a determinado partido/coligação entre seus próprios candidatos proporcionais? Já houve decisões, no passado, que garantiram um tempo mínimo para cada candidato divulgar suas idéias. Entretanto, o que vem prevalecendo, com bastante ênfase, é o entendimento esposado no Ac. MS 2.228 do TSE, de 27.09.1994, rel. Min. MARCO AURÉLIO, de onde se extrai:[4] "Compete aos partidos e coligações, por meio de comissões especialmente designadas para este fim, distribuir, entre os candidatos registrados, os horários que lhes foram destinados pela Justiça Eleitoral (art. 30 da Resolução TSE de 21.06.1994)".

Tanto isso é verdade que tal orientação é repetida no art. 42 da Res. TSE 21.610/2004, que trata das eleições municipais de

---

[4] Ementa integralmente reproduzida na parte prática do presente estudo.

2004. Como se vê, a distribuição do tempo entre os candidatos às eleições proporcionais do mesmo partido/coligação é assunto *interna corporis*, sendo possível que determinados candidatos recebam mais e outros menos tempo, ficando aqui a sugestão de que seja garantido ao candidato aceito pelo partido/coligação ao menos um tempo mínimo para divulgação de sua plataforma política.

5.2.3 *Termo inicial para a contabilização dos representantes de cada partido na Câmara dos Deputados*

Vimos acima que dois terços do tempo destinado para propaganda eleitoral no rádio e na televisão serão divididos de forma proporcional ao número de deputados federais que cada partido possuir. Assim sendo, como fica o termo *a quo* para se verificar a representação de cada partido na Câmara dos Deputados? Em outras palavras, se é possível a troca de partido político pelo deputado eleito (atualmente não existe no Brasil a regra da fidelidade partidária), em que momento verificar-se-á o número de representantes de cada partido na Câmara Federal?

Para se evitarem barganhas e trocas de partido em função de motivos menores, cuidou o legislador de estabelecer que a "representação de cada partido na Câmara dos Deputados será a existente na data de início da legislatura que estiver em curso" (art. 47, § 3.º, da Lei 9.504/1997). Já a Res. TSE 21.610/2004, com a nova redação que lhe foi conferida pela Res. TSE 21.834/2004, foi ainda mais detalhista ao estabelecer que "a representação de cada partido político na Câmara dos Deputados será a existente em 1.º de fevereiro de 2003, considerando-se o número de deputados que tomaram posse nessa data e a legenda à qual estavam filiados no momento da votação" (art. 30, § 1.º). Ou seja, não adianta a mudança de partido após o pleito para aumentar ou diminuir o tempo de rádio e televisão a que cada partido teria direito, já que tal contabilização é feita no momento da votação. Dessa forma, e para que fique aqui um exemplo prático, a divisão dos dois terços previstos no art. 47, § 2.º, II, da Lei 9.504/1997, nas eleições municipais que serão realizadas em 2004, levará em conta o número de deputados federais eleitos em outubro de 2002 por cada partido.

Esse dispositivo, é bom que se repita, evoluiu significativamente ao acabar com o "balcão de negócios" em que se transformava cada legislatura, quando anunciada a forma de distribuição do tempo pelo número de deputados federais a serem computados em uma data futura. Agora o dispositivo passou a ser transparente e verdadeiro, ao fixar como termo *a quo* a data do início da legislatura, o que faz com que eventuais trocas de partido não alterem em nada a distribuição do tempo entre as agremiações partidárias.

5.2.4 *Casos de fusões ou de incorporações partidárias*

Demonstrando a relevância do tema em estudo, o legislador deixa às claras sua preocupação em tentar disciplinar todas as situações que possam vir a ocorrer, no que toca ao número de representantes dos partidos, para fim de divisão do tempo de propaganda eleitoral no rádio e na televisão. Assim é que, no § 4.º do art. 47 da lei em comento, cuidou o legislador de fixar as regras que incidirão nos casos de fusão e incorporação partidária.

Antes de mais nada, interessante que se faça a distinção entre tais figuras jurídicas. Vejamos:

• *fusão*: união entre dois ou mais partidos que se extinguem para formar uma nova agremiação. Ex.: Partido Branco + Partido Azul = Partido Amarelo. Neste exemplo, com a fusão havida entre Partido Branco e Partido Azul, ambos deixam de existir, cedendo passo a um novo partido denominado Partido Amarelo;

• *incorporação*: união entre dois ou mais partidos, com extinção dos partidos incorporados e a manutenção do partido incorporador, que passará a ser maior. Ex.: Partido Azul incorpora os partidos Branco e Amarelo. Nesse caso, os dois últimos partidos, por terem sido incorporados, são extintos, permanecendo "vivo" o partido incorporador (Partido Azul), que passará a ser maior (terá seu primitivo tamanho, mais os dois partidos por ele incorporados).

Feita tal distinção, a conclusão a que se chega é que, nos casos de fusão e de incorporação, somam-se os representantes dos partidos de origem na data de início da legislatura que estiver em curso, tal como ocorre, por exemplo, com as coligações.

5.2.5 *Redistribuição do tempo*

Prosseguindo em sua tentativa de disciplinar todas as situações possíveis em termos de propaganda eleitoral no rádio e na televisão, passou o legislador a estabelecer, no § 5.º do art. 47 da Lei Eleitoral, a hipótese de redistribuição do tempo de propaganda eleitoral destinado a cada candidato. Imagine-se que em eleição para governador ou para presidente da República concorram, inicialmente, sete candidatos. Nesse caso, se todos eles preencherem os requisitos do § 2.º deste mesmo artigo, haverá necessidade de se dividir o tempo de rádio e de televisão destinado à propaganda eleitoral para estas eleições por sete. A divisão será na forma dos incs. I e II do § 2.º do art. 47, ou seja, um terço do tempo será dividido, igualitariamente, entre os sete candidatos, e os outros dois terços, proporcionalmente ao número de deputados federais de cada partido/coligação.

O que se tem neste § 5.º é o que ocorre se, após a divisão do tempo entre os sete candidatos, um deles deixar de concorrer em qualquer etapa do pleito, sem que haja a substituição prevista no art. 13 da mesma Lei 9.504/1997. Nesse caso, o partido/coligação que "perdeu" o candidato e não o substituiu passará a não preencher os dois requisitos do § 2.º, de maneira que não terá mais direito ao tempo de rádio e de televisão até então reservado a seu candidato. Em isso acontecendo, ocorrerá a redistribuição desse tempo entre os candidatos remanescentes, respeitando-se as regras anteriormente estudadas.

É de se ressaltar ainda que o preceito legal ora em comento, a rigor, trata da redistribuição de tempo somente nos pleitos para presidente e governador, omitindo-se nos casos de eleição para senador e prefeito. Todavia, em que pese tal omissão legislativa, entendemos que a regra também é válida para as eleições municipais de prefeitos, bem como para o Senado Federal. Tanto isso é verdade que o art. 30, § 3.º, da Res. TSE 21.610/2004 repetiu o preceito legal em questão ao afirmar que, "se o candidato a prefeito deixar de concorrer, em qualquer etapa do pleito, e não havendo substituição, far-se-á nova distribuição do tempo entre os candidatos remanescentes". Note-se que tal redistribuição somente ocorrerá caso não haja a substituição devida.

5.2.6 *Partidos/coligações com tempo inferior a 30 segundos*

Se após a distribuição do tempo, segundo as regras acima estudadas, um partido/coligação obtiver tempo inferior a 30 segundos, possibilita a lei que haja sua acumulação, para uso em tempo equivalente (art. 47, § 6.º, da Lei 9.504/1997). Verifica-se assim que o tempo mínimo para a realização de um programa de rádio e de televisão é de 30 segundos. Por exemplo: um partido que, na divisão do "bolo", ficar com apenas 10 segundos, poderá acumular 3 vezes esse tempo para realizar um só programa de 30 segundos, em vez de três programas de 10 segundos.

Nesse caso, o detalhamento de como isso ocorrerá é feito mediante resolução do Tribunal Superior Eleitoral, tal como se fez, v.g., no art.30, § 7.º, da Res. TSE 21.610/2004, onde se verifica que a Justiça Eleitoral, os representantes das emissoras de rádio e televisão e os representantes dos partidos e das coligações compensarão sobras e excessos por ocasião da elaboração do plano de mídia, respeitando-se, como não poderia deixar de ser, o horário reservado para a propaganda eleitoral gratuita.

5.2.7 Reserva de tempo para municípios despidos de emissoras geradoras (rádio e televisão)

Se pensarmos em cidades como São Paulo, Rio de Janeiro, Belo Horizonte, Vitória, Curitiba, Florianópolis, Porto Alegre, Salvador, Manaus, Fortaleza, Santos etc., a propaganda eleitoral no rádio e na televisão, nas eleições municipais (para prefeito e vereador), é assunto que não desperta qualquer dúvida, ou seja, cada uma dessas cidades, todas com emissoras geradoras de rádio e de televisão com sede nelas, veiculará a propaganda eleitoral de seus próprios candidatos a prefeito e a vereador. São Paulo veiculará a propaganda eleitoral dos candidatos a prefeito e a vereador em São Paulo, Cuiabá veiculará a propaganda eleitoral de seus candidatos a prefeito e a vereador, e assim sucessivamente.

Mas como fica a propaganda eleitoral a ser divulgada no rádio e na televisão, nas eleições municipais (para prefeito e vereador), nos municípios que não tenham emissoras geradoras (normalmente cidades menores)?

O art. 48 e seus parágrafos da Lei 9.504/1997 cuidam dessa questão, asseverando que a maioria dos órgãos regionais de direção dos partidos participantes do pleito poderá requerer a reserva de dez por cento do tempo da propaganda eleitoral gratuita, para divulgação da propaganda de seus candidatos, pelas emissoras geradoras que os atingem.

Em termos práticos, vejamos a situação das cidades de Santos e do Guarujá, ambas no Estado de São Paulo. Como no Guarujá, até o primeiro semestre de 2004, não havia emissoras geradoras de televisão, tal município era atingido pela geração advinda de Santos, ou seja, durante o horário eleitoral gratuito televisivo, os eleitores e cidadãos que viviam no Guarujá acompanhavam as propostas de ação política dos candidatos santistas. Para que tal não ocorresse, seria necessário que a maioria dos partidos participantes dos pleitos majoritário e proporcional (órgãos regionais), no Guarujá, requeresse a reserva de dez por cento do tempo destinado aos candidatos de Santos, para que Guarujá pudesse ter sua própria propaganda eleitoral na televisão. Lembramos que são duas eleições (para prefeito e para vereador), havendo necessidade da maioria dos partidos participantes em cada eleição. Ou seja, se são sete os partidos/coligações participantes do pleito proporcional, e cinco os partidos/coligações participantes do pleito majoritário, maioria significa quatro e três partidos/coligações, respectivamente, podendo haver reserva de tempo em uma eleição e na outra não.

Importante observar ainda que esta reserva de dez por cento do tempo destinado ao horário eleitoral gratuito é o limite máximo que a "cidade grande" que possui emissoras de rádio e televisão poderá/deverá dispor. Dessa forma, se a cidade A é a geradora e as cidades B e C (que não possuem emissoras geradoras) são atingidas pela programação da cidade A, em sendo cumpridos os requisitos legais, não caberá a cada uma delas (cidades B e C) dez por cento do tempo, mas sim cinco por cento para cada uma (as cidades interessadas dividem os dez por cento previstos em lei).

Outro cuidado tomado pelo legislador foi no sentido de limitar o número de possíveis pedidos de reserva de dez por cento ao número de emissoras geradoras disponíveis (§ 1.º). Assim, se Santos possui três emissoras geradoras, no máximo três municípios atingidos por suas programações poderão solicitar à Justiça Eleitoral a reserva de tempo, nos termos do *caput* desse mesmo art. 48. A ausência de qualquer limitação poderia fazer com que os dez por cento separados para essas cidades fossem reduzidos a fração insignificante que impossibilitaria até mesmo a realização de propaganda eleitoral.

Mas por que o *caput* do art. 48 da lei eleitoral fala em "órgãos regionais de direção" dos partidos? Primeiro porque estamos falando de municípios diferentes, um que possui e outro que não possui sede de emissoras geradoras, não cabendo aos diretórios municipais dos partidos (ou comissões municipais provisórias) uma decisão que afetará diretórios municipais (ou comissões municipais provisórias) de outras cidades. Segundo porque caberá a cada partido estadual avaliar seu interesse ou não em garantir algum tempo de horário eleitoral gratuito para candidatos de determinada cidade, com prejuízo de dez por cento do tempo que seria utilizado pelos candidatos de cidade maior.

Dessa forma, cabe aos órgãos regionais dos partidos averiguar o contexto geral de seus candidatos nos diferentes municípios avaliando a conveniência e a oportunidade de requererem ou não a reserva de tempo de um município para outro, lembrando que esse pedido de reserva é opcional e não obrigatório.

Todavia, uma vez decidido o pedido de reserva pela maioria dos partidos estaduais, não fica a cargo do magistrado deferir ou não tal pedido, bastando que se preencham os requisitos legais para que esse direito passe a ser indiscutível. Por outro lado, se os partidos, reunidos, decidirem pela não reserva de tempo, tal decisão também deverá ser respeitada, não cabendo qualquer recurso contra essa decisão, nem podendo a Justiça Eleitoral a ela se opor.

Registre-se, ainda, que tudo o quanto acima afirmado se aplica não só para a televisão, como também para o rádio.

Ainda dentro desse tema, inovação interessante trazida pela Res. TSE 21.610/2004 é no sentido de que os partidos políticos poderão, a cada dia, destinar o tempo reservado para a propaganda de diferentes municípios (art. 31, § 2.°), o que, na prática, significa que, se duas cidades sem emissora de rádio e/ou televisão fizerem a solicitação de reserva de tempo, não haverá necessidade de se dividirem os dez por cento em duas partes iguais, podendo ocorrer um revezamento entre ambas.

5.2.8 O segundo turno e a propaganda eleitoral no rádio e na televisão

O art. 49, *caput* e seus dois parágrafos, da Lei 9.504/1997 tratam do horário eleitoral gratuito no rádio e na televisão, quando a eleição for decidida em dois turnos. Ao se falar em segundo turno, uma conclusão já pode ser apresentada, qual seja a de que este dispositivo trata das eleições para presidente e vice-presidente da República (art. 77, § 3.°, da CF), governador e vice-governador (art. 28, *caput*, da CF), prefeito e vice-prefeito (art. 29, II, da CF). Dessa forma, se nenhum dos candidatos a esses cargos obtiver a maioria absoluta dos votos (desprezados os votos brancos e nulos – art. 77, § 2.°, da CF),[5] realizar-se-á segundo turno. Nesse caso – realização de segundo turno –, as emissoras

---

[5] Em termos práticos, para ser eleito em primeiro turno, o candidato a governador (por exemplo) deverá ter votação superior àquela obtida por todos os seus adversários.

de rádio e de televisão reservarão em suas programações o tempo destinado ao horário eleitoral gratuito, que terá início 48 horas após a proclamação dos resultados do primeiro turno (proclamação que é feita pela Justiça Eleitoral) e se findará na antevéspera da eleição (que, conforme o art. 2.º, § 1.º, da Lei 9.504/1997, corresponderá à sexta-feira imediatamente anterior ao pleito).

Dessa forma, é possível que haja diferença no termo inicial da propaganda eleitoral para o segundo turno, não só de Estado para Estado, como também de município para município, uma vez que tal propaganda somente será iniciada 48 horas após a proclamação dos resultados do primeiro turno, o que não ocorre de forma simultânea, ou seja, nos locais onde a proclamação dos resultados do primeiro turno for anterior, o início da propaganda no rádio e na televisão para o segundo turno também será anterior.

Durante esses dias, as propagandas eleitorais a serem divulgadas no horário eleitoral gratuito serão divididas em dois períodos diários de 20 minutos para cada eleição (nos anos 2002, 2006, 2010 etc., presidente e governador; nos anos 2004, 2008, 2012 etc., prefeito), de maneira que, em se tratando de segundo turno para presidente e governador, os períodos diários serão de 40 minutos (20 para cada eleição),[6] e, em se tratando de segundo turno para prefeito, os períodos diários serão de 20 minutos (já que haverá apenas uma eleição).

Os horários, nesse caso, serão os seguintes:

[6] Isso ocorrerá se em ambas as eleições – para presidente e para governador – houver segundo turno. Ex.: segundo turno para a eleição presidencial e segundo turno para a eleição do governo de Tocantins. Neste caso, no Estado do Tocantins, os períodos diários para propaganda eleitoral gratuita serão de 40 minutos.

- no rádio: início às 7 horas e às 12 horas
- na televisão: início às 13 horas e às 20h30min.

Note-se que o legislador não fixou o horário final, mas tão-somente o tempo destinado a cada eleição por período. Isso porque haverá situações em que o tempo será de 40 minutos por período, e outras na qual o tempo será de 20 minutos por período, conforme visto anteriormente.

Havendo segundo turno para presidente e para governador, a propaganda eleitoral dos candidatos a presidente será sempre realizada antes daquela dos candidatos a governador (art. 49, § 1.º). No caso de segundo turno, como permanecem na disputa apenas dois candidatos, e como deve prevalecer mais do que nunca o princípio da isonomia entre ambos, o tempo é dividido igualitariamente, desprezando-se a regra da proporcionalidade adotada pelo art. 47, § 2.º, II, da lei (§ 2.º do art. 49).

Como para a hipótese de realização do segundo turno a lei fala em tempo diário, não fixando determinados dias, nem excluindo outros, chega-se à conclusão de que, ao contrário do que ocorre no primeiro turno, também haverá propaganda eleitoral gratuita aos domingos. Tal se verifica, v.g., no art. 32, *caput*, da Res. TSE 21.610/2004, que trata expressamente da divulgação da propaganda eleitoral gratuita "inclusive aos domingos".

5.2.9 *A ordem de veiculação das propagandas eleitorais no rádio e na televisão*

A ordem para a veiculação das propagandas eleitorais dos diferentes partidos e coligações, a serem transmitidas no rádio e na televisão, é estabelecida em sorteio que levará em conta o primeiro dia do horário eleitoral gratuito. A partir daí, sempre com a manutenção da ordem do sorteio, a propaganda veiculada por último passará, no próximo dia de horário eleitoral gratuito, a ser a primeira.

Com isso, a primeira do dia anterior será a segunda do dia seguinte, que por sua vez passará a ser a terceira e assim sucessivamente, em rodízio permanente que fará com que todos os partidos/coligações ocupem todas as posições possíveis, sempre em respeito à isonomia. Haverá tantos sorteios quantos sejam os pleitos. Isso porque para a eleição majoritária pode haver determinada coligação inexistente na proporcional, o que tornará impossível que um mesmo sorteio sirva para outra eleição. Ademais, como são eleições diferentes, há que se fazer sorteios diferentes.

É o que estabelece o art. 50 da Lei 9.504/1997.

5.2.10 As inserções

Além do tempo previsto nos arts. 47 e 49 da Lei Eleitoral, para veiculação das propagandas eleitorais dos diferentes partidos/coligações, as emissoras de rádio e televisão e os canais por assinatura mencionados no art. 57 (o que inclui estações de rádio AM, FM e comunitárias e emissoras de televisão UHF e VHF) deverão reservar 30 minutos diários a serem utilizados pelos partidos/coligações em inserções de no máximo um minuto, cuja distribuição ocorrerá ao longo da programação no período entre as 8 e as 24 horas, respeitando-se os critérios estabelecidos no art. 47, § 2.º, acima comentado. Como as inserções são de, no máximo, um minuto, caberá a cada partido/coligação utilizar seu próprio tempo de inserção da forma que melhor lhe aprouver. A divisão do tempo, conforme já dito, é feita com observância do art. 47, § 2.º, da Lei 9.504/1997, de maneira que determinados partidos/coligações terão mais tempo do que outros para veiculação de suas inserções. Dessa forma, cabe a cada partido/ coligação administrar o tempo diário a que tem direito, de forma a possibilitar a divulgação de suas inserções que, somadas, resultarão no tempo total diário. Em outras palavras, se dos 30 minutos diários couber a determinado partido/coligação seis minutos, podem ser feitas, por exemplo, seis inserções de um minuto, 12 inserções de 30 segundos etc., valendo frisar que a propaganda por meio de inserções será sempre de responsabilidade do partido/coligação, nunca de determinado candidato ("assinadas obrigatoriamente pelo partido ou coligação", diz o *caput* do art. 51 da lei).

Algumas regras devem ser observadas, no que toca às inserções, quais sejam:

• nas eleições gerais (presidente, governador, senador, deputado federal e deputado estadual), o tempo das inserções deve ser dividido em partes iguais para as eleições proporcional e majoritária, destinando-se ainda tempo para a propaganda das legendas partidárias (inc. I);

• nas eleições municipais (prefeito e vereador), o tempo das inserções será utilizado exclusivamente na eleição majoritária, não havendo inserções na campanha para vereador (inc. II);

• para a divulgação das inserções, criaram-se quatro diferentes blocos, sendo o primeiro das 8 ao meio-dia, o segundo do meio-dia às 18 horas, o terceiro das 18 horas às 21 horas e o último das 21 horas até as 24 horas, ou seja, não há inserções das 0 hora às 8 da manhã. Assim, as inserções de um partido não podem ficar concentradas em apenas um bloco, havendo necessidade de distribuição entre todos os blocos de audiência (inc. III);

• na veiculação das inserções é proibida a utilização de recursos tecnológicos em geral, imagens externas,[7] monta-

---

[7] É toda e qualquer imagem que tenha sido gravada fora do estúdio.

gens,[8] trucagens[9] e mensagens que degradem ou ridicularizem candidato, partido ou coligação, que, nesses casos, podem requerer direito de resposta para reparar o dano a eles causado (inc. IV).

No segundo turno, também haverá os mesmos 30 minutos destinados às inserções aqui comentadas, independentemente de haver segundo turno para presidente e governador, somente para um ou para outro, sendo o tempo o mesmo.[10]

Como não há qualquer referência à utilização das inserções em determinados dias da semana, conclui-se que também aos domingos elas serão veiculadas.[11] É o que se verifica, v.g., da leitura do art. 34, *caput*, da Res. TSE 21.610/2004, que trata expressamente da veiculação de tais inserções, "inclusive aos domingos".

Além disso, a Res. TSE 20.698/2004, apresentada na parte prática deste estudo, fixou a regra de que as inserções deverão consistir em múltiplos de 15 segundos, ou seja, 15, 30, 45 ou 60 segundos, a critério de cada partido ou coligação. Com isso, fica facilitada a vida das emissoras em termos de organização de sua grade de programação.

5.2.11 *Plano de mídia (art. 52 da Lei 9.504/1997)*

Entre o dia 8 de julho e a data do início do horário eleitoral gratuito no rádio e na televisão (lembrem-se que estamos falando de ano de eleição), estabelece a lei que a Justiça Eleitoral con-

---

[8] É toda e qualquer junção de registro de áudio ou vídeo que desvirtue a realidade.
[9] É todo e qualquer efeito realizado em áudio ou vídeo que desvirtue a realidade.
[10] Vide ementa na parte prática do presente trabalho.
[11] Vide ementa na parte prática do presente trabalho.

vocará reunião a ser realizada entre os partidos participantes do pleito e os representantes das emissoras de televisão (geradoras), para elaboração do plano de mídia que permitirá a veiculação das inserções comentadas no item anterior, o que ajudará a organização das emissoras, evitará o desrespeito das regras atinentes às inserções e garantirá participação isonômica de todos os partidos/coligações nessa forma de propaganda eleitoral. Em outras palavras, como foram criados quatro diferentes blocos para a transmissão das inserções, não pode determinado partido ter direito a veicular suas inserções somente no horário nobre, enquanto outro utilizará o horário de menor audiência. O que determina a lei é que se garantirá a todos "participação nos horários de maior e menor audiência". Tudo isso se fará na reunião, presidida pela Justiça Eleitoral, onde ficará estabelecido o plano de mídia a ser respeitado por todos.

Apesar do silêncio da lei, em relação a reunião semelhante envolvendo os partidos/coligações e as emissoras de rádio (só se fala em emissoras de televisão), temos que não há óbices para que o mesmo se faça em relação às emissoras de rádio, de forma a organizar a transmissão das inserções a serem veiculadas pelas rádios. Exemplo disso é o quanto estabelecido pelo art. 35, *caput*, da Res. TSE 21.610/2004, que trata expressamente das emissoras de rádio. Outra questão tratada pela resolução acima referida e omitida na Lei 9.504/1997 é no sentido de que, em não havendo acordo na elaboração do plano de mídia, o juiz eleitoral deverá elaborá-lo, podendo utilizar o sistema desenvolvido pelo Tribunal Superior Eleitoral (art. 35, parágrafo único). Conclusão: ou representantes de partidos/coligações e emissoras chegam a um acordo, ou o plano de mídia será elaborado pelo Judiciário.

Outros detalhes inexistentes na lei, cujas lacunas ficaram preenchidas pela Res. TSE 21.610/2004 são as seguintes:

"Art. 36. Os partidos políticos e as coligações deverão apresentar mapas de mídia diários ou parciais às emissoras, observados os seguintes requisitos (Res. TSE 20.329, de 25.08.1998):

I – nome do partido político ou da coligação;

II – título ou número do filme a ser veiculado;

III – duração do filme;

IV – dias e faixas de veiculação;

V – nome e assinatura de pessoa credenciada pelos partidos políticos e pelas coligações para a entrega das fitas com os programas que serão veiculados.

§ 1.º Sem prejuízo do prazo para a entrega das fitas, os mapas de mídia deverão ser apresentados até as 14h da véspera de sua veiculação.

§ 2.º Para as transmissões previstas para sábados, domingos e segundas-feiras, os mapas deverão ser apresentados até as 14h da sexta-feira imediatamente anterior.

§ 3.º As emissoras ficam eximidas de responsabilidade decorrente de transmissão de programa em desacordo com os mapas de mídia apresentados, quando não observado o prazo estabelecido nos §§ 1.º e 2.º deste artigo.

§ 4.º Os partidos e coligações deverão indicar ao juiz eleitoral, previamente, para posterior comunicação às emissoras, as pessoas autorizadas a apresentar o mapa de mídia e as fitas com os programas que serão veiculados, bem como informar o número de telefone em que poderão ser encontradas em caso de necessidade, devendo a substituição das pessoas indicadas ser feita com vinte e quatro horas de antecedência.

§ 5.º As emissoras estarão desobrigadas do recebimento de mapas de mídia e material que não forem encaminhados pelas pessoas credenciadas.

§ 6.º As emissoras deverão fornecer à Justiça Eleitoral, previamente, a indicação dos endereços, telefones, números de fax e os nomes das pessoas responsáveis pelo recebimento de fitas e mapas de mídia.

§ 7.º A propaganda de candidato de coligação não será admitida se a fita for entregue apenas em nome de um dos partidos políticos dela integrantes.

Art. 37. Os programas de propaganda eleitoral gratuita deverão ser gravados em meio de armazenamento compatível com as condições técnicas da emissora geradora.

§ 1.º As gravações deverão ser conservadas pelo prazo de vinte dias pelas emissoras de até um quilowatt e pelo prazo de trinta dias pelas demais (Lei 4.117/1962, art. 71, § 3.º, com alterações do Decreto Legislativo 236/1967).

§ 2.º As emissoras e os partidos políticos ou coligações acordarão, sob a supervisão do juiz eleitoral, sobre a entrega das gravações, obedecida a antecedência mínima de quatro horas do horário previsto para o início da transmissão de programas divulgados em rede, e de doze horas do início do bloco no caso de inserções, sempre no local da geração.

§ 3.º A propaganda eleitoral a ser veiculada no programa de rádio que vai ao ar às 7 horas deve ser entregue até as 22 horas do dia anterior.

§ 4.º Em cada fita a ser encaminhada à emissora, o partido político ou a coligação deverá incluir a denominada claquete, na qual deverão estar registradas as informações constantes dos incisos I a IV do *caput* do artido anterior, que servirão para controle interno da emissora, não devendo ser veiculada ou computada no tempo reservado para o programa eleitoral.

§ 5.º A fita para a veiculação da propaganda eleitoral deverá ser entregue à emissora geradora pelo representante legal do partido ou da coligação, ou por pessoa por ele indicada, a quem será dado o recibo após a verificação da qualidade técnica da fita.

§ 6.º Caso o material e/ou o mapa de mídia não sejam entregues no prazo ou pelas pessoas credenciadas, as emissoras veicularão o último material por elas exibido, independentemente de consulta prévia ao partido ou coligação.

§ 7.º Durante os períodos mencionados no § 1.º deste artigo, as gravações ficarão no arquivo da emissora, mas à disposição da autoridade eleitoral competente, para servir como prova dos abusos ou dos crimes porventura cometidos.

§ 8.º As inserções cuja duração ultrapasse o estabelecido no plano de mídia terão cortada a parte final.

§ 9.º Na propaganda em bloco, as emissoras deverão cortar de sua parte final o que ultrapasse o tempo determinado no plano de mídia e, caso a duração seja insuficiente, o tempo será completado pela emissora geradora com a veiculação dos seguintes dizeres: horário reservado à propaganda eleitoral gratuita – Lei 9.504/1997."

Repita-se que as regras acima valem para as eleições municipais de 2004, podendo ocorrer alguma alteração para as demais eleições.

5.2.12 Censura prévia

Se, por um lado, o Código Eleitoral é categórico ao afirmar que não será tolerada propaganda de guerra, de incitamento de atentado, que perturbe o sossego público, que prejudique a higiene urbana, que caluniar, difamar ou injuriar quaisquer pessoas etc. (art. 243 e incisos), por outro também o é ao estabelecer como crime impedir o exercício de propaganda (art. 332). Como então compatibilizar esses dois dispositivos legais?

Tal se faz mediante a proibição de qualquer tipo de censura prévia, conforme estabelece o art. 53, *caput*, da Lei 9.504/1997. Dessa forma, não pode a emissora de rádio ou de televisão, a pretexto de que estaria sendo desrespeitado por determinado partido um dos incisos do art. 243 do Código Eleitoral, deixar de receber sua fita contendo o programa a ser divulgado, deixar de transmiti-lo ou ainda cortar aquele que já estiver em curso (o que vale tanto para os programas em bloco quanto para as inserções).

Em outras palavras, não se atua preventivamente, mas sim repressivamente, ou seja, uma vez desrespeitadas as regras de propaganda, responderá seu responsável até mesmo por eventual crime eleitoral (calúnia, difamação ou injúria).[12] Nesse sentido, o próprio § 1.º do art. 53 da Lei 9.504/1997 já veda a veiculação de propaganda que possa degradar ou ridicularizar candidatos, impondo aos infratores da regra a perda de sua propaganda do dia seguinte, sem prejuízo de eventual responsabilização criminal. Além disso, como a repetição do mesmo e idêntico programa sempre ocorre com os partidos (os programas contendo propaganda eleitoral são feitos para duas, três ou mais veiculações), possibilita o § 2.º do mesmo artigo aqui em comento que a Justiça Eleitoral impeça a reapresentação da propaganda ofensiva anteriormente veiculada, sem que isso configure censura prévia, uma vez que a conduta já foi praticada e considerada ilegal (não se proíbe a conduta, mas sim a repetição da conduta ilegal).

---

[12] Em 1990, quando era proibida a participação de convidados nas propagandas eleitorais gratuitas, o TRE do Pará determinou censura em horários eleitorais que continham participações de pessoas não autorizadas. Provocado acerca da ocorrência de censura prévia, o TSE assim decidiu: "Que o TRE-PA se abstenha de proceder à censura prévia e de enviar representantes a locais de transmissão de rádio e televisão, para fiscalização e censura imediata...".

Nesse sentido decidiu o TSE, ao examinar a veiculação, em horário eleitoral gratuito, do episódio de cemitério localizado em Perus, na cidade de São Paulo, onde foram descobertas ossadas clandestinas. Naquele caso, a primeira divulgação resultou em concessão de direito de resposta ao candidato indevidamente vinculado ao fato. Já a reiteração da divulgação (repetição da ilegalidade) levou o TRE paulista a proibir novas veiculações, nos termos do art. 53, § 2.º, da Lei 9.504/1997, decisão mantida pelo TSE, em acórdão relatado pelo Min. LUIZ OCTAVIO GALLOTTI abaixo resumido:

"Não viola a garantia de livre manifestação do pensamento, nem constitui censura prévia, a decisão do TRE que veda a reprodução de propaganda eleitoral gratuita, já considerada, pela mesma Corte, ofensiva à honra alheia, quando do exame e reconhecimento do direito de resposta.

"(...) não há mais falar em censura prévia em casos de reincidência do ofensor. O TRE tem o poder de polícia, que, nos termos da lei, deve ser exercido em benefício da ordem pública. Não é possível permitir a utilização ilícita de propaganda eleitoral gratuita, de forma contínua e sem possibilidade de coibição da ilegalidade."

Importante notar do acórdão acima parcialmente transcrito que o TSE admite a atuação de ofício da Justiça Eleitoral, no exercício de seu poder de polícia, conforme o art. 249 do CE. Portanto, apesar de o parágrafo em questão falar em provocação do candidato, partido e coligação, poderá a Justiça Eleitoral, em nome de seu poder de polícia, proibir, de ofício, a repetição de propaganda eleitoral gratuita previamente considerada ilícita.

Vale ressaltar que as sanções aplicáveis a quem descumprir as regras da propaganda eleitoral não prejudicam o direito do ofendido de responder aos ataques contra si dirigidos, o que é feito através do chamado direito de resposta, a ser estudado adiante.

Dessa forma, não configura censura prévia a suspensão, pela Justiça Eleitoral, de parte de programa de partido a ser divulgado em horário eleitoral gratuito, quando se trata de nova apresentação de matéria já anteriormente considerada irregular pela mesma Justiça Eleitoral.[13]

Voltando agora para os termos do art. 53, § 1.º, da Lei Eleitoral, temos que a pena de "perda do direito à veiculação de propaganda no horário eleitoral gratuito do dia seguinte" pode gerar problemas de natureza processual. Nesse sentido, como fica o recurso tirado de decisão que aplicou tal pena, partindo-se da premissa de que tal recurso não possui efeito suspensivo? Em termos práticos, pode por exemplo o partido/coligação A ser condenado à perda do direito à veiculação de sua propaganda no horário eleitoral gratuito do dia seguinte, por suposta propaganda que teria degradado o candidato adversário. Dessa decisão é interposto o competente recurso que, em tese, pode ser provido ao final.

Como então evitar-se a execução provisória do julgado recorrido se o recurso não possui efeito suspensivo? Entendemos que tal decisão dá ensejo a execução de obrigação de não fazer (não veicular propaganda eleitoral no dia seguinte), execução essa que, por sua natureza, não comporta execução provisória, ao contrário do que ocorre com a execução por quantia certa contra devedor solvente. Nesta, é possível a execução provisória mediante a penhora de bens, o manejo de embargos à execução, a avaliação dos bens penhorados, aguardando-se o trânsito em julgado da decisão recorrida para a realização da praça/leilão que

---

[13] Neste sentido: Ac. TRE-SP 131.573, de 28.09.1998, Rel. Des. VISEU JUNIOR.

irá converter patrimônio em dinheiro que honrará o crédito do exeqüente. Naquela, é impossível a execução provisória uma vez que, ao se deixar de veicular propaganda eleitoral no dia seguinte, impossível ficará o retorno ao *status quo*.

Com base em tais argumentos, deverá então o recorrente requerer que seu recurso seja recebido no duplo efeito, por ser impossível a execução provisória em razão da natureza da obrigação imposta no julgado. Em sendo negado tal pleito, restará então a necessidade de se manejar medida cautelar incidental (ou mandado de segurança), para que seja conferido efeito suspensivo a recurso que dele não dispõe, evitando-se a perda do objeto do recurso. Afinal de contas, de nada adiantará o provimento do recurso interposto se a pena já tiver sido cumprida pelo recorrente. Em casos concretos por nós patrocinados, sempre houve a concessão de liminar atribuindo efeito suspensivo a recurso, pela Presidência do Tribunal Regional Eleitoral, uma vez que indiscutível a presença do *fumus boni iuris* e do *periculum in mora* em tais circunstâncias.

Ainda sobre esse mesmo tema, o TSE, em sua Res. 21.610/2004, estabeleceu que "a reiteração de conduta que já tenha sido punida pela Justiça Eleitoral poderá ensejar a suspensão temporária do programa" (art. 38, § 3.º), ou seja, a perda do direito de veicular propaganda eleitoral no dia seguinte pode ser ampliada para uma suspensão temporária (um dia, dois dias etc.), em casos de reiteração, valendo para tal sanção os mesmos comentários de natureza processual acima apresentados.

5.2.13 *Participação de terceiros na propaganda eleitoral (art. 54 da Lei 9.504/1997)*

Não pode participar da propaganda eleitoral de determinado partido/coligação cidadão que esteja filiado a outro partido/

coligação, que não aquele que faz a propaganda. Melhor dizendo, se o partido" ou a coligação A estiver editando seu programa de rádio ou de televisão, nele não poderá participar nenhum cidadão filiado a outro partido ou coligação que não a A. Dessa forma, pessoas filiadas a outros partidos ou coligações não podem "trair" a posição de seus partidos para, isoladamente, apoiarem candidato de outro partido/coligação. Tem-se, então, que na propaganda do partido/coligação A pode participar qualquer pessoa não filiada a nenhum partido político, ou ainda os próprios filiados ao partido/coligação A. Está correto o legislador. Todos podem participar, desde que não estejam filiados ao adversário. Com isso evita-se aquela conquista de última hora em que alguém, não satisfeito com as condições de disputa interna de seu partido, vá dar apoio ao candidato adversário, no horário eleitoral gratuito do adversário.

Outra proibição que se impõe é a participação de qualquer pessoa mediante remuneração, o que impede que artistas em geral sejam contratados para que suas imagens sejam divulgadas no horário eleitoral gratuito.

Já para o segundo turno, a proibição se altera, passando a valer a regra de que pessoas filiadas a outros partidos podem aparecer na propaganda do partido/coligação A, desde que seus partidos não tenham formalizado apoio a outros candidatos, hipótese em que deve prevalecer a vontade do partido e não aquela individual do filiado. Como se vê, permitiu-se que filiados a outros partidos já descartados da disputa no primeiro turno possam dar seu apoio a este ou àquele disputante do segundo turno, nos seus programas políticos, desde que seu próprio partido não esteja apoiando o candidato adversário.

Exemplo: disputam o segundo turno de determinada eleição as coligações A e B. Quem pode participar dos programas eleitorais dessas coligações? Resposta: qualquer cidadão não filiado a partido político e qualquer cidadão filiado a partido político desde que tal partido não tenha formalizado apoio à coligação adversária (em ambos os casos fica proibido o pagamento de cachês).

Voltando-se à vedação de remuneração das pessoas que participam dos programas de rádio e de televisão, interessante um relato a respeito do que ocorreu nas eleições municipais de 2000, em cidade do interior do Estado de São Paulo. Naquela localidade, um dos candidatos majoritários teve a colaboração de famoso comediante global (Nérso da Capitinga) em seus programas de televisão. Segundo constou, referido personagem não recebera nenhum tipo de remuneração, tendo gravado todos os programas de seu candidato por mera convicção e preferência política. Ocorre que a participação de famoso comediante em programa eleitoral televisivo de determinado candidato, ainda que gratuita, configura, segundo entendemos, doações estimáveis em dinheiro (art. 23, *caput*, da Lei 9.504/1997), sujeitando os envolvidos às limitações constantes do § 1.º, I, daquele mesmo artigo anteriormente citado, bem como à sanção prevista em seu § 3.º. Sabe-se, por exemplo, quanto é cobrado por um *show* do artista de aproximadamente duas horas, o que possibilita que se chegue a um valor por hora de trabalho. Com isso, verificam-se quantas horas foram utilizadas para as gravações dos programas eleitorais, para se aferir quanto seria por ele cobrado. Este valor é aquele da doação feita pelo artista a seu candidato. Além disso, também é certo que o artista engajado politicamente em determinada campanha responderá, inclusive criminalmente, por seus atos e palavras, sendo-lhe vedado, assim como a qualquer pessoa, o cometimento de calúnia, difamação ou injúria, podendo ainda caber direito de resposta.

Acautelem-se, portanto, os candidatos com seus colaboradores, fazendo observar os limites previstos para doações estimáveis em dinheiro.

5.2.14 Novas vedações a serem observadas no horário gratuito

Conforme já foi visto anteriormente, a partir do dia 1.º de julho do ano da eleição, as emissoras de rádio e de televisão passam a ter uma série de restrições/vedações em sua programação normal e noticiários (art. 45 da Lei 9.504/1997), impondo-se-lhes multas que variam de 20 a 100 mil UFIR no caso de descumprimento. O *caput* do art. 55 da mesma lei utiliza duas das vedações impostas às emissoras de rádio e televisão (incs. I e II do art. 45), na propaganda eleitoral gratuita, para vincular os partidos, as coligações e os candidatos. Portanto, partidos, coligações e candidatos estão proibidos de transmitir em suas propagandas eleitorais gratuitas imagens de realização de pesquisas, ou ainda de utilizar trucagens, montagens ou qualquer recurso eletrônico que degrade ou ridicularize candidato, partido ou coligação. Não se proíbe, como em pleitos anteriores, o uso de nenhum sistema de produção de programas que mostre criatividade. O que está proibida é a ridicularização de candidato, partido ou coligação adversária.

Caso tais regras não sejam observadas, estará o candidato, partido ou coligação sujeito à perda do dobro do tempo utilizado para a prática do ilícito, no horário gratuito seguinte, sanção essa que se dobra a cada reincidência em proporção geométrica. Exemplo: 1 minuto utilizado para a prática do ilícito equivale à perda de 2 minutos no horário gratuito seguinte. Em havendo reincidência, passa-se a 4 minutos, 8 minutos, 16 minutos e assim sucessivamente.

Durante o cumprimento da pena, deverá ser exibida a informação de que aquela suspensão do programa se dá em função de infração da lei eleitoral (parágrafo único do art. 55).

Vale notar aqui que esse dispositivo impedindo a ridicularização do adversário parece repetir parcialmente outro (art. 53, § 1.º), que impede a ridicularização de candidato, e que estabelece a pena de perda do "direito de veiculação de propaganda no horário eleitoral gratuito do dia seguinte". Qual sanção deve prevalecer? A de perda de toda a propaganda no horário gratuito do dia seguinte, ou a de perda do dobro do tempo utilizado para a prática do ilícito? Entendemos que, por ser mais específico, o disposto no § 1.º do art. 53 deve ser aplicado como pena à ridicularização de candidatos, enquanto a pena do art. 55, parágrafo único, deve ser aplicada à ridicularização de partidos e coligações e à divulgação de pesquisas com identificação do entrevistado. Dessa maneira, ficam compatibilizados os dois dispositivos legais.

Repete-se aqui aquilo que se disse acima (final do item l) em relação à imposição da pena de perda de tempo equivalente ao dobro do usado na prática do ilícito, uma vez interposto recurso despido de efeito suspensivo. Deverá então o recorrente pleitear seja seu recurso recebido no duplo efeito, partindo para a via da medida cautelar incidental (ou do mandado de segurança), caso o juízo *a quo* pretenda executar provisoriamente sua decisão.

5.2.15 *As emissoras de rádio e de televisão e as sanções a que estão sujeitas*

Se algumas das regras até aqui estudadas, referentes à propaganda eleitoral no rádio e na televisão, não forem observadas pelas respectivas emissoras, no que toca ao início de sua veiculação, horário, ordem dos programas, divulgação das inserções, plano de mídia etc., pode o candidato, partido ou coligação que se sentir prejudicado requerer à Justiça Eleitoral a suspensão da programação normal da emissora faltosa, por período de 24 horas.[14] Por óbvio que tal pedido será feito em processo de índole eleitoral, em que serão observados os exíguos prazos processuais, além dos princípios da ampla defesa e do contraditório. Durante a suspensão de 24 horas, a emissora faltosa deverá veicular a cada 15 minutos a informação de que se encontra fora do ar por desobediência à lei eleitoral (art. 56, § 1.º, da Lei 9.504/1997). Em caso de reiteração da conduta, a pena é dobrada em proporção geométrica (primeira falta – 24 horas; na reiteração – 48 horas; na reiteração – 96 horas etc.).

Essa sanção não exclui a possibilidade de aplicação de sanção pecuniária para o ato específico praticado pela emissora, o que dependerá do exame do caso concreto. O que se afirma é que, em tese, pode a emissora ser multada e retirada do ar, desde que ambas as sanções sejam requeridas pelo prejudicado e desde que a prática ilícita justifique ambas as penalidades.

Com base no poder de polícia inerente à Justiça Eleitoral, pode o juiz eleitoral, ao verificar irregularidades cometidas por empresas de rádio e televisão, adotar providências administrativas para coibi-las. Um cuidado, todavia, deve ser tomado. O que se permite são atitudes administrativas a serem tomadas de ofício, uma vez que não se permite a iniciativa judicial em relação a procedimentos que visem a punição das emissoras, tais como, por exemplo, a edição de portarias que, ao final, são julgadas pela mesma autoridade que as editou. Em termos práticos, poderia o magistrado encaminhar ofício a determinada emissora, independentemente de qualquer provocação, comunicando possível in-

---

[14] Observe-se aqui a legitimidade ativa para a propositura de representação em face de emissoras de rádio e televisão, ressalvando-se a legitimidade concorrente do Ministério Público Eleitoral.

fração a determinado preceito legal e solicitando a cessação da prática. Nada ocorrendo, deverá então o magistrado encaminhar peças ao Ministério Público Eleitoral para as providências que o caso ensejar.

Outra questão jurídica que pode surgir quando da aplicação do art. 56 da Lei 9.504/1997 diz respeito à competência. Isso porque pode uma emissora ter sua sede, por exemplo, em São Vicente e praticar atos que impliquem em tratamento privilegiado a candidato de Santos (art. 45, IV, da Lei Eleitoral). Qual então seria o juízo eleitoral competente para o exame da questão e eventual punição da emissora? O de São Vicente, onde está a sede da emissora e onde o ato foi praticado, ou o de Santos, local do registro do candidato indevidamente beneficiado? Conforme entendimento do TSE, o juízo competente é o do município onde a infração eleitoral produziu efeito, ou seja, no exemplo acima a competência seria da Justiça Eleitoral de Santos, já que o beneficiário teria sido o candidato santista.

Por fim, para a aplicação da punição a que estão sujeitas as emissoras de rádio e de televisão, reitera-se o quanto já afirmado em relação à pendência de recurso e à execução provisória do julgado recorrido.

5.2.16 *Emissoras de televisão sujeitas à divulgação do horário eleitoral gratuito*

Segundo o art. 57 da Lei 9.504/1997, estão sujeitas às normas em estudo as emissoras de televisão que operam em VHF e UHF, bem como os canais de televisão por assinatura sob a responsabilidade do Senado Federal, da Câmara dos Deputados, das Assembléias Legislativas, da Câmara Legislativa do Distrito Federal e das Câmaras Municipais.

5.3 Parte prática: resoluções e acórdãos sobre o tema

Passaremos a seguir a verificar algumas decisões das Cortes Eleitorais acerca dos assuntos desenvolvidos na parte teórica do presente trabalho, o que será feito com a utilização dos mesmos subtítulos utilizados anteriormente.

5.3.1 Dias e horários reservados para as diferentes eleições

"Propaganda eleitoral – Invasão de horário – Impossibilidade – Violação dos arts. 47, da Lei 9.504/1997, e 23, da Resolução TSE 20.562 – Sanção inexistente – Recurso provido em parte" (TRE-SP – Proc. 16.435 – 2.ª Classe – Ac. 137.631 – rel. Juiz OTÁVIO HENRIQUE – j. 28.09.2000).

No caso acima, por nós patrocinado, o candidato a prefeito no Município do Guarujá teve a permissão do candidato a prefeito no Município de Santos (ambos eram do mesmo partido) de ocupar parte de seu tempo no horário eleitoral gratuito. Dessa forma, como no Guarujá não houve propaganda eleitoral na televisão, uma vez que não foram cumpridos pelos partidos os requisitos do art. 48, *caput*, da Lei 9.504/1997, somente aquele candidato teve oportunidade de apresentar suas propostas em rede de televisão, o que ocasionou flagrante desequilíbrio entre os candidatos. No TRE-SP foi mantida a proibição de invasão de horário, reformando-se tão-somente a pena que havia sido imposta, uma vez que não havia previsão legal para tal apenação. Ressalta-se ainda que o mesmo ato de invasão de horário mereceu pedido não só na Justiça Eleitoral do Guarujá (município do "invasor"), como também na Justiça Eleitoral de Santos (município do candidato doador do tempo), sendo que ambos proibiram a conduta, de maneira que o candidato do Guarujá não pode repeti-la não só em razão de proibição expressa que pesava contra ele, como também de proibição no mesmo sentido imposta ao partido santista.

"Consulta – Art. 23, § 8.º da Instrução 46 – Proibição do comparecimento de candidatos majoritários aos programas destinados aos candidatos proporcionais e vice-versa. Candidato a cargo proporcional pode, no horário de propaganda político eleitoral, demonstrar apoio a candidato a cargo majoritário e vice-versa, desde que pertençam ao mesmo partido ou coligação. Na propaganda eleitoral veiculada na televisão é permitida a inclusão, como pano de fundo, de fotografia dos candidatos majoritários ou proporcionais, *slogans*, símbolo do partido ou da coligação, logotipo e denominação da coligação" (TSE – Res. 20.624 – Cons. 640 –5.ª Classe – DF, Brasília – rel. Min. EDUARDO ALCKMIN – j. 16.05.2000).

Em termos práticos, diretos e objetivos, vejamos as perguntas formuladas e as respostas do Tribunal Superior Eleitoral:

• É permitido o comparecimento de candidatos majoritários aos programas destinados aos candidatos proporcionais, ou vice-versa? – *Resposta:* Não.

• É permitido, no caso de televisão, que este ou aquele programa inclua como pano de fundo fotografia dos candidatos majoritários ou proporcionais, *slogans*, símbolo do partido ou da coligação, logotipos, denominação da coligação, etc.? – *Resposta*: Sim.

• Pode o candidato a vereador dizer, no horário a ele destinado, que apóia o candidato a prefeito de seu partido ou coligação? – *Resposta:* Sim.

• Podem os candidatos a prefeito e a vice-prefeito dizer que apóiam seus candidatos a vereador do mesmo partido ou coligação? – *Resposta:* Sim.

"Consulta – Partido dos Trabalhadores – Art. 23, § 8.º, da Res. TSE 20.562/2000. É vedado o comparecimento de candidatos majoritários aos programas destinados aos candidatos proporcionais e vice-versa. Em cada faixa de horário é permitida a veiculação de som e imagem dos candidatos a ela destinados (eleição proporcional ou majoritária). Compete aos partidos a escolha do cenário, utilização de camisetas ou outros recursos que demonstrem apoio a outras candidaturas" (TSE – Res. 20.629 – Cons. 636 –5.ª Classe – DF, Brasília – rel. Min. EDUARDO ALCKMIN – j. 18.05.2000).

Com a resposta a essa consulta, temos para nós que foi permitida a utilização das denominadas "vinhetas de passagens", que são os recursos audiovisuais destinados a separar a fala, por exemplo, de dois candidatos a deputado. Assim, entre a fala de um e de outro candidato, pode-se veicular mensagem dizendo, por exemplo, vote fulano para governador (frases rápidas e curtas sem a presença do candidato majoritário).

"Agravo em representação eleitoral – Invasão de horário. Candidato a deputado estadual que, a pretexto de sua condição de presidente nacional de partido, utilizou-se do tempo destinado aos candidatos a deputado estadual, ou seja, ao mesmo cargo, para pedir voto para a legenda 41, exaltando suas realizações pessoais e os projetos de sua autoria. Invasão não caracterizada. Ação julgada improcedente. Manutenção da sentença. Recurso não provido" (TRE-SP – Ac. 13.078 – rel. Juiz RUI STOCO – j. 17.09.2002).

"A invasão do tempo destinado à propaganda eleitoral dos candidatos a deputado federal da coligação representada pela propaganda eleitoral do candidato a governador, ora representado, restou comprovada. Vendo-se as fitas gravadas dos programas verifica-se que o representado, candidato a governador, aparece fisicamente no programa da propaganda eleitoral dos candidatos a deputado federal e com eles declama o *slogan* de campanha do candidato representado 'Juntos vamos entregar São Paulo nas mãoes de Deus', declamação essa, embora conjunta com os candidatos a deputado federal, que representa propaganda eleitoral do candidato ao cargo de governador pela coligação representada, porque se trata de *slogan* de campanha desse candidato" (TRE-SP – Agravo na Representação 12.980 – 7.ª Classe – parte do voto do Des. PAULO SHINTATE).

"Propaganda eleitoral – Horário eleitoral gratuito – Propaganda relativa aos candidatos majoritários inserida no horário destinado aos proporcionais – Vedação – Representação julgada procedente, em parte – Recurso provido também parcialmente para restringir a condenação. Ao tecer críticas ao recorrido, ao mesmo tempo em que exaltava a candidata da coligação, a recorrente, à evidência, inseriu propaganda relativa a cargo majoritário no horário destinado aos candidatos proporcionais, violando o disposto no art. 23, § 8.º, da Res. 20.562/2000, que encontra lastro no art. 47, § 1.º, VI e VII, da Lei 9.504/1997" (TRE-SP – Ac. 136.993 – rel. Des. JOSÉ CARDINALE – j. 05.09.2000).

5.3.2 Divisão do tempo destinado a cada eleição entre os partidos/coligações

"Propaganda eleitoral no rádio e na televisão – Propaganda eleitoral gratuita. O horário deve ser distribuído apenas entre os partidos ou coligações que tenham candidatos e representação na Câmara dos Deputados (Lei 9.504/1997, art. 47, § 2.º)" (TSE – Res. 20.069 – Brasília, DF – rel. Min. NILSON NAVES – j. 16.12.1997 – Cons. 371 – 5.ª Classe).

Esta resolução deixa clara a necessidade de atendimento aos dois requisitos legais, para que se faça jus a parcela do horário eleitoral gratuito. O partido/coligação não pode pretender realizar propaganda para os postos eletivos para os quais não tenha apresentado candidato.

"Propaganda eleitoral gratuita, no rádio e na televisão – Pretensa destinação, pelo partido, a filiado não candidato. Compete aos partidos e coligações, por meio de comissões especialmente designadas para este fim, distribuir, entre os candidatos, os horários que lhes forem destinados pela Justiça Eleitoral (art. 30 da Resolução TSE de 21.06.1994). Regra que se acha em consonância com o mesmo princípio em razão do qual o candidato, e não o partido, é que sofre punição pela utilização do referido tempo em desconformidade com o preceituado em lei (art. 76, § 2.º, da Lei 8.713/1993); e que tem por conseqüência a impossibilidade de disposição do horário gratuito, pelo partido, em favor de filiado seu, não candidato" (TSE – Ac. 2228C – Brasília, DF – rel. Min. MARCO AURÉLIO – *DJ* 31.01.1994, p. 29.438).

"Consulta: 'É vedado às emissoras, nos termos dos §§ 1.º e 2.º do art. 45 da Lei 9.504/1997, veicular propaganda comercial de produtos ou serviços, com a participação de candidato a cargo eletivo?'. No que se refere à propaganda eleitoral, o objetivo da Lei 9.504/1997 é proibir o tratamento privilegiado de candidatos, em razão de participarem de modalidade de propaganda não acessível a todos os competidores. Consulta que se responde positivamente" (TSE – Res. 20.215 – Brasília, DF – rel. Min. NÉRI DA SILVEIRA – j. 02.06.1998 – Consulta 432 – 5.ªClasse).

5.3.3 Redistribuição do tempo

Importante aqui que se destaquem os termos da Res. TSE 20.305, de 13.08.1998, que dispôs sobre a utilização do horário gratuito de propaganda eleitoral reservado aos candidatos a cargos majoritários (eleições de 1998), onde ficou estabelecido o seguinte:

"Art. 1.º O direito à utilização do tempo reservado para propaganda em bloco e em inserções a partido ou coligação cujo candidato tenha seu pedido de registro indeferido ou, por qualquer razão, deixe de concorrer, em qualquer etapa do pleito, ficará suspenso.

§ 1.º Alterada a decisão indeferitória ou indicado candidato em substituição, o partido ou coligação utilizará o tempo que lhe fora destinado, em bloco e inserções, na ordem do respectivo sorteio ou plano de mídia.

§ 2.º Durante esse período, a propaganda em bloco dos demais partidos ou coligações deverá ser transmitida ininterruptamente, antecipando-se o seu término.

§ 3.º Mantida a decisão que indeferiu o registro e não havendo pedido de substituição no prazo legal, haverá a redistribuição do tempo aos demais partidos ou coligações em disputa, conforme o disposto no art. 19, § 2.º, da Res. 20.106/1998".

Como se vê, pré-candidato com pedido de registro de candidatura indeferido não poderá realizar propaganda eleitoral até que o indeferimento seja alterado (salvo em situações excepcionais, como a do acórdão infra). Mantida a decisão de indeferimento pelo TSE, e não havendo substituição de candidato, o tempo até então destinado àquele partido/coligação será redistribuído aos remanescentes.

"Fica suspenso o direito à utilização do tempo reservado aos partidos e coligações para a propaganda em bloco e em inserções, para os cargos de prefeito e vice-prefeito, na hipótese de indeferimento do registro, independentemente do trânsito em julgado da decisão indeferitória, pela incidência do art. 24 da Res. TSE 20.562/2000. Autorizada pela Corte Superior a veiculação, mediante deferimento de liminar que assegura a candidato o direito à realização de propaganda eleitoral gratuita, até o julgamento do recurso especial, é de ser cumprida essa decisão, ressalvada a posição pessoal da relatora" (TRE-SC – Ac. 16.705 – rel. Juíza ANGELA REGINA DA CUNHA LEAL – j. 25.09.2000).

5.3.4 Reserva de tempo para municípios despidos de emissoras geradoras (rádio e televisão)

"Agravo regimental – Liminar que indefere efeito suspensivo a recurso especial – Hipótese na qual o pt requereu a aplicação dos arts. 47, 51, 52 e 57 da Lei 9.504/1997 em relação à TV SBT, para que transmitisse a propaganda eleitoral gratuita dos candidatos de Osasco. O fato da sede administrativa da emissora geradora estar situada em município vizinho àquele para o qual detém concessão de transmissão de sinal não implica a aplicação dos arts. 47, 51, 52 e 57 da Lei 9.504/1997. Se não há emissora geradora ou afiliada que detenha a concessão de transmissão de sinal para o município, aplica-se o art. 48 da Lei 9.504/1997. Exige-se que o pedido seja feito pela maioria dos partidos políticos para evitar-se eventual desequilíbrio entre os candidatos de partidos que detêm melhores condições financeiras e aqueles que não podem arcar com os custos de produção de propaganda. Agravo improvido" (TSE – Ac. 594 – Osasco, São Paulo – rel. Min. NELSON JOBIM – *DJ* 10.11.2000, v. 1, p. 180).

"Agravo regimental – Representação. Acórdão do TRE que distribuiu os blocos de propaganda entre as emissoras, considerando a quantidade de eleitores nos municípios e os índices de audiência das estações de televisão. Possibilidade de adoção de sistema que atenda à finalidade da lei e que se justifica por possibilitar que um maior número de pessoas possa melhor conhecer as propostas e idéias dos candidatos que disputam as eleições no município, pois, ao invés de apenas dez por cento do tempo total ser destinado para os municípios vizinhos, os eleitores assistirão à propaganda de seus candidatos por trinta minutos diários, observados os parâmetros de distribuição entre os partidos" (TSE – Ac. 279 – Rio de Janeiro, RJ – rel. Min. NELSON JOBIM – j. 29.08.2000).

5.3.5 O segundo turno e a propaganda eleitoral no rádio e na televisão

"Segundo turno – Propaganda eleitoral mediante inserções e *outdoors*. 1) O início da propaganda eleitoral relativa ao segundo turno se dará 48 horas a partir da proclamação dos resultados pelo respectivo Tribunal (...)" (TSE – Res. 20.377 – Brasília, DF – rel. Min. EDUARDO ALCKMIN – j. 06.10.1998 – Proc. Adm. 17.904 – 19.ª Classe).

"Consulta – Propaganda eleitoral em 2.º turno – Observância do disposto no art. 49 da Lei 9.504/1997. Propaganda para o cargo de presidente, se houver, deve anteceder à de governador. Caso comece antes, ou não havendo 2.º turno para presidente, a propaganda para governador terá início às 7 horas e às 12 horas no rádio, e às 13 horas e às 20:30 horas na TV. A veiculação de propaganda será diária, inclusive aos domingos, em dois períodos de 20 minutos para cada eleição" (TSE – Res. 20.377 – Brasília, DF – rel. Min. EDUARDO ALCKMIN – j. 06.10.1998 – Proc. Adm. 17.904 – 19.ª Classe).

5.3.6 A ordem de veiculação das propagandas eleitorais no rádio e na televisão

"Consulta – Propaganda eleitoral em 2.º turno – Observância do disposto no art. 49 da Lei 9.504/1997. Propaganda para o cargo de presidente, se houver, deve anteceder à de governador. Caso comece antes, ou não havendo 2.º turno para presidente, a propaganda para governador terá início às 7 horas e às 12 horas no rádio, e às 13 horas e às 20:30 horas na TV. A veiculação de propaganda será diária, inclusive aos domingos, em dois períodos de 20 minutos para cada eleição" (TSE – Res. 20.377 – Brasília, DF – rel. Min. EDUARDO ALCKMIN – j. 06.10.1998 – Proc. Adm. 17.904 – 19.ª Classe).

5.3.7 As inserções

"Propaganda eleitoral – Rádio e televisão – Inserção – Tempo. As inserções no rádio e na televisão, concernentes à propaganda eleitoral gratuita, deverão consistir em múltiplos de 15 segundos, ou seja: 15, 30, 45 ou 60 segundos, a critério da cada partido ou coligação" (TSE – Res. 20.698 – Brasília, DF – rel. Min. WALDEMAR ZVEITER – *DJ* 22.09.2000, v. 1, p. 160).

"Propaganda eleitoral gratuita – Inserções (Lei 9.504/1997, art. 51; Res. 20.106/1998, art. 22) – Distribuição do tempo. Os 30 minutos diários a serem utilizados em inserções serão veiculados diariamente, inclusive aos domingos, destinando-se 6 (seis) minutos para cada cargo – presidente, governador, senador, deputado federal e deputado estadual ou distrital –, sendo possível, a critério de cada partido ou coligação, a reunião de tempos desde que não importem em inserções com mais de sessenta segundos" (TSE – Res. 20.265 – Brasília, DF – rel. Min. EDUARDO ALCKMIN – *DJ* 12.08.1998, p. 50).

"Segundo turno – Propaganda eleitoral mediante inserções e *outdoors*. 1) O início da propaganda eleitoral relativa ao segundo turno se dará 48 horas a partir da proclamação dos resultados pelo respectivo tribunal. 2) O tempo diário reservado às inserções será de 30 minutos, sendo 15 minutos para campanha de presidente da República e 15 minutos para campanha de governador; se, após proclamados os resultados, não houver segundo turno para uma dessas eleições, o tempo será integralmente destinado à eleição subsistente. 3) O tempo destinado às inserções deve ser dividido igualmente entre os candidatos (...)" (TSE – Res. 20.377 – Brasília, DF – rel. Min. EDUARDO ALCKMIN – j. 06.10.1998 – Proc. Adm. 17.904 – 19.ª Classe).

"Petição – Propaganda eleitoral gratuita por meio de inserções – Rádio e televisão. Possibilidade de extensão das faixas horárias reservadas ao horário político, em até sessenta minutos, a fim de possibilitar a veiculação dos eventos de longa duração e que não tenham interrupção. Especificação dos dias e horários dos eventos esportivos. Pedido deferido" (TSE – Res. 20.335 – Brasília, DF – rel. Min. EDUARDO ALCKMIN – *DJ* 21.09.1998, p. 65).[15]

A ementa acima, conforme se pode verificar, retrata pleito formulado por veículo de comunicação que pretendia não interromper a transmissão de evento esportivo, para a veiculação de propaganda eleitoral por meio de inserções.

"Configura propaganda irregular a veiculação de imagens externas nas inserções distribuídas durante a programação normal das emissoras, sendo lícito à Justiça Eleitoral determinar a imediata cessação da conduta, a teor do disposto no art. 51, IV, da Lei 9.504/1997, c.c. o art. 62, § 1.º, da Res. TSE 20.562/2000" (TRE-SC – Ac.16.613 – rel. Juíza ANGELA REGINA DA CUNHA LEAL – j. 13.09.2000).

5.3.8 *Participação de terceiros na propaganda eleitoral (art. 54 da Lei 9.504/1997)*

"No segundo turno, o filiado a um partido pode participar do programa de propaganda eleitoral de candidato de agremiação

---

[15] No mesmo sentido: TSE – Res. 20.328 – Brasília, DF – rel EDUARDO ALCKMIN – *DJ* 04.09.1998, p. 57.

distinta, desde que sua legenda não tenha manifestado apoio a outro concorrente" (TSE – Res. 20.383 – Brasília, DF – rel. Min. EDUARDO ALCKMIN – j. 08.10.1998 – Proc. Adm. 17.905 – 19.ª Classe).

5.3.9 Novas vedações a serem observadas no horário gratuito

"Propaganda eleitoral – Participação de candidato em horário de programação normal, antes de iniciado o período de propaganda eleitoral gratuita. A Lei 9.504/1997 prevê punição somente para a emissora, antes do horário gratuito, e também para o candidato e partido, com perda do tempo, após iniciada a propaganda eleitoral. Ausência de tipificação dos incs. I e II do art. 45 da Lei 9.504/1997. Recurso não conhecido" (TSE – Ac. 15.509 – Rio de Janeiro, RJ – rel. Min. EDUARDO ALCKMIN – j. 28.09.1998 – *RJTSE*, v. 11, t. 1, p. 286).

No mesmo sentido desta decisão, obtivemos o cancelamento de multa imposta, em 1.ª instância, a candidato a prefeito que, em abril do ano da eleição (ou seja, fora do período eleitoral e antes de iniciada a propaganda eleitoral), havia participado de programa de entrevista, exibindo no ar um levantamento que apontava sua eventual candidatura como sendo a favorita dos eleitores. O TRE entendeu que somente a emissora poderia, em tese, ser punida, e, como ela não participava do feito, acabou por considerar a conduta atípica, cancelando a multa imposta.

"Representação eleitoral – Cumulação de pedidos de punição por propaganda irregular e obtenção de direito de resposta – Trucagem – Recursos parcialmente providos. Corte, por si só, não é truque. Lícita a exibição linear de trecho (ou trechos) que interessem à propaganda, até porque a utilização de imagens dos candidatos é legítima. Mas, na medida em que ao corte se adiciona a edição, certamente provoca-se e cria-se uma situação falsa. Isso não se admite, porque desvirtua o objetivo da propaganda eleitoral. Extrapola seus limites. E a razão de ser da restrição é exatamente a possibilidade de criar no eleitor impressão falsa. É isso o que a lei veda. Daí a permissão apenas de gravações simples, onde a mensagem seja diretamente dirigida ao eleitor e não através de sugestão. Em suma: a consideração para análise da ocorrência da infração deve ter em conta a impressão que ela gera ao seu destinatário natural, que é o eleitor" (TRE-SP – Ac. 137.525 – rel. Juiz VITO GUGLIELMI – j. 25.09.2000).

5.4 Conclusões

1. De todas as diferentes formas de propaganda eleitoral, aquela mais importante aos candidatos, até mesmo em razão de sua magnitude e capacidade de atingir um maior número de eleitores, é a realizada no rádio e na televisão.

2. Dada sua importância, a propaganda eleitoral no rádio e na televisão possui regramento específico e detalhado, regramento este constante dos arts. 44 a 57 da Lei 9.504/1997.

3. A existência do horário eleitoral gratuito inviabiliza a venda e compra de espaços no rádio e na televisão pelos candidatos (art. 44 da Lei 9.504/1997), o que garante maior isonomia entre aqueles que disputam o voto popular.

4. O horário eleitoral gratuito é, em nosso sentir, um importante instrumento de conscientização do povo brasileiro e do exercício da cidadania.

5. Na propaganda realizada no horário eleitoral gratuito do rádio e da televisão, deve prevalecer a *pars conditio* ou ainda a igualdade de oportunidades entre os candidatos, igualdade esta, todavia, mitigada pela máxima de que igualdade é tratar igualmente os iguais e desigualmente os desiguais, na medida de suas desigualdades.

6. A propaganda eleitoral por meio do rádio e da televisão só é permitida durante o horário eleitoral gratuito.

7. Se a lei determina que se reservem alguns dias anteriores à antevéspera do pleito, para que seja transmitido o horário eleitoral gratuito, significa dizer que na própria antevéspera já não existirá tal tipo de propaganda.

8. Aos domingos não há horário eleitoral gratuito no primeiro turno das eleições, o que ocorrerá de segunda-feira ao sábado.

9. No segundo turno haverá transmissão de horário eleitoral gratuito inclusive aos domingos.

10. Os dias e horários reservados para os diferentes candidatos às diferentes eleições estão todos expressamente previstos nos incisos do § 1.º do art. 47 da Lei 9.504/1997.

11. São dois os pressupostos fixados em lei (art. 47, § 2.º, da Lei 9.504/1997) para que o partido/coligação tenha direito de participar da divisão total do horário reservado para a propaganda eleitoral no rádio e na televisão: ter lançado candidatos e ter representação na Câmara dos Deputados.

12. Segundo instruções editadas pelo TSE, em sendo preenchido pelo partido/coligação tão-somente o primeiro pressuposto (ter lançado candidatos), participará ele da divisão do primeiro terço do horário reservado para a propaganda eleitoral. Já os dois terços restantes ficam reservados, exclusivamente, para os partidos/coligações que preencherem os dois pressupostos.

13. Cumpridas as exigências legais, o partido/coligação passa a ter direito à sua "fatia" do tempo destinado à propaganda eleitoral, sendo que um terço do tempo é dividido igualitariamente entre os partidos/coligações habilitados, e os demais dois terços são divididos proporcionalmente ao número de deputados federais filiados a cada partido/coligação.

14. A divisão do tempo destinado a cada partido/coligação, entre seus próprios candidatos às eleições proporcionais, é assunto de natureza *interna corporis*, o que não exclui a necessidade de que o partido/coligação reserve um tempo mínimo para cada um de seus candidatos.

15. No caso de coligação, apenas um dos partidos coligados pode ter representante na Câmara Federal. Em sendo dois ou mais os partidos coligados com tal representação, soma-se o número de deputados federais de todos eles, uma vez que a coligação substitui os partidos coligados em sua individualidade.

16. A verificação do número de deputados federais de cada partido, para efeito de divisão do tempo de propaganda eleitoral destinado ao rádio e à televisão, leva em conta o número de representantes no início da legislatura que estiver em curso.

17. Não é permitida a invasão de horário de uma eleição na outra, ou seja, candidato majoritário não pode ocupar tempo destinado à eleição proporcional e vice-versa.

18. Não é permitida a cessão de tempo de candidato majoritário de uma cidade para seu colega de partido, candidato majoritário de cidade vizinha, o que prejudica a igualdade de oportunidades entre candidatos.

19. É permitida a utilização de "vinheta de passagem" entre as falas de diferentes candidatos proporcionais.

20. É permitida a fixação, como pano de fundo, de fotografias de candidatos de uma eleição, na propaganda destinada à outra eleição.

21. Nos casos de fusão e de incorporação de partidos políticos, somam-se os representantes que os partidos de origem possuíam na data de início da legislatura que estiver em curso, assim como se faz com as coligações.

22. A redistribuição do tempo destinado à propaganda no rádio e na televisão ocorrerá sempre que o candidato a presidente, a governador ou a prefeito deixar de concorrer, em qualquer etapa do pleito, sem que haja sua substituição. Tal redistribuição será feita, evidentemente, entre os candidatos remanescentes.

23. É possível a acumulação de tempo destinado à propaganda eleitoral, sempre que o partido/coligação obtiver tempo inferior a 30 segundos, ou seja, o legislador entende que 30 segundos é o tempo mínimo para se possibilitar a realização de um programa radiofônico ou televisivo.

24. Municípios sem emissoras de rádio e de televisão (geradoras) podem ter sua própria propaganda eleitoral no rádio e na televisão, desde que a maioria dos partidos participantes do pleito (órgãos regionais) requeira à Justiça Eleitoral a reserva de dez por cento do tempo destinado ao "município gerador".

25. Estes dez por cento são o limite máximo que o "município gerador" irá destinar aos demais, desde que superados os requisitos legais. Dessa forma, se houver requerimento de dois ou três municípios, os dez por cento serão divididos entre todos, ou seja, não caberá dez por cento para cada município.

26. Os pedidos de reserva de tempo ficam vinculados ao número de emissoras geradoras disponíveis no "município gerador", não podendo ser ultrapassado tal número, sob pena de reduzir demais o tempo a ser utilizado pelos "municípios não-geradores".

27. Havendo segundo turno, o tempo destinado à propaganda eleitoral no rádio e na televisão será dividido igualitariamente entre os candidatos.

28. O horário eleitoral gratuito, no segundo turno, terá início 48 horas após a proclamação dos resultados do primeiro turno, seguindo até a sexta-feira que antecede a eleição (antevéspera do pleito), sendo realizado em dois períodos diários de 20 minutos para cada eleição.

29. Havendo segundo turno para presidente e para governador, a propaganda dos candidatos à Presidência antecederá aquela dos candidatos a governador.

30. As emissoras de rádio e televisão deverão reservar também, em sua grade de programação, 30 minutos diários para a propaganda eleitoral gratuita a ser veiculada através de inserções de no máximo 1 minuto, o que também vale para o segundo turno.

31. Nas inserções é proibida a utilização de recursos tecnológicos em geral, imagens externas, montagens, trucagens e mensagens que degradem ou ridicularizem candidato, partido ou coligação, que, nesses casos, podem requerer direito de resposta para reparar o dano a eles causado.

32. As inserções deverão consistir em múltiplos de 15 segundos, ou seja, 15, 30, 45 ou 60 segundos, a critério de cada partido ou coligação.

33. Entre 8 de julho do ano da eleição e a data do início da propaganda eleitoral no rádio e na televisão, a Justiça Eleitoral convocará reunião entre os representantes partidários e os representantes das emissoras de televisão, para elaboração do plano de mídia. Nele estabelecer-se-ão os horários e períodos de divulgação das inserções a que os partidos/coligações tenham direito, de maneira a organizar a grade de programação de cada emissora.

34. Os horários de maior e menor audiência serão divididos entre todos os partidos, de maneira que se evitem privilégios e/ou prejuízos.

35. Nada impede que reunião semelhante envolva os partidos/coligações e os representantes das emissoras de rádio, apesar de a lei silenciar sobre tal hipótese.

36. É proibido qualquer tipo de censura prévia, ou de corte instantâneo nos programas eleitorais gratuitos. O que pode ocorrer são atitudes repressivas, uma vez desrespeitadas as regras da propaganda eleitoral. São elas: perda da propaganda do dia seguinte, proibição da reapresentação da propaganda ofensiva, eventual responsabilização criminal, direito de resposta à vítima da propaganda ilegal.

37. Não configura censura prévia a suspensão, pela Justiça Eleitoral, de parte de programa de partido a ser divulgado em horário eleitoral gratuito, quando se trata de nova apresentação de matéria já anteriormente considerada irregular pela mesma Justiça Eleitoral.

38. No primeiro turno da eleição, podem participar dos programas de propaganda eleitoral de determinado partido quaisquer pessoas não filiadas a qualquer partido político e ainda aquelas filiadas ao próprio partido responsável pela propaganda.

39. No segundo turno da eleição, podem participar dos programas de propaganda eleitoral de determinado partido quaisquer pessoas não filiadas a qualquer partido político e ainda aquelas filiadas a partidos que não tenham formalizado apoio ao partido/coligação adversária.

40. Em qualquer caso veda-se a participação de pessoa mediante remuneração.

41. Os candidatos, partidos e coligações estão sujeitos às vedações do art. 45, I e II, da Lei 9.504/1997. A não observância dessas vedações sujeita-os à perda do dobro do tempo utilizado na prática do ilícito, sanção que se dobra a cada reincidência.

42. Durante a suspensão do programa deverá ser exibida a informação de que tal se dá em virtude de infração da lei eleitoral.

43. A emissora de rádio ou de televisão que descumprir as disposições legais referentes à propaganda eleitoral gratuita estará sujeita à suspensão de sua programação normal pelo prazo de 24 horas, pena esta sujeita a duplicação por reincidência.

44. Durante a suspensão a emissora divulgará, a cada 15 minutos, que está fora do ar por descumprir a lei eleitoral.

6
FORMAS DE PROPAGANDA ELEITORAL PERMITIDAS E PROIBIDAS. PROPAGANDA INSTITUCIONAL – VEDAÇÃO NOS TRÊS MESES ANTERIORES AO PLEITO

Arthur Luis Mendonça Rollo

SUMÁRIO: 6.1 Propaganda eleitoral em bens públicos – 6.2 Bens públicos cujo uso foi concedido – 6.3 Posturas municipais – 6.4 Casuística – 6.5 Prévio conhecimento – 6.6 Nas dependências do Legislativo fica a critério da mesa – 6.7 Sanções decorrentes da infração ao art. 37 da Lei 9.504/1997 – 6.8 Em bens particulares é permitida a veiculação de propaganda eleitoral, independendo de autorização de quem quer que seja – 6.9 Bens tombados – 6.10 Propaganda eleitoral em imóvel contíguo a local de votação – 6.11 Permite-se a distribuição de volantes, folhetos e impressos, desde que sob a responsabilidade do partido, coligação ou candidato – 6.12 Comícios – 6.13 "Jornais" de campanha – 6.14 São proibidas as propagandas institucionais federais, estaduais e municipais a partir de 1.º de julho, ressalvadas aquelas destinadas a divulgar ações sociais reconhecidamente necessárias pela Justiça Eleitoral – 6.15 Propaganda institucional gratuita – 6.16 Distinção entre propaganda eleitoral e propaganda institucional – 6.17 Sanções decorrentes da infração ao art. 73 da Lei 9.504/1997 – 6.18

A manifestação individual de vontade é permitida inclusive na hora de votar – 6.19 É permitido o uso de *outdoor* somente após realizado o sorteio – 6.20 Casuística – 6.21 Sanções decorrentes da infração ao art. 42 da Lei 9.504/1997 – 6.22 É permitida a propaganda eleitoral paga pela imprensa escrita, até o dia da eleição, desde que observados os limites máximos, por edição, de 1/8 de página para jornal padrão e de 1/4 para revista ou tablóide – 6.23 Jornal padrão ou tablóide? – 6.24 Casuística – 6.25 Sanções decorrentes da infração ao art. 43, *caput,* da Lei 9.504/1997 – 6.26 Propaganda eleitoral na internet – 6.27 Casuística.

6.1 Propaganda eleitoral em bens públicos

Consoante o disposto no art. 37, *caput,* da Lei 9.504/1997, é vedada a propaganda eleitoral nos bens públicos, assim como naqueles que dependam de cessão ou permissão do Poder Público. O mesmo dispositivo legal ressalta expressamente a proibição de propaganda eleitoral nos bens de uso comum, espécie de bens públicos. O TSE, no entanto, conferiu interpretação mais ampla aos bens de uso comum, definindo-os na Res. 21.610, relator o Ministro FERNANDO NEVES, como "aqueles a que a população em geral tem acesso, tais como cinemas, clubes, lojas, centros comerciais, igrejas, ginásios, estádios, ainda que de propriedade privada".

Como se percebe, o TSE considera como bens de uso comum também os estabelecimentos ou locais privados que franqueiam acesso irrestrito ao público em geral, como, por exemplo: bares, escolas, faculdades, restaurantes, hospitais, casas de *shows*, danceterias, festas diversas que não sejam de campanha (do peão, juninas, italianas), parques de diversão, dentre outros.

O que se pretende evitar é que o eleitor seja surpreendido pela propaganda eleitoral em local em que não está disposto a recebê-la: quando está estudando, se divertindo, buscando atendimento médico etc.

Mas, ao mesmo tempo que a lei proíbe a propaganda eleitoral nos bens públicos e nos bens privados considerados de uso comum, permite a fixação de placas, estandartes, faixas e assemelhados nos postes de iluminação pública, viadutos, passarelas e pontes, desde que não lhes cause dano, dificulte ou impeça o seu uso e o bom andamento do tráfego.

Com relação aos postes de iluminação pública, cumpre notar que a afixação de propaganda eleitoral só poderá ocorrer quando neles não houver nenhum tipo de sinalização de trânsito, como placas e semáforos. Nos postes que se prestarem, simultaneamente, à iluminação pública e à sinalização de trânsito, a propaganda eleitoral é vedada. Nesse sentido é a redação do § 1.º do art. 14 da Res. TSE 21.610, relator o Ministro FERNANDO NEVES, assim como o entendimento manifestado por essa mesma Corte Eleitoral em diversos acórdãos, dentre os quais o de n. 21.262, de 07.08.2003, relator o Ministro FERNANDO NEVES, publicado no *DJ* de 05.09.2003, p. 96.

O conceito de bem público sob o aspecto eleitoral é um pouco mais elástico do que aquele passado pelos administrativistas. Isso porque para estes últimos bens públicos são todos aqueles pertencentes às pessoas públicas. De outro lado, o que a lei eleitoral visa coibir é que alguém se utilize do erário público, em detrimento dos demais, com ofensa à *pars conditio*. Se assim é, devem ser abarcados pelo conceito de bens públicos também aqueles particulares que estejam à disposição do poder público por alguma razão, tais como imóveis alugados por força de convênios e em processo de desapropriação, quando já verificada a imissão de posse, por exemplo.

Muito embora a lei eleitoral mencione expressamente apenas os bens públicos cujo uso ou exploração dependa de cessão ou permissão como proibidos para a realização de propaganda eleitoral, entendemos que a vedação abarca também os bens particulares objeto de concessão de serviço público.

Isso porque a propaganda eleitoral em táxis e ônibus, por exemplo, configuraria doação estimável em dinheiro, segundo o art. 26, II, da Lei 9.504/1997. Ora, se assim é, estaria o candidato recebendo doação de concessionário de serviço público, o que é vedado pelo art. 24, III, da Lei 9.504/1997.

Analisada a lei no seu conjunto, percebe-se que também está vedada a veiculação de propaganda eleitoral em bens particulares objeto de concessão de serviço público. Nesse sentido é o entendimento manifestado pelo C. TSE no Acórdão 2.890, de 28.06.2001, relator o Ministro FERNANDO NEVES, publicado no *DJ* de 31.08.2001, p. 158, que considerou irregular a propaganda eleitoral veiculada em táxis.

A conclusão, portanto, é que a propaganda eleitoral realizada em qualquer bem público, independentemente da sua classificação, que não seja poste de iluminação pública, viaduto, passarela ou ponte, é ilegal, e sujeita à imposição de multa.

Naqueles bens públicos em que a propaganda eleitoral é permitida, deve ser ela de fácil remoção (faixas, placas, estandartes, *banners* e assemelhados), sendo terminantemente proibida a colagem de cartazes, bem como a inscrição a tinta.

Além disso, não pode a propaganda eleitoral de fácil remoção prejudicar o andamento do tráfego, colocar em risco a integridade física das pessoas ou mesmo dificultar ou impedir o uso desses bens em que sua veiculação é permitida.

6.2 Bens públicos cujo uso foi concedido

Algumas concessionárias de serviço público ainda teimam em obstar a realização de propaganda eleitoral lícita.

As empresas responsáveis pelos serviços de energia elétrica afirmam que possuem caráter privado, não se sujeitando assim à permissão legal relativa à propaganda eleitoral em postes de iluminação pública – art. 37, *caput,* da Lei 9.504/1997.

Manifestando-se sobre o tema, entendeu o E. TRE-SP: "Entrementes, tendo personalidade jurídica de direito privado, os serviços que presta são concedidos pelo Estado, sendo, portanto, uma concessionária de serviços públicos, estando sim sujeita aos mandamentos do artigo em questão" (Ac. 131.464 – rel. Des. VISEU JÚNIOR – j. 22.09.1998 –v.u.).

Esse entendimento, de que as concessionárias de serviço público se sujeitam ao disposto no art. 37, *caput,* da Lei 9.504/1997, foi mantido por maioria de votos, o que se constata no Ac. TRE/SP 136.768, de 31.08.2001, rel. Des. VITO GUGLIELMI.

Tal julgado, a nosso ver, também se aplica às concessionárias de serviço público encarregadas da exploração de rodovias, quanto à permissão de propaganda eleitoral em pontes, viadutos e passarelas.

Outro argumento que vem sendo lançado pelas empresas responsáveis pelos serviços de energia elétrica apela para a segurança dos cabos eleitorais, comprometida, segundo aquelas, pela afixação de propaganda eleitoral na proximidade de transformadores e fios de alta tensão. Nesse sentido, já decidiu o TSE que é permitida a afixação de propaganda eleitoral nos postes que sustentam transformadores de energia, conforme Acórdão 21.262, de 07.08.2003, relator o Ministro FERNANDO NEVES, publicado no *DJ* de 05.09.2003, p. 96.

Muito embora o § 2.º do art. 14 da Res. TSE 21.610, de 05.02.2004, afirme a possibilidade de realização de propaganda eleitoral em "postes públicos", na prática, é impossível distinguir quais postes de iluminação pública pertencem ao poder público e quais pertencem às concessionárias. Ademais disso, não pode a resolução contrariar a lei, restringindo a realização de propaganda eleitoral lícita.

Mantemos, por isso, nosso entendimento no sentido de que é lícita a propaganda eleitoral realizada em postes de iluminação pública, ainda que pertençam eles às concessionárias de serviço público.

É importante que se tenha em conta que a propaganda eleitoral deverá ser bem afixada, para que não caia no leito da rodovia, causando acidentes, e em altura que não dificulte a manutenção dos postes de energia elétrica, para que não impeça o uso dos equipamentos e para que não prejudique o tráfego.

A remoção da propaganda eleitoral lícita, que não foi adequadamente afixada, por parte das concessionárias de serviço público deve ser precedida de autorização da Justiça Eleitoral, para que não esteja configurado o crime capitulado no art. 331 do CE.

6.3 Posturas municipais

Como é notório, existem normas administrativas municipais regulamentando a pintura de muros, bem como a afixação de faixas e cartazes, em bens públicos e privados. Tais regras, conhecidas como legislação de posturas, cominam pena de multa quando da sua inobservância.

Com base em tais normas, não raro agentes municipais apreendem ou inutilizam o material de propaganda eleitoral.

A apreensão que se dá até o dia 5 de julho do ano da eleição está correta, porque se a propaganda eleitoral não é permitida pela lei eleitoral persiste a vedação da legislação de posturas.

A partir do dia 6 de julho do ano da eleição, entretanto, sobrepõe-se à legislação de posturas a lei eleitoral, o que significa que aqueles responsáveis pela apreensão estão cometendo, em tese, o crime capitulado no art. 331 do CE: "Inutilizar, alterar ou perturbar meio de propaganda devidamente empregado".

6.4 Casuística

A) A propaganda eleitoral afixada em árvores e jardins públicos, ainda que não lhes cause dano, é considerada irregular: "Nas árvores e jardins localizados em áreas públicas, não é permitida a colocação de propaganda eleitoral, mesmo que não lhes cause dano" (Ac. 15.808, de 1999) – § 3.º do art. 14 da Res. TSE 21.610, relator o Ministro FERNANDO NEVES. Nesse sentido também: Ac. TSE 4.241 – rel. Min. FERNANDO NEVES – j. 12.08.2003 – *DJ* 17.10.2003, p. 130; e Ac. TSE 19.675 – rel. Min. MADEIRA – j. 04.06.2002 – *DJ* 16.08.2002, p. 136.

B) Também é considerada irregular a propaganda eleitoral afixada em semáforos e postes que contenham sinalização de trânsito, ainda que não impeça o bom andamento do tráfego (Ac. TSE 19.340 – rel. Min. FERNANDO NEVES – j. 23.08.2001 – *DJ* 19.10.2001, p. 139).

C) É vedada a veiculação de propaganda eleitoral em telefones públicos e cabines telefônicas. Como já decidiu o TSE: "Embora os serviços de telefonia estejam sendo explorados por empresas privadas, eles dependem de concessão do Poder Público, não podendo nas cabines dos chamados telefones públicos e nos populares 'orelhões' ser veiculada propaganda eleitoral, mesmo que não lhes cause nenhum dano" (Ac. TSE 2.201 – rel. Min. FERNANDO NEVES – j. 03.08.2000 – *DJ* 25.08.2000, p. 131).

D) É vedada a propaganda eleitoral em táxis, considerados bem de uso comum do povo, para fins de incidência do art. 37 da Lei 9.504/1997 (Ac. TSE 2.890 – rel. Min. FERNANDO NEVES – *DJ* 31.08.2001, p. 158).

E) "É permitida a colocação de bonecos e de cartazes não fixos ao longo das vias públicas, desde que não dificulte o bom andamento do trânsito" – § 4.º do art. 14 da Res. TSE 21.610, de 05.02.2004.

F) Alguns juízes entenderam que as placas comemorativas da inauguração de escolas públicas, fixadas no interior destas, assim como ocorre nos fóruns quando da sua inauguração bem como da inauguração de varas, configuravam propaganda eleitoral. Diante desse raciocínio, determinaram, no dia da eleição, a sua cobertura naquelas escolas que seriam utilizadas como locais de votação. A nosso ver incorreto tal raciocínio, uma vez que se trata de mero registro de fato histórico, destituído dos elementos identificadores da propaganda eleitoral.

G) É comum, principalmente nas grandes avenidas de São Paulo, a sobreposição de propagandas eleitorais. Tal conduta está incorreta e configura, em tese, o tipo penal capitulado pelo art. 331 do CE.

H) Uma multa para cada responsável: a jurisprudência do TSE estabelece: "A pena de multa, pela propaganda em bem público, deve ser aplicada a cada um dos responsáveis" (Ac. 19.697 – rel. Min. VELLOSO – j. 07.08.2003 – *DJ* 17.10.2003). Não se trata de responsabilidade solidária, portanto.

I) Imóvel público cedido a particular – como já decidiu o TRE-PR: "A cessão não descaracteriza a natureza pública do

bem" (rel. Des. SULAMITA TEREZINHA SANTOS CABRAL
– j. 12.09.2001 – *DJ* 09.10.2001, p. 84). Nesse caso, portanto,
não terá o condão de afastar a imposição de multa a autorização
concedida pelo ente particular, possuidor do imóvel.

6.5 Prévio conhecimento

Consoante vasta jurisprudência do TSE, não pode ser presumida a responsabilidade do candidato beneficiado pela propaganda eleitoral violadora do art. 37, *caput,* da Lei 9.504/1997. Nem poderia ser diferente, ante a disposição específica do § 1.º do referido dispositivo, que aponta para a punição do "responsável" e não do beneficiário.

Se fosse diferente haveria um incentivo para que os adversários de um determinado candidato fizessem inúmeras propagandas irregulares em seu proveito. Foi isso, aliás, o que consignou o Procurador Regional da República ANTÔNIO CARNEIRO SOBRINHO, em seu parecer exarado nos autos do REsp 19.386, pugnando pela não aplicação da presunção: "(...) por importar num contra-senso que favorece e incentiva adversários políticos passarem a promover este tipo de veiculação de propaganda eleitoral em lugares vedados a fim de prejudicar os demais concorrentes".

Da mansa e pacífica jurisprudência consolidada pelo TSE serve de exemplo o acórdão assim ementado: "Recurso especial – Propaganda em bem público – Art. 37 da Lei 9.504/1997 – Necessidade da comprovação do prévio conhecimento do beneficiário – Precedentes do TSE – Recurso conhecido e provido" (Ac. 15.770 – rel. Min. EDUARDO ALCKMIN – j. 23.03.1999 – *DJ* 09.04.1999, p. 106).

Inúmeros outros acórdãos nesse sentido motivaram a edição da Súmula 17, publicada no *DJ* de 21, 22 e 23.08.2000, com o seguinte teor: "Não é admissível a presunção de que o candidato, por ser beneficiário de propaganda eleitoral irregular, tenha prévio conhecimento de sua veiculação (arts. 36 e 37 da Lei 9.504, de 30.09.1997)".

Não basta, portanto, a existência de propaganda irregular para que o candidato beneficiário seja punido. Deve ser comprovado o seu prévio conhecimento, bem como a sua omissão diante deste.

A Súmula 17, no entanto, foi revogada, a fim de que o prévio conhecimento passe a ser verificado em cada caso, permitindo a punição daquele candidato cujo conhecimento possa ser inferido das circunstâncias concretas. Como da jurisprudência do TSE: "A revogação da Súmula 17 deu-se a fim de que, em face das circunstâncias do caso específico, no qual haja indícios tais que seja impossível que o beneficiário não tivesse conhecimento da propaganda, seja admitido à Justiça Eleitoral impor a respectiva sanção" (Ac. 3.649 – rel. Min. FERNANDO NEVES – j. 17.10.2002 – *DJ* 07.02.2003, p. 141).

Nos termos da atual interpretação, três são as possibilidades. Na primeira, o representante traz aos autos a prova da responsabilidade ou do prévio conhecimento do candidato beneficiário. Se tal prova ocorrer, a retirada da propaganda não afastará a aplicação da multa, como já decidido pelo TSE, Ac. 21.262, de 07.08.2003, rel. Min. FERNANDO NEVES, *DJ* 05.09.2003.

Na segunda, o prévio conhecimento do candidato beneficiário pode ser inferido das circunstâncias do caso concreto, por exemplo, da localização, do demasiado destaque, da quantidade ou da notoriedade das propagandas eleitorais irregulares. Já decidiu o TSE, por exemplo, que a realização de propaganda ostensiva, por meio de placas com porte e quantidade consideráveis, de confeccção requintada, é circunstância que permite afirmar o prévio conhecimento (Ac. 19.600 – rel. Min. MADEIRA – j. 16.04.2002 – *DJ* 17.05.2002, p. 147).

Na terceira, o candidato beneficiário é notificado para desfazer a propaganda eleitoral irregular, sob pena de imposição de multa. Nessa hipótese, o não desfazimento da propaganda implicará no prévio conhecimento e na imposição da multa. Como já decidido pelo TSE: "Após a notificação do candidato para retirada de propaganda eleitoral, não pode esse alegar falta de conhecimento sobre a existência da referida propaganda. A inércia do beneficiário possibilita que a ele se aplique a sanção correspondente. Não incidência, neste caso, do entendimento consolidado na Súmula TSE 17" (Ac. 19.340 – rel. Min. FERNANDO NEVES – j. 23.08.2001 – *DJ* 19.10.2001, p. 139).

6.6 Nas dependências do Legislativo fica a critério da mesa

O § 3.° do art. 37 da Lei 9.504/1997 estabelece a possibilidade de realização de propaganda eleitoral nas dependências do Poder Legislativo, desde que esteja ela devidamente autorizada pela Mesa Diretora, e se enquadre nas condições que forem estabelecidas.

Usualmente as Mesas Diretoras autorizam a afixação de propaganda eleitoral de fácil remoção no interior dos respectivos gabinetes. Nas áreas comuns a propaganda eleitoral costuma ser vedada.

Outra prática habitual é a veiculação de boletins informativos, confeccionados pelas Casas Legislativas com o erário público. Esses boletins costumam ser veiculados com maior freqüência nas proximidades e durante o período eleitoral.

No nosso entender, uma vez presentes os requisitos da propaganda eleitoral[1] no bojo do boletim informativo, poderá estar configurada a propaganda eleitoral antecipada ou veiculada no período não permitido, mediante o abuso do poder político.

Em ambos os casos, se constatado o abuso do poder político, poderá ser cassado o registro, sendo que poderá ainda incidir a multa, se a propaganda eleitoral for antecipada.

6.7 Sanções decorrentes da infração ao art. 37 da Lei 9.504/1997

O § 1.º do art. 37 da Lei 9.504/1997 comina *aos responsáveis*[2] pela veiculação de propaganda em desacordo com o disposto por aquele artigo as penas de restauração do bem e de multa no valor de 5.000 (cinco mil) a 15.000 (quinze mil) UFIR. Regulamentando este dispositivo legal, o § 7.º da Res. TSE 21.610, de 05.02.2004, estabelece que a multa a ser aplicada varia de R$ 5.320,50 a R$ 15.961,50.

A locução aditiva "e" não deixa dúvida acerca da imposição legal de aplicação concomitante de ambas as penas.

A primeira pena tem caráter reparatório e decorre do exercício do poder de polícia, conferido aos juízes eleitorais durante o período eleitoral. Expedida a ordem, a conduta de descumpri-la configura, em tese, crime de desobediência, capitulado no art. 347, *caput,* do CE.

Reiterado o descumprimento, deverá o órgão lesado se valer das vias próprias para a reparação da lesão, ante a incompetência absoluta da Justiça Eleitoral.

---

[1] Méritos e qualidades do postulante, cargo almejado e ação política a ser desenvolvida.

[2] Vide item 6.5, cujas lições também aqui comportam aplicação.

A segunda pena tem caráter inibitório e punitivo, variando, conforme a discricionariedade judicial, de 5 a 15 mil UFIR, segundo a Lei 9.504/1997, e de R$ 5.320,50 a R$ 15.961,50, segundo a resolução.

Discricionariedade não é arbitrariedade. Por isso não está o juiz dispensado de justificar os motivos que o levaram a deixar de aplicar a multa no seu menor grau, sob pena de nulidade da decisão por ofensa ao art. 93, IX, da CF.

Curiosamente, as penas costumam ser fixadas em 5, 10 ou 15 mil UFIR. A lei, contudo, não deixa margem a dúvida quanto à possibilidade de aplicação de multas em qualquer montante entre os limites que fixa.

Constituem motivos de elevação da pena, segundo a jurisprudência, o dolo, a reiteração da conduta ilegal, a amplitude e o meio da divulgação, dentre outros.

6.8 Em bens particulares é permitida a veiculação de propaganda eleitoral, independendo de autorização de quem quer que seja

Em bens particulares, a realização de propaganda eleitoral independe da obtenção de licença municipal e de autorização da Justiça Eleitoral, sendo permitida a sua veiculação por meio de faixas, placas, cartazes, pinturas ou inscrições.

A Lei 9.100/1995 consignava que a autorização deveria ser dada pelo "detentor da posse", expressão que foi suprimida pela Lei 9.504/1997. A nosso ver, tal inovação, da mesma forma que evita discussões relativas ao direito civil, acirra os conflitos entre possuidores e proprietários.

Sob o prisma do direito eleitoral, é recomendável que o candidato obtenha autorização por escrito do possuidor do imóvel.

Eventual discussão relativa ao direito civil, se vier a ocorrer, será travada entre o proprietário e o possuidor do imóvel na Justiça comum, sem qualquer relação com o candidato.

Há casos em que, por exemplo, o proprietário/locador simpatiza com um candidato e o locatário com outro. Em tais situações, a autorização deverá ser concedida sempre pelo locatário, sendo certo que a autorização porventura concedida pelo locador não terá eficácia, por não estar ele na posse direta do imóvel.

Podem os partidos, coligações e candidatos fazer inscrever propaganda eleitoral nas fachadas de seus comitês de campanha, conforme art. 13, I, da Res. TSE 21.610, de 05.02.2004.

Também é permitida a instalação de alto-falantes em imóveis particulares, desde que eles não se situem a menos de 200 metros das sedes dos Poderes Executivo e Legislativo da União, dos Estados, do Distrito Federal e dos Municípios, das sedes do Judiciário, dos estabelecimentos militares em geral, dos hospitais e casas de saúde. Quanto às escolas, bibliotecas públicas, igrejas e teatros, existe restrição ao uso de alto-falantes quando estiverem eles em funcionamento.

O funcionamento dos alto-falantes é permitido das 8 às 22 horas, a partir do dia 6 de julho até a véspera da eleição, conforme art. 13, II, da Res. TSE 21.610, de 05.02.2004.

Essas mesmas restrições de distância e horário aplicam-se aos denominados "carros de som".

Quando da realização em recinto particular de reuniões com grande número de pessoas, é recomendável comunicar à autoridade policial, nos termos do art. 39, § 1.º, da Lei 9.504/1997, a fim de que esta garanta a realização do ato, bem como o funcionamento do tráfego. Essas reuniões, equiparadas a comícios, podem ser realizadas das 8 às 24 horas.

6.9 Bens tombados

Segundo OLIVAR CONEGLIAN, não é permitida a realização de propaganda eleitoral em bens tombados. Discordamos em parte de tal raciocínio, *data venia*.

De fato, a vedação relativa à propaganda eleitoral em bens tombados só se justifica quanto à colagem de cartazes, pintura e inscrição a tinta, que são hábeis a alterar as características arquitetônicas do imóvel. Isso não ocorre, todavia, quanto à afixação de faixas e placas, modalidades de propaganda de fácil remoção.

A questão estética, no nosso entender, fica atenuada no período eleitoral. Caso contrário, não poderia ser afixada nenhuma propaganda eleitoral em bens públicos, porque causaria poluição visual.

Como já dissemos, as restrições decorrentes da legislação de posturas ficam atenuadas no período eleitoral, em decorrência da permissão legal de que o candidato se torne conhecido, o que, na sociedade globalizada de hoje, exige o emprego de meios de comunicação de massa, assim entendidos os *banners*, faixas e assemelhados, afixados em locais com grande fluxo de pessoas.

A poluição visual, no período da propaganda eleitoral, é uma exigência do regime democrático, também tido por essencial à sadia qualidade de vida das pessoas e, assim sendo, como bem ambiental.

6.10 Propaganda eleitoral em imóvel particular contíguo a local de votação

Ouviram-se relatos de casos, nas últimas eleições, em que juízes eleitorais determinaram aos possuidores de imóveis contíguos a locais de votação que apagassem as inscrições de propaganda eleitoral antes do pleito.

Onde a lei não restringiu não cabe ao intérprete restringir, por força do princípio constitucional da legalidade, segundo o qual ninguém é obrigado a fazer ou deixar de fazer alguma coisa senão em virtude de lei.

Se a lei eleitoral permitiu a propaganda eleitoral em bens particulares indistintamente, tal permissão aproveita a todo e qualquer imóvel particular, inclusive àqueles contíguos a locais de votação.

Sendo assim, determinações que tais são passíveis de mandado de segurança, posto que ofendem direito líquido e certo dos candidatos de realizar propaganda eleitoral.

6.11 Permite-se a distribuição de volantes, folhetos e impressos, desde que sob a responsabilidade do partido, coligação ou candidato

Também na propaganda eleitoral é vedado o anonimato quando do exercício da liberdade de expressão. Nem podia ser diferente ante previsão constitucional expressa nesse sentido (art. 5.º, IV, da CF).

Os volantes, folhetos e impressos de propaganda eleitoral devem ser editados sob a responsabilidade dos partidos, coligações ou candidatos. Se não houver no material de propaganda eleitoral a identificação do responsável será esta considerada ilícita.

Geralmente, a omissão do responsável vem acompanhada da veiculação de calúnias, injúrias e difamações contra candidatos, o que também é vedado na propaganda eleitoral pelo art. 243, IX, do CE,[3] além de configurar crime.

---

[3] Ver também o art. 9.º da Res. TSE 21.610, de 05.02.2004.

Tanto o material anônimo quanto o ofensivo devem ser apreendidos de ofício, quer pela autoridade policial, quer pelos juízes eleitorais, em decorrência do exercício do poder de polícia.

A propaganda eleitoral só poderá ser feita em língua nacional, não podendo empregar meios publicitários que criem na opinião pública *"estados mentais, emocionais ou passionais"*, conforme disposto no art. 242, *caput,* do CE.

Essa restrição contida no art. 242, *caput,* do CE, a nosso ver, aproxima-se daquela estabelecida pelo Código de Defesa do Consumidor com relação à publicidade abusiva. O objetivo parece ser o mesmo, qual seja não chocar e afrontar os valores dos seus destinatários.

Criam na opinião pública estados mentais, emocionais ou passionais, no nosso entender, as propagandas eleitorais que incitam à violência, que exploram o medo e a superstição, que se aproveitam da deficiência de julgamento das pessoas inexperientes ou rudes, que violam valores morais, que têm conteúdo discriminatório, dentre outras.

Seria exemplo de propaganda eleitoral vedada nesse sentido aquela que estampa a foto de pessoa atropelada para criticar a ineficiência das medidas tomadas com relação ao trânsito, assim como aquela que estampa a foto de pessoa agonizando no leito de hospital para apontar a ineficiência desse serviço público.

São ainda vedadas as propagandas eleitorais que incitam à guerra e ao atentado contra pessoas ou bens, que incentivam a desobediência coletiva ao cumprimento da lei de ordem pública, que implicam no oferecimento de promessa ou solicitação de dinheiro, dádiva, rifa, sorteio ou vantagem de qualquer natureza, nos termos do art. 243 do CE.

Por derradeiro, deve a propaganda eleitoral consignar sempre a legenda partidária. Em caso de coligação, a propaganda eleitoral na eleição majoritária deverá consignar a denominação daquela sob a legenda de todos os partidos, enquanto a propaganda eleitoral na eleição proporcional deverá consignar a legenda do partido do candidato, sob a denominação da coligação.

Na propaganda do candidato a prefeito deverá constar, também, o nome do candidato a vice-prefeito, de forma clara e ostensiva, conforme disposto no § 2.º do art. 6.º da Res. TSE 21.610, de 05.02.2004.

As legendas partidárias e os nomes das coligações devem ser legíveis e perfeitamente identificáveis pelos eleitores. Se tal não ocorrer, a propaganda eleitoral será irregular. Muito embora não haja previsão de multa, qualquer propaganda eleitoral irregular está desprotegida e, portanto, sujeita a apreensão e/ou remoção.

O candidato cujo registro estiver *sub judice* poderá realizar normalmente a sua propaganda eleitoral, em todas as suas modalidades, sem qualquer óbice, até que sobrevenha o trânsito em julgado da decisão de indeferimento do registro, conforme estabelece o art. 17 da Res. TSE 21.610, de 05.02.2004.

6.12 Comícios

Cada prefeitura costuma definir, no período que antecede as eleições, quais locais públicos detêm infra-estrutura para a realização de comícios, levando em conta a segurança das pessoas, a fluência do trânsito etc.

Ainda que esses locais não sejam estabelecidos, pode o candidato comunicar à autoridade policial, com no mínimo vinte e quatro horas de antecedência da realização do evento, seu desejo de realizar comício no local, data e hora que bem entender.

Muito embora a Lei 9.504/1997 estabeleça, no § 1.º do art. 39, que o candidato deverá apenas "comunicar" a autoridade policial, na prática tal comunicação está sujeita ao indeferimento, quando razões de interesse público estiverem a determinar a não realização do evento nas condições pretendidas.

Não pode, por exemplo, o candidato pretender realizar comício para vinte mil pessoas em local que não comporta sequer cinco mil, assim como não pode pretender parar a cidade em razão da sua candidatura, como realizar comício na Avenida Paulista, às 17 horas de um dia da semana.

Se as aspirações do candidato estiverem em termos, observada a prioridade de requerimento, a autoridade policial tomará as providências necessárias à garantia da realização do ato.

Com relação à prioridade de requerimento, candidatos costumam formular comunicações de realização de comício, em todos os locais possíveis, mais de um ano antes da realização do pleito.

Em situações como essa, costumam os juízes eleitorais realizar o sorteio dos locais eqüitativamente entre os diversos candidatos e as diversas facções partidárias. Esse nos parece ser o critério mais justo.

6.13 "Jornais" de campanha

Existem impressos de propaganda eleitoral que imitam os padrões gráficos de jornal. São os denominados *jornais de campanha*, que não podem ser entendidos como imprensa escrita porque não obedecem às exigências da Lei de Imprensa e porque só circulam no período eleitoral.

Quanto a eles, portanto, não se aplicam os limites impostos à imprensa escrita. Nesse sentido Ac. TRE-SP 137.039, de 11.09.2001, rel. Juiz OTÁVIO HENRIQUE, do qual foi extraído o seguinte trecho: "Efetivamente, com uma leitura atenta da publicação a fls. 07, constata-se que a mesma não indica o seu responsável, preço, tiragem, etc. (...), indicando, somente, que se trata do número 01, do ano 01, com circulação entre os dias 8 e 15 de julho em curso. Na realidade, trata-se de mera propaganda política em formato de folheto e nada mais, sem qualquer possibilidade de ser confundida com a edição, mesmo que irregular, de um tablóide. Neste caso, impossível a aplicação da multa do art. 43 da Lei Eleitoral no caso em pauta, pois refere-se ela, tão-somente, a jornal, revista ou tablóide, sem mencionar o folheto".

Não se deve confundir, porém, jornal de campanha com jornal clandestino. No período eleitoral costumam surgir jornais com nome, com menção à sede da redação, ao diretor responsável, dentre outras características que, contudo, não possuem o registro exigido pela Lei de Imprensa. A própria Lei de Imprensa, no seu art. 11, aponta para a clandestinidade de tais jornais: "Considera-se clandestino o jornal ou outra publicação periódica não registrado nos termos do art. 9.º, ou de cujo registro não constem o nome e qualificação do diretor ou redator e do proprietário".

O jornal de campanha, feito sob a responsabilidade do candidato, partido ou coligação, é permitido a partir de 6 de julho do ano da eleição, sendo que o jornal clandestino é proibido pela Lei de Imprensa, que comina aos responsáveis pela irregularidade pena de multa.

6.14 São proibidas as propagandas institucionais federais, estaduais e municipais a partir de 1.º de julho, ressalvadas aquelas destinadas a divulgar ações sociais reconhecidamente necessárias pela Justiça Eleitoral

O conceito de propaganda institucional é dado pela Lei 9.504/1997, que, no art. 73, VI, *b*, menciona ser aquela relativa aos "atos, programas, obras, serviços e campanhas" dos órgãos públicos "federais, estaduais ou municipais ou das respectivas entidades da administração indireta".

Em se tratando de propaganda de órgão público, aplica-se o disposto no art. 37, *caput,* da CF, ou seja, devem ser observados os princípios da legalidade, impessoalidade, moralidade, publicidade e eficiência.

Dentre esses assume importância ímpar o princípio da impessoalidade, que, segundo JOSÉ AFONSO DA SILVA,[4] "significa que os atos e provimentos administrativos são imputáveis não ao funcionário que os pratica mas ao órgão ou entidade administrativa em nome do qual age o funcionário". Melhor dizendo, nenhuma divulgação dos atos, programas, obras, serviços e campanhas dos órgãos públicos da administração direta e indireta deve conter o nome do administrador ou de pessoas que integram os quadros da Administração, a qualquer título.

Se toda propaganda institucional deve ser impessoal, em qualquer época, tal mandamento assume ainda maior relevo no período eleitoral, eis que, não raro, resolvem os agentes políticos detentores de mandato eletivo enfatizar a divulgação de sua atuação administrativa justamente nesse período.

Como a vedação de autorização de propaganda institucional é voltada ao agente público, faz-se necessário delimitar quem são os seus reais destinatários.

O *caput* do art. 73 da Lei 9.504/1997 faz menção a vedações a agentes públicos, "servidores ou não". Vem do direito administrativo a delimitação da expressão agente público, que, como se depreende da obra de CELSO ANTÔNIO BANDEIRA DE

---

[4] *Curso de direito constitucional*, p. 645.

MELLO,[5] configura gênero que abarca as espécies agentes políticos, servidores públicos e particulares em atuação colaboradora com o Poder Público.

Sem maiores inserções no direito administrativo, é bom que se tenha em mente que tal conceito é o mais amplo possível, abarcando, inclusive, aqueles sujeitos alheios à intimidade do aparelho estatal, particulares que exercem função pública, ainda que às vezes apenas em caráter episódico, por exemplo: os contratados por locação civil de serviços, os concessionários e os permissionários de serviços públicos, os gestores de negócios públicos etc.

A definição legal de agente público é dada pelo § 1.º do art. 73 da Lei 9.504/1997, nos seguintes termos: "Reputa-se agente público, para os efeitos deste artigo, quem exerce, ainda que transitoriamente ou sem remuneração, por eleição, nomeação, designação, contratação ou qualquer forma de investidura ou vínculo, mandato, cargo, emprego ou função nos órgãos ou entidades da Administração Pública direta, indireta ou fundacional". Percebe-se, pois, que o objetivo do legislador foi abarcar o maior número possível de pessoas, a fim de rechaçar qualquer tentativa de abuso do poder político.

No entanto, no que concerne especificamente à vedação de propaganda institucional, está ela voltada aos agentes públicos que têm o poder de autorizar e/ou veicular a propaganda institucional. Isso porque, ainda que não expressamente declinada, a veiculação de propaganda institucional é mais grave do que a autorização punível, porque aquele que realiza a propaganda institucional também a está autorizando.

Sendo assim, são puníveis tanto os atos administrativos dos agentes públicos de autorizar a realização de propaganda insti-

---

[5] *Curso de direito administrativo*, p. 151.

tucional, quanto as suas condutas de, *sponte propria*, conceder entrevistas a meios de comunicação de massa dando conta das atuações da sua pasta.

Do contrário, seria ineficaz a proibição legal de propaganda institucional nos três meses que antecedem ao pleito, uma vez que os agentes públicos se utilizariam da burla consistente em procurar sub-repticiamente os meios de comunicação para fazer suas divulgações através de entrevistas ou matérias jornalísticas.

Ainda que o meio de comunicação não possa ser punido, como já consagrado pela jurisprudência do TSE,[6] no nosso entender cabível a punição ao agente público, uma vez comprovada a sua autorização ou o seu prévio conhecimento.

Isso porque é certo que a propaganda institucional, quando veiculada em data próxima ao pleito, ofende a *pars conditio,* privilegiando os candidatos à reeleição, em detrimento de todos os demais. Nesse sentido, o Ac. TRE-SP 138.516, publicado no *DOE* de 30.11.2000, rel. VITO GUGLIELMI, do qual foi extraído o seguinte trecho: "Ao dar publicidade a serviços e obras realizadas pela Prefeitura, certamente está o representado sugerindo a continuidade, especialmente às vésperas do período eleitoral".

Justamente por isso a Lei 9.504/1997 vedou, no seu art. 73, VI, *b*, a propaganda institucional, nos três meses que antecedem

---

[6] "Matéria publicada em jornal – Notícia acerca de atos de governo – Atividade inerente à imprensa – Não caracterização de propaganda eleitoral irregular – Recurso conhecido e provido. 1. A publicação, em jornais, de matéria ou artigo noticiando atos de prefeito não constitui, por si só, propaganda eleitoral ilícita. 2. Os abusos e excessos são passíveis de apuração e punição na forma do art. 22 da Lei Complementar 64, de 1990. Recurso conhecido e provido" (TSE – Ac. 19.281 – j. 19.04.2001 – *DJ* 25.05.2001).

ao pleito. Ressalvou, contudo, a propaganda de produtos e serviços que tenham concorrência no mercado, bem como as hipóteses de grave e urgente necessidade pública.

Mesmo a propaganda de produtos e serviços que tenham concorrência no mercado será objeto de punição quando se desviar da sua finalidade, para responder críticas de candidato, como já decidiu o TSE: "Conduta vedada (Lei 9.504/1997, art. 73, V, *b*) – Caracterização. Publicidade institucional da Petrobras, sociedade de economia mista, sem autorização do presidente do TSE, que, nos três meses antecedentes do pleito, dirige-se a responder críticas de candidato a presidente da República a ato de sua administração; ainda quando não caracterizado o propósito de beneficiar outro concorrente ao pleito. Suspensão imediata de sua divulgação pela mídia e condenação à multa de 50.000 UFIR" (Ac. 484 – rel. Min. HUMBERTO GOMES DE BARROS – j. 25.09.2002 – publicado em sessão).

Quanto à excepcional possibilidade de realização da publicidade institucional nos três meses que antecedem ao pleito, exige-se o reconhecimento da grave e urgente necessidade pública pela Justiça Eleitoral. Segundo a jurisprudência dominante, esse reconhecimento deve ser prévio, incorrendo em ilícito eleitoral aquele que primeiro divulga a propaganda para depois pedir o reconhecimento das circunstâncias que a motivaram.

Trata-se de grave e urgente necessidade pública, a justificar a divulgação da propaganda institucional dentro dos três meses anteriores ao pleito, por exemplo, a realização de campanhas de vacinação, em casos de surtos epidêmicos, como a febre amarela e a dengue, a realização de campanhas visando orientar a população durante o racionamento de água ou energia ou, ainda, a divulgação de informes visando alertar a população para não beber água de determinado açude porque está contaminada.

Importante notar que a restrição legal à propaganda institucional abrange apenas as esferas administrativas cujos cargos estejam em disputa, conforme disposto no § 3.º do art. 73 da Lei 9.504/1997. Ou seja: se a eleição é municipal, fica vedada apenas a propaganda institucional das prefeituras e dos vereadores.

Se levada em consideração a letra fria da lei, portanto, o deputado federal candidato a prefeito poderá continuar fazendo a propaganda institucional de seu mandato, valendo-se de recursos da Câmara Federal, nos três meses que antecedem ao pleito. Se, entretanto, a propaganda institucional desviar-se para propaganda eleitoral, restará configurado o abuso do poder político.

Como já afirmou o TSE: "A divulgação da atividade parlamentar que caracterize propaganda eleitoral não pode ser paga pelo Poder Público" (Res. 20.974, de 02.02.2002, *DJ* 19.04.2002, p. 377).

No entanto, existem entendimentos mais liberais no sentido de que é permitida a permanência das propagandas institucionais nos três meses que antecedem ao pleito, realizadas em obras públicas, desde que delas não constem expressões ou símbolos que possam identificar aqueles dirigentes que estejam em campanha eleitoral: "Publicidade institucional – Autorização – Realização – Placa de obra pública. 1. Salvo quando autorizada pela Justiça Eleitoral ou relativa a produtos ou serviços que tenham concorrência no mercado, é vedada a realização de publicidade institucional nos três meses que antecedem às eleições, mesmo quando autorizada antes desse período (art. 73, V, *b*, da Lei 9.504/1997). 2. Admite-se a permanência de placas relativas a obras públicas em construção no período em que é vedada a publicidade institucional, desde que delas não constem expressões que possam identificar autoridades, servidores ou administrações cujos dirigentes estejam em campanha eleitoral" (TSE – Ac. 57

– rel. Min. FERNANDO NEVES – j. 13.08.1998 – publicado em sessão). Também nesse sentido: TRE-SP – Ac. 36.653 – rel. Des. JOSÉ CARDINALE – j. 29.08.2000.

6.15 Propaganda institucional gratuita

Aqui também se aplica a comezinha regra de hermenêutica jurídica, segundo a qual onde a lei não distingue não cabe ao intérprete distinguir. Importante essa ressalva porque alguns intérpretes da lei eleitoral entenderam impossível a propaganda institucional gratuita. Segundo eles, a gratuidade descaracterizava a propaganda institucional.

Com isso, abriu-se grande brecha na lei, que quase tornou ineficaz o disposto no art. 73, VI, *b*, da Lei 9.504/1997. Isso porque muitos particulares, surpreendentemente,[7] passaram a estar interessados em realizar propaganda institucional dos órgãos públicos de forma gratuita.

De fato, nas últimas eleições, muitas foram as empreiteiras e empresas, contratadas por órgãos de governo, interessadas em divulgar gratuitamente as obras em construção, através de placas, algumas delas maiores do que *outdoors* e iluminadas, o que evidenciava seu custo expressivo.

O caráter gratuito de tais propagandas, quando muito, afastava a configuração da improbidade administrativa, ante a inexistência de prejuízo ao erário público.

Todavia, quando veiculada nos três meses que antecedem ao pleito, a propaganda institucional é ilícita, sob o ponto de vis-

---

[7] Causa surpresa porque no regime capitalista, no qual se visa o lucro, nenhum particular exerce sua atividade de forma graciosa.

ta eleitoral, ainda que gratuita, porque a lei não fez qualquer distinção.

E é bom que se diga que a contratada, como agente público que é,[8] também está sujeita a punição.

6.16 Distinção entre a propaganda eleitoral e a propaganda institucional

Não se confundem a propaganda eleitoral feita com recursos públicos e a propaganda institucional realizada em período vedado. Essa diferença já foi apontada pelo TSE em diversos julgamentos, valendo a pena mencionar, exemplificativamente, o Ac. TSE 19.287, Classe 2.ª, rel. Min. WALDEMAR ZVEITER, publicado no *DJ* 27.04.2001, do qual foi extraído o seguinte trecho: "Não se confundem propaganda institucional e propaganda eleitoral, porquanto diversos seus objetivos, regendo-se por distintas normas". No mesmo sentido o Ac. TSE 15.495, rel. Min. EDUARDO RIBEIRO, publicado no *DJ* 29.02.2000.

Tal distinção foi necessária porque alguns tribunais estavam afastando a punição cominada à intempestiva realização de propaganda institucional nos três meses antecedentes ao pleito, porque ausentes os elementos identificadores da propaganda eleitoral. É o que se verifica no Ac. TRE-SP 139.472, por exemplo, em que se afastou a configuração da propaganda eleitoral por não existirem nas manifestações "enaltecimentos pessoais, nem a mais remota alusão ao processo eleitoral em curso", e, ainda, por pos-

---

[8] Como já mencionamos, quando discorremos sobre o conceito de agente público, aqueles contratados pelo poder público se enquadram na categoria de particulares em colaboração com a administração.

suírem as divulgações "cunho eminentemente informativo, sem nenhum caráter de publicidade institucional ou vinculativo à administração".

Como já tivemos oportunidade de mencionar antes, a propaganda institucional é impessoal e se destina à divulgação dos *"atos, programas, obras, serviços e campanhas"* das pessoas jurídicas de direito público. Nessas condições, a propaganda institucional é vedada nos três meses que antecedem ao pleito.

De outra banda, a propaganda eleitoral (que menciona os méritos e qualidades do postulante, a ação política a ser desenvolvida e o cargo almejado) realizada com recursos públicos *é sempre vedada*, configurando, além de ilícito administrativo eleitoral, ilícito civil e ilícito penal.

Se, contudo, a propaganda institucional é veiculada no período permitido com ofensa ao princípio da impessoalidade, com menção ao nome do candidato, por exemplo, a questão é estranha à competência da Justiça Eleitoral. Nesse sentido existem iterativos julgados, dentre os quais podem ser mencionados:

"A quebra do princípio da impessoalidade deve ser apurada nos moldes do previsto na Lei 8.429/1992" (TSE – RO 358 – rel. Min. EDUARDO ALCKMIN – *DJ* 30.06.2000).

"Não compete à Justiça Eleitoral decidir pela improbidade do administrador que ainda não é candidato" (TSE – RO 71 – rel. Min. COSTA PORTO – *DJ* 01.07.1998, p. 74).

Se houver infração à lei eleitoral será sua punição perquirida junto à Justiça Eleitoral. Se existir inobservância de qualquer outro preceito legal em sentido amplo, ainda que com objetivo mediatamente eleitoral, será incompetente para a sua apreciação a Justiça Eleitoral.

6.17 Sanções decorrentes da infração ao art. 73 da Lei 9.504/1997

O § 4.º do art. 73 da Lei 9.504/1997 comina aos responsáveis pela violação de quaisquer das prescrições daquele dispositivo as penas de suspensão imediata da conduta vedada e de multa, a ser fixada pelo juiz entre 5 e 100 mil UFIR. Regulamentando este dispositivo legal, o § 7.º do art. 43 da Res. TSE 21.610, de 05.02.2004, estabeleceu que a pena de multa deverá variar entre R$ 5.320,50 e R$ 106.410,00.

A expressão "responsáveis" confere ao autor da representação o poder de requerer ao juiz a punição de todos os responsáveis pela conduta, quantos sejam, ainda que não possam eles ser enquadrados no conceito de agente público.

E não existe no caso relação de solidariedade, devendo o juiz cominar a cada um dos responsáveis, individualmente, a pena de multa.

Sem prejuízo das sanções eleitorais, estabelece o § 7.º do art. 73 que as condutas enumeradas no *caput* caracterizam ato de improbidade administrativa, a ser perseguido na sede própria, como já mencionado.

Para demonstrar a gravidade do desvio de finalidade da propaganda institucional, quando desnaturada para a propaganda eleitoral, o art. 74 da Lei 9.504/1997 define essa conduta como ato de abuso de autoridade,[9] cominando ao candidato infrator, cumulativamente, a pena de cancelamento do registro da candidatura.

---

[9] Parece que o legislador pretendeu definir a conduta como ato de abuso do poder político e não como ato de abuso de autoridade, figura jurídica absolutamente distinta.

6.18 A manifestação individual de vontade é permitida inclusive na hora de votar

A manifestação individual de vontade, traduzida no uso de peças de vestuário, bonés e *bottons* contendo propaganda eleitoral, é permitida inclusive no ato da votação. É o que dispõe a Res. 14.771 de 02.10.1994, que repete a redação da Res. 14.708-DF, de 22.09.1994.

A mesma resolução autoriza, ainda, portar bandeiras de propaganda eleitoral e tremulá-las no dia da eleição.

Tais permissões constam também expressamente no art. 74, *caput*, da Res. TSE 21.610, de 05.02.2004, assim redigido: "Não caracteriza o tipo previsto no art. 39, § 5.º, II, da Lei 9.504/1997 a manifestação, no dia da eleição, individual e silenciosa, da preferência do cidadão por partido político, coligação ou candidato, incluída a que figure no próprio vestuário ou no porte de bandeira ou de flâmula ou pela utilização de adesivos em veículos ou objets de que tenha posse (Res. TSE 14.708, de 22.09.1994)", o que demonstra que estão mantidas.

Essas manifestações individuais de vontade, como se depreende do dispositivo da resolução acima transcrito, não configuram o tipo penal previsto no art. 39, § 5.º, II, da Lei 9.504/1997, assim redigido:

"§ 5.º Constituem crimes, no dia da eleição, puníveis com detenção, de seis meses a um ano, com a alternativa de prestação de serviços à comunidade pelo mesmo período, e multa no valor de cinco a quinze mil UFIR:

(...)

II – a distribuição de material de propaganda política, inclusive volantes e outros impressos, ou a prática de aliciamento, coação ou manifestação tendentes a influir na vontade do eleitor."

Não se enquadra como manifestação individual de vontade a conduta de quem entra no local de votação para votar com camiseta e boné contendo propaganda eleitoral e lá permanece, enquanto aguarda sua vez, com o intuito de influir na vontade dos demais eleitores.

Da mesma forma não é permitida a aglomeração de pessoas portando bandeiras de propaganda eleitoral no dia da eleição.

Para quem trabalha no recinto das seções eleitorais, na condição de servidor da Justiça Eleitoral, mesário, escrutinador ou fiscal partidário, não é permitido o uso de vestuário ou objeto que contenha propaganda de partido político, coligação ou candidato. Com relação aos fiscais partidários, permite-se, tão-somente, o uso de vestes ou crachás contendo o nome e a sigla do partido ou coligação a que sirvam.

6.19 É permitido o uso de *outdoor* somente após realizado o sorteio

O conceito de *outdoor* vem dado pelo § 1.º do art. 18 da Res. 21.610, de 05.02.2004: "Consideram-se *outdoor*, para efeitos desta Instrução, os engenhos publicitários explorados comercialmente".

Também são consideradas *outdoors*, segundo a legislação eleitoral, as denominadas mídias eletrônicas.

Após as empresas de publicidade informarem aos Tribunais Eleitorais a relação dos locais disponíveis para a veiculação de propaganda eleitoral, o que deverá ocorrer até o dia 25 de junho de cada ano de eleição, serão os *outdoors* divididos em grupos, segundo o maior ou menor impacto visual, em número igual ao de partidos políticos ou coligações concorrentes (que requereram o registro de seus candidatos, cuja relação deverá ter sido encaminhada para publicação até o dia 8 de julho). Para efeito desse cálculo a coligação será considerada como um só partido.

Consoante o disposto no § 2.º do art. 42 da Lei 9.504/1997, os locais destinados à propaganda eleitoral deverão ser assim distribuídos:

• trinta por cento entre os partidos e coligações que tenham candidato a presidente da República;

• trinta por cento entre os partidos e coligações que tenham candidato a governador e a senador;

• quarenta por cento entre os partidos e coligações que tenham candidatos a deputado federal, estadual ou distrital.

Se a eleição for municipal, a divisão será feita metade entre os partidos e coligações que tenham candidato a prefeito e metade entre os que tenham candidato a vereador.

Até o dia 10 de julho do ano da eleição será realizado o sorteio dos *outdoors*, na forma mencionada. Os candidatos não participam do sorteio, devendo manifestar junto aos partidos e coligações o seu interesse na veiculação de propaganda eleitoral através de *outdoor*, o que será decidido *interna corporis*, sem interferência, em princípio, da Justiça Eleitoral.

Havendo segundo turno, não haverá novo sorteio, devendo ser utilizados aqueles espaços já atribuídos no primeiro turno, conforme dispõe a Res. TSE 21.610, de 05.02.2004, relator Min. FERNANDO NEVES.

Os candidatos às eleições majoritárias e proporcionais poderão utilizar o mesmo *outdoor* para a veiculação conjunta de propaganda eleitoral, como autorizado pelo § 12 do art. 18 da Res. TSE 21.610, de 05.02.2004. Para que a propaganda eleitoral nessa forma seja considerada lícita, devem concorrer duas condições:

– o candidato, a quem foi destinado o *outdoor*, deve consentir por escrito;

– o candidato "convidado" não pode ocupar espaço maior do que um terço do *outdoor*.

Resumindo, para que esta modalidade de propaganda eleitoral seja considerada lícita, deverão o candidato, partido ou coligação fazer uso de um *outdoor* devidamente sorteado.

6.20 Casuística

A) É permitida a promoção pessoal através de *outdoor*:

"A veiculação de propaganda por meio de *outdoor* contendo nome de candidato, sem mencionar circunstâncias eleitorais, não é considerada propaganda eleitoral, mas ato de mera promoção pessoal" (TSE – Ac. 2.848 – rel. Min. SEPÚLVEDA PERTENCE – j. 11.10.2001 – *DJ* 01.02.2002, p. 247). A eventual veiculação de propaganda eleitoral, antes do dia 6 de julho do ano da eleição, mediante *outdoors*, não ensejará a aplicação do art. 42 da Lei 9.504/1997, mas sim do art. 36 da citada lei. A mera promoção pessoal não será punida como propaganda eleitoral antecipada, mas o seu excesso poderá configurar abuso dos meios de comunicação social.

B) É permitida a afixação de placas, com dimensões iguais ou superiores a 27 m² (dimensão de *outdoor* padrão), em terrenos particulares:

"É lícita a afixação de várias placas de propaganda eleitoral na fachada de um mesmo imóvel particular, sem prejuízo, contudo, de eventual caracterização de abuso do poder econômico, nos termos do parágrafo único do art. 13 da Res. TSE 20.988" (TSE – Ac. 21.148 – rel. Min. SEPÚLVEDA PERTENCE – j. 01.07.2002 – *DJ* 13.08.2002, p. 159).

"Fixação de placas com dimensão igual ou superior a 27 m² em propriedade particular – Possibilidade – Abuso sujeito a punição – Res. TSE 20.988/2002" (Res. TSE 21.141, de 27.06.2002, rel. Min. SÁLVIO DE FIGUEIREDO TEIXEIRA – *DJ* 09.08.2002, p. 202).

Se o engenho publicitário é explorado comercialmente, só poderá ser utilizado pelo candidato, partido ou coligação se passar pelo sorteio da Justiça Eleitoral. Nada impede, entretanto, que o candidato afixe placas, semelhantes a *outdoors*, em terrenos particulares próprios, de amigos e de simpatizantes. Eventual excesso será punido na forma de abuso de poder econômico.

C) É proibida a veiculação, no *outdoor*, de pedido de voto para candidatos de outros partidos ou coligações:

"Os partidos e seus candidatos não podem pedir votos para candidatos de outros partidos ou coligações em seus programas de rádio e televisão, nem nos espaços que lhes são reservados para a propaganda por meio de *outdoors* ou em material impresso às suas custas" (TSE – Ac. 21.110 – rel. Min. FERNANDO NEVES – j. 04.06.2002 – *DJ* 26.06.2002, p. 119).

O candidato à eleição proporcional de uma coligação não pode apoiar o candidato à eleição majoritária de outra, em seu *outdoor*, e vice-versa. Além da punição por propaganda eleitoral irregular, estará o infrator sujeito à disciplina partidária.

D) Propaganda eleitoral irregular, através de placas, e o seu prévio conhecimento:

"Pleito municipal. Sendo a propaganda ostensiva, por meio de placas com porte e quantidade consideráveis, de confecção requintada, de evidente elaboração gráfica industrial, configura-se indício de notoriedade. Inaplicabilidade do Enunciado 17 da Súmula do TSE" (Ac. 9.600 – rel. Min. MADEIRA – j. 16.04.2002 – *DJ* 17.05.2002, p. 147).

6.21 Sanções decorrentes da infração ao art. 42 da Lei 9.504/1997

O § 11 do art. 42 da Lei 9.504/1997 comina à empresa responsável, aos partidos, coligações ou candidatos a pena de imediata retirada da propaganda irregular, bem como a pena de multa, variável entre cinco mil e quinze mil UFIR. Regulamentando esse dispositivo legal, o TSE estabeleceu que a multa variará de R$ 5.320,50 a R$ 15.961,50, conforme disposto no § 14 do art. 18 da Res. TSE 21.610, de 05.02.2004.

As penas são cumulativas, ou seja, a retirada da propaganda irregular não exime do pagamento da multa.

A relação entre a empresa responsável e os partidos, coligações e candidatos é de solidariedade, devendo ser a todos cominada uma única pena.

6.22 É permitida a propaganda eleitoral paga pela imprensa escrita, até o dia da eleição, desde que observados os limites máximos, por edição, de 1/8 de página para jornal padrão e de 1/4 para revista ou tablóide

O art. 43 da Lei 9.504/1997 trata da propaganda eleitoral na imprensa escrita, que abrange os meios de comunicação social designados genericamente periódicos. São abrangidos pelo conceito de imprensa escrita os jornais, as revistas, os folhetins, as gazetas, que circulam regularmente, de tempos e tempos.

Diferentemente do que ocorre com a imprensa falada e televisionada, a lei eleitoral permite a divulgação paga de propaganda eleitoral na imprensa escrita desde que respeitado o espaço máximo, por edição, de um oitavo de página de jornal padrão e um quarto de página de revista ou tablóide, para cada candidato, partido ou coligação.

Outra característica interessante desse tipo de propaganda é que a lei eleitoral permite a sua realização "até o dia das eleições".

A divulgação que ultrapassar os limites referidos sujeitará os responsáveis pelos veículos de divulgação e os partidos, coligações ou candidatos beneficiados a multa no valor de mil a dez mil UFIR ou equivalente ao da divulgação da propaganda paga, se este for maior. Regulamentando este dispositivo legal, o TSE estabeleceu que a multa deverá ser fixada entre R$ 1.064,10 e R$ 10.641,00, quando o custo da divulgação for inferior ao limite máximo estabelecido.

Pode ocorrer a propaganda eleitoral, feita sob a responsabilidade da coligação, ocupando a página inteira, desde que sejam observados os limites legais para cada candidato e para a chapa da eleição majoritária.

Não há candidatura isolada do vice, de modo que a propaganda eleitoral é feita pela chapa da eleição majoritária, posto que esta é indivisível. Nesse sentido: "Não procede, em absoluto, *data maxima venia*, o entendimento segundo o qual prefeito e vice teriam direito, individualmente, ao espaço. Não há candidatura autônoma de um e de outro, mas sim da chapa que, até por comando legal (Lei 9.504/1997, art. 3.º, § 1.º), constitui uma unidade" (trecho extraído do Ac. TRE-SP 137.847, publicado na sessão do dia 03.10.2000).

6.23 Jornal padrão ou tablóide?

É comum, principalmente no interior, a veiculação de semanários ou periódicos com tamanho inferior ao de jornal padrão. Surge então a dúvida acerca do seu enquadramento como jornal padrão ou tablóide.

A fim de resolver o problema, a Res. TSE 21.610, de 05.02.2004, estabeleceu que, em caso de dúvida, o enquadramento se dará por aproximação.

Traduzindo, para fins de aplicação da regra do *caput* do art. 43 da Lei 9.504/1997, ter-se-á de considerar se as dimensões do veículo de divulgação se aproximam mais daquelas de um jornal padrão ou de um tablóide.

E quais são essas dimensões?

Isso nem a lei nem as resoluções dizem. Entretanto, as medidas são aquelas já convencionadas pelos padrões gráficos da imprensa, quais sejam:

• jornal padrão possui 29,5 cm de largura e 54,0 cm de altura;

• jornal tablóide possui 28,7 cm de largura e 31,7 cm de altura.

6.24 Casuística

A) Meras notícias não configuram propaganda eleitoral:

"Matéria publicada em jornal – Notícias acerca de atos de governo – Atividade inerente à imprensa – Não caracterização de propaganda eleitoral irregular – Recurso conhecido e provido. 1. A publicação, em jornais, de matéria ou artigo noticiando atos de prefeito não constitui, por si só, propaganda eleitoral ilícita" (REsp 19.128, 19.281 e 19.361 – rel. Min. FERNANDO NEVES; e 19.092 – rel. Min. SEPÚLVEDA PERTENCE).

"Segundo a apreciação das matérias jornalísticas encartadas nos autos, constata-se que as mesmas não detêm cunho de propaganda eleitoral, representando a linha editorial do jornal, com informações dadas ao seu público. No mesmo sentido, não há nos autos qualquer prova de que tais matérias foram pagas, situação que, em tese, poderia evidenciar a violação ora pretendida" (TRE-SP – Ac. 137.859 – j. 03.10.2000).

Também nesse sentido é a decisão assim ementada:

"Propaganda irregular anterior ao termo inicial estabelecido em lei – Divulgação em jornal de reunião entre membros de partidos – Multa – Art. 36, *caput*, da Lei 9.504/1997. Alegação de violação ao art. 220 da Constituição Federal e Súmula 17 do TSE. Matéria de cunho informativo, inerente à atividade jornalística (Precedentes do TSE). Possíveis abusos e excessos, acaso existentes, devem ser submetidos à apuração na forma do art. 22 da Lei Complementar 64, de 1990. Recurso conhecido e provido" (TSE – Ac. 2.602 – rel. Min. FERNANDO NEVES – j. 01.03.2001 – *DJ* 05.06.2001).

Como se depreende do primeiro julgado acima reproduzido, mesmo no período em que é vedada a propaganda institucional, pode o jornal noticiar as realizações administrativas, sem que tal configure propaganda institucional vedada ou propaganda irregular em espaço superior ao permitido.

Notícias em geral sempre são permitidas, sejam veiculadas no período eleitoral ou não.

B) Felicitações dirigidas aos munícipes por ocasião do aniversário do município não configuram propaganda eleitoral:

"Mensagem de possível candidato, publicada em jornal, parabenizando município pelo aniversário de sua fundação. Não caracterização" (REsp 15.732/MA – rel. Min. EDUARDO ALCKMIN).

C) Pode o candidato continuar a assinar coluna em jornal no período eleitoral:

"Cidadão – Coluna – Jornal – Imprensa escrita – Continuidade – Período eleitoral – Possibilidade – Vedação – Legislação eleitoral – Inexistência. 1. Cidadão, mesmo detentor de cargo eletivo, que assine coluna em jornal pode mantê-la no período eleitoral, ainda que seja candidato, uma vez que, diferentemente do tratamento dado às emissoras de rádio e TV, cujo funcionamento depende de concessão, permissão ou autorização do poder público, admite-se que os jornais e demais veículos da imprensa escrita possam assumir determinada posição em relação aos pleitos eleitorais. 2. O eventual desvirtuamento dessa conduta poderá caracterizar abuso do poder econômico ou uso indevido dos meios de comunicação social, apurados na forma do art. 22 da Lei Complementar 64/1990, ou mesmo propaganda eleitoral antecipada, em benefício de terceiro, passível da multa prevista no art. 36, § 3.º, da Lei 9.504/1997" (TSE – Ac. 21.763 – rel. Min. FERNANDO NEVES – j. 18.05.2004 – *DJ* 21.06.2004, p. 90-91).

D) Ressalvas:

Qualquer mensagem, inclusive aquela de caráter episódico e transitório, pode configurar propaganda eleitoral se dela constarem os três elementos consagrados pela jurisprudência do TSE como identificadores da propaganda eleitoral.

A mensagem *O Deputado Estadual Fulano de Tal felicita todas as mães pelo seu dia* não configura propaganda eleitoral, uma vez que ausente a menção aos méritos e qualidades do postulante, bem como à ação política a ser desenvolvida.

Já a mensagem *O Deputado Estadual Fulano de Tal, que sempre defendeu e continuará defendendo os direitos das mulheres, felicita todas as mães pelo seu dia*, não obstante o seu caráter episódico, configura propaganda eleitoral.

De fato, foi mencionado o cargo almejado de deputado estadual. Foram, ainda, mencionados os méritos do postulante: defensor dos direitos das mulheres. Por derradeiro, houve menção à ação política a ser desenvolvida: continuar defendendo os direitos das mulheres.

Qualquer mensagem que contenha os três elementos identificadores da propaganda eleitoral, qualquer que seja o meio de difusão, assim será considerada.

6.25 Sanções decorrentes da infração ao art. 43, *caput,* da Lei 9.504/1997

O parágrafo único do art. 43 da Lei 9.504/1997 comina aos responsáveis pelos veículos de divulgação e aos partidos, coligações ou candidatos beneficiados multa que pode variar entre mil e dez mil UFIR, podendo ser esta ainda superior ao limite máximo se o custo da propaganda paga também o for. Regulamentando este dispositivo legal, o TSE estabeleceu que a multa deverá ser fixada entre R$ 1.064,10 e R$ 10.641,00, quando o custo da divulgação for inferior ao limite máximo estabelecido.

A nosso ver não paira dúvida sobre a possibilidade de punição dos beneficiários não consentidos da propaganda irregular. De fato, quando a lei exige o prévio conhecimento do beneficiário, ela faz uso da expressão *"sujeitará os responsáveis"*.[10] No caso, a lei prevê a possibilidade de punição dos partidos, coligações ou candidatos *"beneficiados"*, donde decorre a responsabilidade do beneficiário, ainda que não consentido.

Todavia, como se trata de propaganda paga, nos parece fácil identificar o seu responsável, que é aquele que arcou com seu

---

[10] O § 3.º do art. 37 da Lei 9.504/1997, por exemplo, sobre o qual já tivemos oportunidade de discorrer, sujeita *"o responsável"* à restauração do bem e ao pagamento de multa.

custo, o que impede a condenação por presunção, violadora, no caso, do art. 5.º, XLV, da CF.

Na pior das hipóteses, em não havendo certeza sobre a responsabilidade da propaganda irregular, deve ser reconhecida a solidariedade entre os partidos ou coligações e os candidatos beneficiados,[11] posto que a sua punição individualizada configuraria cristalino *bis in idem*.

Não ocorre o mesmo, no nosso entender, com relação à punição dos responsáveis pelos veículos de divulgação, posto que a nós parece que a lei pretendeu atribuir responsabilidade distinta àquele que não cumpre o seu dever de impedir uma propaganda irregular cuja veiculação lhe é solicitada.

Infelizmente, existem alguns julgados consagrando o *bis in idem*. É exemplo disso o Ac. TRE-SP 137.847, de 03.10.2000, no qual houve a condenação individual dos integrantes da chapa, bem como da coligação e do meio de comunicação, por uma única propaganda irregular.

6.26 Propaganda eleitoral na internet

A Lei 9.504/1997 não previu a internet como modalidade de propaganda eleitoral, uma vez que, na época de sua edição, poucas pessoas tinham acesso a tal veículo de informações. Hoje, entretanto, é imenso o número de pessoas que têm acesso à internet, tendo ela o potencial de influir na vontade do eleitorado e, portanto, de decidir uma eleição.

---

[11] Nesse sentido é a opinião de OLIVAR CONEGLIAN: "Sendo a propaganda de responsabilidade do partido/coligação, a multa é uma só, incidindo sobre o partido/coligação e sobre o candidato, com solidariedade entre eles".

Em virtude da omissão da lei, o trato das questões eleitorais envolvendo a internet ficou a cargo da jurisprudência e das resoluções do TSE.

No que diz respeito à propaganda eleitoral antecipada, a jurisprudência do TSE é extremamente tolerante com a internet, uma vez que o acesso a esta depende de um ato de vontade do eleitor, ou seja, só entra no sítio do candidato o eleitor que quer. Nesse sentido o julgado: "Propaganda eleitoral – *Homepage*. Não caracteriza propaganda eleitoral a manutenção de *homepage* na internet. O acesso à eventual mensagem que nela se contenha não se impõe por si só, mas depende de ato de vontade do internauta" (TSE – Ac. 18.815 – rel. Min. COSTA PORTO – j. 29.05.2001 – *DJ* 17.05.2002, p. 146).

Como se percebe, ainda que o *site* do candidato esteja veiculando propaganda eleitoral irregular, em data anterior a 6 de julho do ano da eleição, vem entendendo o TSE que não deve ser imposta a pena de multa prevista no § 3.º do art. 36 da Lei 9.504/1997.

A partir do dia 6 de julho do ano da eleição, ou seja, após requeridos os registros das candidaturas, os candidatos interessados poderão registrar seus domínios no órgão gestor da internet Brasil, independentemente do pagamento de taxas, observando a especificação <http://www.nomedocandidatonumerodo candidato.com.br>, sendo que tanto o nome quanto o número do candidato deverão ser aqueles que constarão da urna eletrônica.

Caberá aos candidatos arcar apenas com as despesas de criação, hospedagem e manutenção de suas respectivas páginas.

Após o primeiro turno, apenas os domínios daqueles candidatos que concorrerão ao segundo turno subsistirão, cancelando-se todos os demais.

Existe proibição expressa quanto à veiculação de propaganda eleitoral em páginas e provedores de acesso à internet, trazida pelo art. 8.º da Res. TSE 21.610, de 05.02.2004. No entanto, como já se disse, a lei eleitoral não previu ou penalizou tal conduta.

Por isso, no nosso entender, é impossível a aplicação de multa por propaganda eleitoral irregular, diante da inexistência de previsão legal específica. Tal conduta, entretanto, já está definida como abuso na propaganda eleitoral, configurando, no nosso entender, abuso dos meios de comunicação social, e será punida como tal.

6.27 Casuística

A) Presença de candidato em "sala de bate-papo" mantida por provedor de acesso à internet:

"Presença de candidato em 'sala de bate-papo' mantida por provedor de acesso à internet, para responder perguntas de 'internautas'. Hipótese que não caracteriza propaganda eleitoral e, por isso, impede a aplicação da sanção prevista no art. 36, § 3.º, da Lei 9.504, de 1997" (TSE – Ac. 2.715 – rel. Min. SÁLVIO DE FIGUEIREDO TEIXEIRA – j. 26.04.2001 – *DJ* 10.08.2001, p. 69).

B) É impossível a aplicação do art. 45 da Lei 9.504/1997 à propaganda eleitoral irregular veiculada na internet pelo candidato:

"Recurso especial – Propaganda eleitoral Irregular – *Site* da internet – Responsabilidade. Não há previsão legal para a imposição de multa a candidato, com base no art. 45 da Lei 9.504/1997, que é dirigido tão-somente às emissoras de televisão e às empresas de comunicação social, que mantêm sítios na internet. Recurso especial conhecido e provido parcialmente" (TSE – Ac. 16.004 – rel. Min. MAURÍCIO CORRÊA – j. 07.10.1999 – *DJ* 04.02.2000, p. 30).

7
DIREITO DE RESPOSTA

ALBERTO ROLLO
JOÃO FERNANDO LOPES DE CARVALHO

SUMÁRIO: 7.1 Previsão constitucional – 7.2 Aspectos gerais – 7.3 Aspectos comuns aos vários direitos de resposta – 7.4 Legitimidade ativa para o exercício – 7.5 Contraditório no direito de resposta – 7.6 Ofensa veiculada em órgão de imprensa escrita – 7.7 Ofensa veiculada em programação normal de rádio e televisão – 7.8 Ofensas veiculadas no horário eleitoral gratuito – 7.9 Resposta deve ater-se aos fatos – 7.10 Inviabilização da reparação – 7.11 Recurso em direito de resposta – 7.12 Não cumprimento integral da decisão – 7.13 Suspensão da veiculação das mensagens ofensivas – 7.14 Notório candidato: 7.14.1 Editorial de jornal; 7.14.2 Programa de propaganda eleitoral gratuita; 7.14.3 Entrevista veiculada por emissora de rádio; 7.14.4 Informações divulgadas por emissora de televisão; 7.14.5 Vinheta de rádio; 7.14.6 Edição de imagens de debate.

7.1 Previsão constitucional

A garantia da liberdade de manifestação do pensamento está expressa no art. 5.º, IV, da CF, bem como o seu necessário conseqüente, o direito de resposta, que deflui diretamente do inciso seguinte do mesmo artigo constitucional. Se há liberdade de expressão, esta deve ser exercida com responsabilidade imposta a quem dela faz uso, impedindo-se o anonimato (como ressalva o inc. IV) e possibilitando-se o exercício de direito de resposta por todos quantos venham a sofrer prejuízos em decorrência desse exercício de direito, ou de seu abuso.

Também no direito eleitoral, e em especial no campo da propaganda, não poderia ser diferente. Há direito de resposta no direito eleitoral, como há em qualquer ramo do direito. E no que pertine especificamente ao direito de resposta exercitado durante o período de campanha eleitoral, está ele garantido no art. 58 da Lei 9.504/1997. As previsões lançadas neste dispositivo, note-se, alcançam apenas o exercício de direito de resposta durante a fase de propaganda eleitoral dirigida diretamente à captação de votos iniciada após a escolha de candidatos em convenção, conforme da dicção do próprio art. 58. Mas isso não quer significar que só exista a possibilidade de pedido de direito de resposta no direito eleitoral durante a campanha de conquista de votos. A realidade é outra, sempre tomada a partir da Constituição Federal.

Direito de resposta, por força da expressa previsão constitucional, haverá sempre que alguém se vir prejudicado em face da manifestação de pensamento produzida por outrem. Haverá, por exemplo, diante de qualquer manifestação política – mesmo as de propaganda institucional de partidos políticos previstas na Lei 9.096/1995.[1] Quando, porém, disserem respeito a manifes-

---

(1) Exemplos de direitos de resposta concedidos por conta de ofensas ou inverdades veiculadas durante horário gratuito de propa-

tações políticas externadas a partir da escolha de candidatos em convenção, em ano eleitoral, o exercício de direito de resposta será regulado pelas regras específicas lançadas no art. 58 da Lei 9.504/1997.

7.2 Aspectos gerais

O legislador, no que tange ao direito de resposta, houve por bem sistematizar o procedimento. Há aspectos que são comuns ao direito de resposta exercitável contra ofensas irrogadas pela imprensa, rádio e televisão e horário gratuito.

As respostas serão dadas contra afirmações caluniosas, difamatórias, injuriosas ou *sabidamente inverídicas*. Em não havendo demonstração, pelo requerente, de que ofensas dessa natureza foram praticadas, indefere-se o pedido de resposta. Mera crítica administrativa não é suficiente para dar ensejo a resposta.[2]

ganda partidária previsto na Lei 9.096/1995 estão nos Acórdãos 1.133 e 1.176 (AI 1.133 e 1.176 – rel. Min. EDUARDO ALCKMIN – j. 23.05.2000 – v.u.).

[2] Nesse sentido, dentre outros, é o Ac. TRE-SP 137.107 (Proc. 15.939 – Classe 2.ª – rel. Des. JOSÉ CARDINALE – j. 11.09.2000 – v.u.). Em outro acórdão, o de n. 136.778 (Proc. 15.701 – Classe 2.ª – j. 31.08.2000 – rel. Juiz JOSÉ REYNALDO – v.u.), o mesmo TRE afirmou que expressões como "coronel ditador", "velha raposa", "cara de pau" e "vilão" não dão direito a resposta, uma vez que "o homem público não se encontra no mesmo patamar do homem comum" em relação a ofensas pessoais, pois "está naturalmente exposto à crítica acerba ou ainda à agressividade que é inerente ao debate político". E no Ac. do TRE-SP 136.739 (Proc. 15.679 – Classe 2.ª – j. 29.08.2000 – v.u. – rel. Juiz EDUARDO BOTALLO) assenta-se que a afirmação de que alguém "roubou uma idéia", ou um projeto, não enseja resposta.

A inclusão da expressão "*sabidamente inverídicas*" na lei que vigeu para 1996 se deu em função do fato de que a concessão de direito de resposta pela Justiça Eleitoral configurava quase que um pré-julgamento sobre o cometimento de crime contra a honra pelo ofensor que gerara esse direito. Assim, outra hipótese de direito de resposta foi aberta, sem que se configure, no estrito juízo de exame de sua concessão, cometimento de crime.

O legislador houve por bem incluir essa nova previsão, que ajudou a solucionar vários problemas ocorridos em 1996, com a concessão de direito de resposta sem a repercussão penal imediata. É sabidamente inverídica, por exemplo, a informação incompleta veiculada para denegrir a imagem de alguém.[3]

O termo inicial para a concessão de direito de resposta é a escolha do candidato em convenção. O tempo para resposta em rádio ou televisão, inclusive no horário gratuito eleitoral, será sempre igual ao da ofensa, não podendo ser superior. Mas será, no mínimo de um minuto.

Sobre esses aspectos gerais de propaganda vale destacar a Res. 14.487, de 26.07.1994, sendo relator o Min. MARCO AURÉLIO, assim ementada, e que vale para fatos jurídicos com origem em dispositivos legais idênticos ao da Lei 8.713/1993, como é o caso do art. 58 da Lei 9.504/1997:

"1. Direito de resposta – Rádio e televisão – Termo inicial – Tempo. A teor do disposto no art. 68 da Lei 8.713/1993, o termo inicial do direito à resposta coincide com a escolha do candidato em convenção. O tempo há de corresponder ao utilizado quando assacada a expressão tida como ofensiva, observado o mínimo de 1 (um) minuto.

---

[3] É o que se lê no Ac. 137.575 do TRE-SP (Proc. 16.378 – Classe 2.ª – j. 25.09.00 – v.u. – rel. Juiz JOSÉ REYNALDO).

"2. Direito de resposta – Entrevista de terceiro – Responsabilidade. A responsabilidade para fins de resposta e, portanto, eleitorais é da emissora que haja colocado no ar a entrevista.

"3. Direito de resposta – Imputação de fato glosado pela lei eleitoral. A imputação a candidato de prática considerada ilegal – percepção de valores junto a entidade de classe (inc. VI do art. 45 da Lei 8.713/1993) – enseja o direito de resposta."

7.3 Aspectos comuns aos vários direitos de resposta

Deverão ser observados prazos decadenciais para o exercício do direito, que serão de:

a) 24 horas, por ofensa praticada no horário eleitoral gratuito;

b) 48 horas, quando se tratar de programação normal de emissoras de rádio e televisão;

c) 72 horas, quando for a ofensa propalada por órgão da imprensa escrita.

A gradação dos prazos justifica-se em função dos diferentes impactos produzidos pelas divulgações veiculadas sob as formas enfocadas na lei. Tem-se que a propaganda gratuita tem uma força de penetração mais rápida e abrangente, no que diz respeito aos efeitos eleitorais, do que a emissão regular dos programas de rádio e televisão; esta, por sua vez, é considerada mais impactante do que a produção da imprensa escrita.

Os prazos estabelecidos na lei são decadenciais, vale dizer, se não for exercitado o direito de resposta – com a propositura do pleito judicial cabível – a tempo, contando-se o prazo em horas a partir da divulgação, perde-se o direito de resposta, por decadência.

7.4 Legitimidade ativa para o exercício

O *caput* do art. 58 da lei em exame estabelece que o exercício do direito de resposta será praticado por partido, coligação ou candidato atingidos. A Lei 8.214/1991, que vigeu para o pleito de 1992, em seu art. 37, permitia o direito de resposta a *qualquer pessoa*, somente em relação às ofensas irrogadas dentro do horário eleitoral gratuito. Para o pleito de 1994, a Lei 8.713/1993, em seu art. 74, mantinha a previsão de exercício de direito de resposta por qualquer pessoa, relativamente ao horário eleitoral gratuito.

Já para o pleito de 1996, a previsão legal, de acordo com o *caput* do art. 66 da Lei 9.100/1995, restringiu o direito de resposta, cujo exercício ficou limitado a partidos, candidatos e coligações e vedado a terceiro qualquer pessoa.

A Lei 9.5041997 também não permite a terceiros o pleito de direito de resposta por ofensas irrogadas através da imprensa ou nos horários de programação normal de rádio e televisão, ainda que praticadas por candidatos. Havendo ofensa, a perseguição de resposta deverá ser feita através da Justiça comum. Entretanto, o mesmo não se pode dizer com relação às ofensas irrogadas durante o horário eleitoral gratuito, já que a alínea *f* do inc. III do § 3.º do art. 58 da referida lei (inc. III que abriga o direito de resposta relativamente ao horário eleitoral gratuito) prevê punição para a falta de exercício do direito de resposta sobre os fatos veiculados na ofensa, considerando que esses *terceiros ficarão sujeitos à suspensão de igual tempo, em eventuais novos pedidos de resposta, e à multa no valor de 2.000 a 5.000 UFIR*, se utilizarem mal o seu direito de resposta.

A simples menção desse dispositivo legal deixa claro que existe o direito de resposta concedido a terceiros, desde que ofendidos exclusivamente durante o horário eleitoral gratuito.[4]

É certo que as ofensas praticadas contra terceiros em outros meios que não os programas gratuitos de propaganda pré-eleitoral também estão sujeitos a direito de resposta, aqui por incidência direta do art. 5.°, V, da CF. Nesse caso, no entanto, observará os procedimentos previstos na Lei de Imprensa (n. 5.250/1967). Vale a pena transcrever os termos da Res. 20.675 do TSE, que assim respondeu à Consulta 651 (rel. Min. COSTA PORTO – rel. designado Min. FERNANDO NEVES – j. 29.06.2000 – m.v.):

"Propaganda eleitoral – Ofensa – Terceiros – Direito de resposta – Prazo – Competência – Lei 9.504/1997 – Lei 5.250/1967.

"1. Compete à Justiça Eleitoral examinar apenas os pedidos de direito de resposta formulados por terceiro em relação ao que veiculado no horário eleitoral gratuito, sendo, nesses casos, observados os prazos do art. 58 da Lei 9.504, de 1997.

"2. Quando o terceiro se considerar atingido por ofensa realizada no curso de programação normal das emissoras de rádio e televisão ou veiculada por órgão da imprensa escrita, deverá observar os procedimentos previstos na Lei 5.250/67."

[4] É farta a jurisprudência do TSE que reconhece o direito de resposta a terceiro, não candidato, atingido em sua honra por declaração veiculada no horário gratuito de propaganda pré-eleitoral, justamente com base na previsão legal do art. 58, § 3.°, III, *f*. Nesse sentido: Res. 20.341 (Repres. 91 – rel. Min. LUIZ CARLOS MADEIRA – j. 01.09.1998 – m.v.), Res. 20.675 (Cons. 651 – rel. Min. COSTA PORTO – rel. designado Min. FERNANDO NEVES – j. 29.06.2000 – m.v.) e acórdãos tirados nos Recursos Especiais Eleitorais 15.521, 15.528, 15.530, 15.535 e 15.583, dentre outros.

Além disso, a ofensa praticada contra o candidato alcança o partido ou a coligação, nos termos do Ac. TSE 12.303, de 27.10.1994, rel. Min. MARCO AURÉLIO:

"Direito de resposta – Legitimidade. A legitimidade é concorrente, a alcançar não só o candidato ofendido, como também o partido ou coligação que o indicou a registro. É que, uma vez assacadas ofensas ao candidato, denegrindo a imagem pessoal e a respectiva dignidade, dá-se a irradiação a ponto de prejudicar o partido ou coligação que respalda a candidatura".

7.5 Contraditório no direito de resposta

O § 2.º do art. 58 estabeleceu condições para que o ofensor tome conhecimento do pedido e se defenda. Assim é que, recebido o pedido, a Justiça Eleitoral comunicará imediatamente o ofensor sobre a sua existência, para que o mesmo exerça o seu direito de defesa, com as alegações pertinentes, em 24 horas. Este dispositivo legal é comum para todos os direitos de resposta.

A decisão sobre o pedido deverá ser proferida em 72 horas *a partir da formulação do pedido*. Dentro dessas 72 horas estão o tempo necessário para a notificação do ofensor e o prazo para a apresentação da defesa deste.

Não haverá produção de outras provas além do exame, pelo órgão julgador, do material continente da ofensa, seja ele impresso, em áudio ou em vídeo. Esta é toda a prova que a Justiça Eleitoral necessita para o exame da espécie, como no Ac. TSE 11.635, de 04.10.1990, rel. Min. AMÉRICO LUZ, onde se lê:

"Propaganda eleitoral – Direito de resposta – Aplicação do contraditório e da ampla defesa – *Descabimento em processo administrativo*".

Há de se compreender o sentido do julgado supratranscrito, não para afirmar inexistência de direito de defesa em sede de pedido de direito de resposta, mas apenas para determinar que esse direito, bem como o contraditório, amoldam-se ao princípio da celeridade vigente na Justiça Eleitoral. No que toca ao exame, pela Justiça Eleitoral, de pedido de direito de resposta fulcrado no art. 58 da Lei 9.504/1997, obedecer-se-á ao rito do próprio art. 58, com os exíguos prazos para defesa ali previstos, e às poucas possibilidades de instrução cabentes na espécie. Há direito de defesa e contraditório, restringidos na hipótese concreta pelas disposições legais do art. 58.

Vejamos, a título de exemplo, a ementa que segue, tirada do Ac. TSE 421 (AgRg em MC 421 – rel. Min. EDUARDO ALCKMIN – j. 16.09.1998 – v.u.):

"Cautelar – Liminar – Pedido de resposta – Ônus da prova – Fita, ofertada pelo requerente, que não comprova a data da veiculação do programa ofendido – Dever do requerido de demonstrar a inveracidade do alegado na inicial, podendo para tanto requerer a requisição do programa original à emissora que o gerou – Incumbência que se coaduna com o rito específico do pedido de resposta".

7.6 Ofensa veiculada em órgão de imprensa escrita

Para esse tipo de direito de resposta, o ofendido deve instruir o pleito com exemplar da publicação continente das ofensas, além do texto da resposta. Aliás, a prévia inclusão do texto da resposta no pedido evita que a mesma venha a conter ofensa contra o próprio agressor, como do Ac. TSE-MS 2.328, de 19.12.1994, rel. Min. MARCO AURÉLIO:

"O exercício de direito de resposta há de ocorrer sem que a publicação implique, por sua vez, ofensa ao próprio agressor ou a terceiros, sob pena de desvirtuamento do seu objetivo, que é, unicamente, a defesa da imagem do respectivo titular".

Com o deferimento do pedido, tem-se que a veiculação da resposta deverá ter as mesmas características gerais da ofensa, com relação a espaço ocupado, localização dentro da publicação e demais aspectos. A veiculação será feita em até 48 horas da *decisão*. Poderá, entretanto, ocorrer em prazo maior, tendo em vista a periodicidade da publicação, ou menor, tendo em vista evitar a inviabilização da reparação do dano. Poderá também ser feita em dia da semana igual àquele da ofensa, se tanto for solicitado pelo ofendido.

Caberá ao ofensor juntar aos autos o exemplar da publicação da resposta, fornecendo igualmente dados relativos à quantidade de exemplares impressos e raio de abrangência da distribuição.

A resposta poderá ser publicada após a data das eleições, como se vê no Ac. 19.208 do TSE (REsp 19.208 – rel. Min. SEPÚLVEDA PERTENCE – j. 21.08.2001 – v.u.), assim ementado:

"Recurso especial – Possibilidade de concessão do direito de resposta por publicação veiculada na imprensa escrita, ainda que em data posterior ao pleito eleitoral (art. 5.°, V e XXXV, da CF, e art. 58 da Lei 9.504/1997) – Recurso não conhecido".

7.7 Ofensa veiculada em programação normal de rádio e televisão

O legislador previu que a Justiça Eleitoral notifique imediatamente o responsável pela emissora, para que:

a) remeta, em 24 horas, à Justiça Eleitoral a cópia da fita da transmissão considerada ofensiva, *pena de crime de desobediência*;

b) ao receber a notificação, preserve a fita original, até final decisão;

c) nas mesmas 24 horas, apresente sua defesa, querendo.

Em sendo concedido o pedido, a resposta será dada em até 48 horas após a decisão, sempre em tempo igual ao da ofensa, porém nunca inferior a um minuto.

Não existindo no art. 58 previsão a respeito da atuação de juízes auxiliares do Tribunal Regional Eleitoral em sede de pedido de direito de resposta, é de se considerar, à vista do disposto no art. 96, *caput*, da Lei 9.504/1997, se aqui essa atuação é ou não possível.

No pleito de 1998, os juízes eleitorais da Corte paulista também examinaram os casos de direito de resposta, que eram objeto de recurso para o plenário do Tribunal Regional.

Na audiência pública realizada pelo TSE para colher sugestões sobre as resoluções que valerão para o pleito de 2002, estava anotado na minuta de uma das resoluções que os juízes auxiliares dos colegiados examinariam as reclamações sobre o descumprimento da Lei 9.504/1997 e, em havendo recurso, esse subiria para o exame do colegiado "a moldes de agravo", como no dizer do Min. COSTA PORTO.

Para esses casos está prevista sustentação oral feita por advogado, e o relator do feito na Corte será o juiz auxiliar que se manifestou sobre o problema jurídico, substituindo um dos membros da Corte.

O julgamento pela Corte deveria ocorrer dentro de 48 horas da conclusão do feito com o recurso interposto, o que nos parece ilegal, face a acórdão já anotado do Min. MAURÍCIO CORRÊA sobre os prazos valerem também para o aparato judiciário. Esse acórdão produziu a melhor interpretação ao dispositivo relativo ao julgamento em 48 horas, que não prevê deva esse prazo correr a partir da conclusão do feito.

Aqui também a resposta poderá ser publicada após a realização das eleições, como do Ac. TSE 18.359 (REsp 18.359 – rel. Min. FERNANDO NEVES – j. 24.04.2001 – m.v.):

"Direito de resposta – Art. 58 da Lei 9.504/1997 – Alegação de inverdades – Entrevista – Emissora de televisão – Programação normal – Término da propaganda eleitoral gratuita – Preliminar de prejudicialidade – Rejeição – Defesa da honra – Interesse de agir – Subsistência – Possibilidade de veiculação após a realização do pleito eletivo – Divulgação da resposta – Custo – Responsabilidade – Autor da afirmação.

"1. Diferentemente do que ocorre quando se trata de programa eleitoral gratuito, na situação em que a acusação, ou a inverdade, foi veiculada pela imprensa escrita ou no curso da programação normal do rádio ou da televisão, quando o custo da veiculação da resposta será suportado pelo responsável da afirmação que gerou a resposta, é possível sua veiculação após as eleições.

"2. Ausência de violação de preceito legal. Entrevista que não contém afirmação caluniosa, difamatória, injuriosa ou inverídica.

"Recurso não conhecido."

7.8 Ofensas veiculadas no horário eleitoral gratuito

Aqui também vale a regra de que o ofendido usará para a resposta tempo igual ao da ofensa, nunca inferior a um minuto. No caso de o tempo do ofensor ser inferior a um minuto, a resposta será levada ao ar tantas vezes quantas necessárias para a complementação desse minuto.

Aqui o legislador estabeleceu regra para a veiculação da resposta, tendo em vista que ela envolverá o ofendido, que deverá produzir o material da resposta, o ofensor, que cederá o espaço no seu horário para a divulgação da resposta, e a emissora, que tomará as providências necessárias para a geração do som e da imagem.

A veiculação da resposta ocorrerá sempre *no início* do programa do ofensor.

O meio magnético com a resposta deverá ser encaminhado para a emissora geradora no prazo de 36 horas após a ciência da decisão, *pena de decadência do direito*, de forma que a veiculação ocorra no programa subseqüente e no mesmo horário em que se praticou a ofensa.

7.9 Resposta deve ater-se aos fatos

Houve tempo em que se permitia a divulgação de matéria, no exercício da resposta, distinta dos fatos da ofensa. Chamou a atenção, no pleito de 1990, a decisão tomada pelo Des. ALVES BRAGA no TRE de São Paulo, dentro do Proc. GC 826/1990, em que S. Exa. anotou: "É direito do ofendido, que tem assegurado seu tempo para resposta, deixar transcorrer aqueles segundos em silêncio".

Esse entendimento não prevalece sobre a lei ora em vigor, que determina expressamente dever a resposta dirigir-se necessariamente aos fatos contidos na ofensa (alínea *b*).

Já na alínea *f*, que examinamos anteriormente por conter previsão sobre direito de resposta a ser concedido a terceiros, qualquer pessoa, ficou estabelecida a punição para quem desrespeitar a obrigação de usar o tempo concedido para responder os fatos veiculados na ofensa.

Há determinação da perda de tempo igual àquele mal empregado e multa, como já vimos, de 2.000 a 5.000 UFIR. Mas não se aplica ao ofendido que utiliza mal o direito de resposta a multa prevista no § 8.º do art. 58, pois esta multa é dirigida contra quem impede o total cumprimento do direito de resposta.[5] Nesse sentido, é esclarecedora a ementa do Ac. 72 do TSE (RRep. 72 – rel. Min. EDUARDO ALCKMIN – j. 23.05.2000 – v.u.):

"Representação – Direito de resposta – Desvirtuamento da resposta pelo candidato – Inaplicável o disposto no § 8.º do art. 58 da Lei 9.504/1997.

"Dispositivo que se refere à emissora que se recusar a veicular a resposta, fazendo-o de forma incompleta, ou em horário ou programa diverso daquele em que transmitida a matéria que se pretende responder.

"Editorial transmitido logo após a exibição da resposta – Configuração de nova opinião emitida pela emissora – Possibilidade de ser objeto de outro pedido de resposta."

Seja como for, não se cumulam as penalidades previstas contra as emissoras na Lei 9.504/1997 em seus arts. 55, parágrafo único, e 58. É o que disse o TSE no Ac. 136 (RRep. 136 – rel. Min. CARLOS MADEIRA – j. 21.09.1998 – v.u.).

7.10 Inviabilização da reparação

Desde 1990 que o TRE-SP vem utilizando sistemática útil e profilática para o exercício do direito de resposta nos últimos dias que antecedem ao pleito. Em 1990, no final do período de exibição do horário gratuito, fixou prazos estreitos para a exibição do

---

[5] É o que está fixado no Ac. 71 do TSE (RRep. 71 – rel. Min. EDUARDO ALCKMIN – j. 16.05.2000 – v.u.).

direito de resposta, chegando a conceder resposta após o término do prazo legal de exibição do horário gratuito em cadeia de rádio e televisão.

O TSE, através da Res. 16.941, de 02.10.1990, chegou a deferir esse direito, em voto do Min. VILAS BOAS. Tal entendimento passou a ser lei, estando normatizada pelo § 4.º do art. 58, que permite o exercício da resposta *ainda que nas 48 horas anteriores ao pleito*.

Para evitar o abuso nesse direito, que abra possibilidade a uma tréplica, aqui também o legislador fixou a aprovação, pela Justiça Eleitoral, *dos termos e da forma da resposta*.

7.11 Recurso em direito de resposta

O prazo para recurso às instâncias superiores, sobre a concessão ou não do direito de resposta, é de 24 horas da data da publicação da decisão em cartório, ou sessão, assegurando-se outras 24 ao recorrido, para oferta de contra-razões.

Dado que ambas as partes tomam conhecimento da decisão por publicação em cartório ou em sessão de julgamento, e dada a celeridade do processo eleitoral, tem-se por desnecessária a notificação específica para o recorrido para formulação de contra-razões, visto que os prazos para recorrente e recorrido são contínuos e peremptórios.

Com toda essa preocupação, o legislador esqueceu de limitar a possibilidade de o órgão julgador, ou o cartório da Justiça Eleitoral, permitir a ocorrência de excesso de prazo na tramitação do processo.

Há casos conhecidos, também de juízos monocráticos paulistas, em que os processos não subiram à instância superior com a desejada celeridade.

Porém, o caso mais notório de procrastinação é aquele ocorrido na Bahia, retratado pela Res. TSE 16.913, de 27.09.1990, rel. Min. BUENO DE SOUZA:

"Direito de resposta – TRE-Bahia – Morosidade no julgamento dos pedidos – Resoluções denegatórias – *Retardamento na publicação – Procrastinação na admissão de recursos especiais* – Deferido em parte".

Não adianta o legislador fixar prazos para que sejam prolatadas as decisões e tipificar penalmente a inobservância desses prazos, como os dos §§ 6.º e 7.º do art. 58, se a morosidade pode acontecer nos desvãos da Justiça Eleitoral, como caracterizado na resolução supratranscrita.

Há que acrescer previsões relativas a esses descaminhos praticados na intimidade da Justiça Eleitoral, por autoridades parciais ou despreparadas, de molde a evitar a repetição de acontecimentos como os ora anotados.

Ainda aqui é preciso ficar atento a dois aspectos do recurso. Primeiro, aquele relativo ao prazo utilizado pela Justiça Eleitoral. O Min. MAURÍCIO CORRÊA já dirimiu dúvidas, acompanhado pela unanimidade da Corte Superior Eleitoral, em acórdão transcrito em outro momento deste trabalho, quando da abordagem do art. 96 da Lei 9.504/1997, dizendo que, não cumprindo a Justiça Eleitoral os seus (dela) prazos, deverá intimar as partes do processo pelos meios adequados, com publicação ou intimação pessoal, para fins de formulação de recurso e respectivas contra-razões.

Há também um outro aspecto, relativo ao prazo do recurso especial. No Ac. 15.578 do TSE, de 13.10.1998, sendo relator o Min. MAURÍCIO CORRÊA, ficou dito que "o recurso especial eleitoral interposto fora do prazo de 24 horas previsto no art. 58, § 5.º, da Lei 9.504/1997 gera intempestividade". Entretanto, em três outros julgados também citados neste trabalho, os AI 1.336, de 04.03.1999, 1.386, de 27.04.1999, e 1.364, de 20.05.1999, ficou dito que "o prazo de 24 horas estipulado pelo art. 96, § 8.°, da Lei 9.504/1997 diz respeito, somente, ao recurso interposto para o Tribunal Regional Eleitoral, devendo prevalecer, quanto ao recurso especial, a norma genérica do art. 276, I, § 1.°, do Código Eleitoral". Ora, basta confrontar os dois dispositivos legais (art. 58, § 5.°, e 96, § 8.°, ambos da Lei 9.504/1997) para verificar-se que ambos têm redação praticamente idêntica, podendo prevalecer para o pedido de direito de resposta, e seu prazo de recurso especial, a orientação assentada nos últimos três julgados anotados.

Mencione-se que, de modo geral, não tem efeito suspensivo a interposição do recurso especial. No entanto, há possibilidade de propositura de medida cautelar para aplicar efeito suspensivo ao recurso especial.[6]

7.12 Não cumprimento integral da decisão

Ainda aqui o legislador previu que o não cumprimento, total ou parcial, de decisão sujeita o infrator ao pagamento de multa de 5.000 a 15.000 UFIR, duplicada em caso de reincidência.[7] Mas a multa prevista neste parágrafo não se aplica ao ofendido

---

[6] É o que se vê, por exemplo, no Ac. 469 do TSE (AgRg em MC 469 – rel. Min. EDUARDO ALCKMIN – j. 02.10.1998 – v.u.).

[7] Pena em dobro aplicada, inclusive, em caso de descumprimento parcial, no Ac. 15.775 do TSE (REsp 15.775 – rel. Min. EDSON VIDIGAL – j. 01.07.1999 – v.u.), em que se estabelece: "A reiteração no não cumprimento integral ou em parte da decisão que concede direito de resposta enseja a duplicação do valor da multa arbitrada ao infrator".

que deixa de utilizar o espaço concedido para responder às ofensas sofridas, pois para esse caso a previsão aplicável é a do § 3.º, III, *f*, do art. 58.[8]

Claro está que, tratando-se de ordem direta dada ao ofensor, para que cumpra a decisão judicial, sua recalcitrância sujeita-o às penas elencadas para a prática do crime de desobediência, como do § 8.º do art. 58.

Entretanto, é de se indagar se o crime seria cometido pelo simples descumprimento de ordem direta, ou se seria necessária a prévia advertência, expressa na ordem judicial, de que a falta de cumprimento implicaria cometimento do crime previsto na legislação eleitoral.

7.13 Suspensão da veiculação das mensagens ofensivas

Exercendo poder de polícia para fazer sustar o cometimento de ilegalidade ou crime, pode a Justiça Eleitoral determinar a suspensão da exibição de mensagem ensejadora de direito de resposta.

A possibilidade tem sido levada a efeito com certa parcimônia pelos órgãos da Justiça Eleitoral, em vista da excepcionalidade de que deve estar revestida, em face da proibição de censura à manifestação de pensamento estabelecida na Constituição Federal como direito fundamental (art. 5.º, IX). Mas sua adoção, em especial nos casos em que a continuidade da conduta ilícita possa acarretar dano de difícil reparação ao ofendido, é perfeitamente cabível.

---

[8] É o quanto está assentado no Ac. 71 do TSE (RRep 71 – rel. EDUARDO ALCKMIN – j. 16.05.2000 – v.u.).

O que não se tolera é a censura prévia, ou seja, a censura que impede a exteriorização da manifestação intelectual, coibindo-a antes que se torne pública. Mas, conhecido o teor da manifestação, se dela decorrer ofensa à honra de quem quer que seja, será possível determinar a proibição de sua *reapresentação*, expedindo-se para tanto ordem judicial que deverá ser cumprida pelos responsáveis pela veiculação da peça ofensiva, sob pena de desobediência.

A esse respeito, veja-se a ementa que segue, emitida pelo TRE-SP (Rec. 131.616 – rel. Des. VISEU JUNIOR, j. 02.09.1998): "Suspensão liminar de propaganda ofensiva à honra de candidato – Descaracterizada censura prévia – Fato notório – Interpretação dos fatos em desfavor de candidato adversário – Concessão correta do direito de resposta no mesmo tempo da ofensa – Recurso desprovido".

7.14 Notório candidato

Tomemos alguns exemplos práticos.

Sem querer fazer apologia ou condenação de político conhecido em todo o Brasil, podemos tomar alguns processos em que esteve ele envolvido, e que denotam o exercício da judicatura no direito eleitoral em aspectos nos quais o mencionado político é emblemático: a polêmica, a controvérsia. Dir-se-á que há paixão nos debates judiciais aqui demonstrados, mas nem sempre isso será verídico. Quando se cuida de julgar acusações dirigidas a figura tão conhecida e discutida como é o político Paulo Maluf, certo é que difícil será para qualquer ser humano desvestir-se de suas idiossincrasias e arraigadas convicções pessoais com o fim de julgar conflitos, aplicando a lei. Mas parece que o TRE de São Paulo quase sempre dá exemplos de que essa difícil tarefa é possível de ser conduzida com isenção dos tão humanos ânimos de todos nós. Nesse sentido, sem pretender diminuir a reconhecida imparcialidade de alguns integrantes da Corte paulista, merece destaque o equilíbrio do Juiz VITO GUGLIELMI, que se reflete em alguns dos votos a seguir parcialmente transcritos.

Tomemos tais casos como exemplo do direito eleitoral em movimento, da prestação jurisdicional da Justiça Eleitoral sendo entregue aos particulares, da aplicação concreta da lei que temos minuciosamente analisado.

Vejamos algumas ações de processo eleitoral em que diferentes fatos envolvendo um mesmo personagem foram tratados à luz do direito positivo. E em que fatos similares receberam eventualmente decisões diferentes.

Diga-se, porém, que a escolha do político não revela preferência ou restrição pessoal. Trata-se justamente de apreciar decisões judiciais tomadas em relação a eterno candidato, a cujo respeito ninguém se faz indiferente, alguns apoiando-o incondicionalmente, outros combatendo-o com todas as suas forças. Não se quer demonstrar nem uma nem outra posição. Quer-se ver o direito aplicado em casos concretos, tão-somente. E que se tomem casos polêmicos de personagem igualmente polêmico.

Nas eleições municipais de 2000, o referido candidato, personagem indefectível da história política brasileira dos últimos anos, envolveu-se em uma série de ações judiciais eleitorais em que ficaram retratados diversos aspectos práticos de tudo que até agora se analisou. Para esse fim é que se procede à análise que segue.

7.14.1 Editorial de jornal

a) hipótese fática:

Editorial de grande jornal intitulado "Foi Maluf que fez", em que se publicou que o referido candidato "engana os paulistanos (...) desastre de sua administração (...) que deixou a Prefeitura mergulhada naquela que é talvez a pior crise financeira de sua história (...) o grande vilão Maluf (...) de acordo com seu estilo megalomaníaco (...) Gastou muito e mal (...) desperdiçou bilhões em avenidas e túneis suntuosos e dispensáveis (...) para acalentar a vaidade e empáfia dele que se autoproclama um tocador de obras (...) o esperto Maluf já escapou (...) toda essa confusão não se deve esquecer nunca, foi Maluf que fez".

b) ementa da decisão:

"Direito de resposta – Editorial de jornal – Linguagem incisiva e agressiva que não ultrapassa o direito de crítica – Não preenchimento dos requisitos do art. 58, *caput*, da Lei 9.504/1997 – Indeferimento – Recurso improvido" (TRE-SP – Ac. 135.257 – rel. Juiz JOSÉ REYNALDO – j. 26.07.2000 – m.v.).

7.14.2 Programa de propaganda eleitoral gratuita

a) hipótese fática:

Programas de propaganda eleitoral veiculados no horário gratuito em que eram mostradas imagens do candidato simultaneamente com o trecho musical "*se gritar pega ladrão, não fica um meu irmão; se gritar pega ladrão, Eh! Não fica um*". Após a edição da música, era veiculada a expressão "oito anos de malufismo e seis de FHC, a baderneira é geral e eles não querem CPI", ligando a letra da música com estes dois políticos. Segundo o recorrente Paulo Maluf, a mensagem estabelece uma ligação entre o candidato e a palavra ladrão, com clara intenção de injúria.

b) ementa da decisão:

"Direito de resposta – Horário eleitoral gratuito – Programa alusivo a corrupção – Imagens do candidato recorrente –

Caráter injurioso caracterizado – Recurso provido. Perda de parcela do tempo no horário eleitoral do partido – Infração ao art. 55 da Lei 9.504/1997 – Não caracterização – Recurso provido" (TRE-SP – Ac. 136.656 – rel. Juiz EDUARDO BOTALLO – rel. designado Des. JOSÉ CARDINALE – j. 28.08.2000 – m.v.).

c) trecho do voto vencedor:

"A propaganda política, como é sabido, é exercida com a utilização de recursos que incutem nos ouvintes mensagens liminares ou subliminares, fazendo com que seja formada opinião sobre o melhor ou o pior candidato.

"No caso em tela, tratando-se de eleição que envolve a disputa pela prefeitura da cidade de São Paulo, a vinculação da palavra 'ladrão' com a figura do recorrente Paulo Maluf é por demais clara" (Des. JOSÉ CARDINALE).

7.14.3 *Entrevista veiculada por emissora de rádio*

a) hipótese fática:

Grande emissora de rádio paulistana levou ao ar entrevista concedida por vereadora de São Paulo "onde comenta sentença da MMa. 1.ª Vara da Fazenda Pública de São Paulo (Proc. 159/1993), que julgou parcialmente procedente ação popular por ela movida contra o requerente e, ainda, contra outros políticos". A sentença condenara o recorrente Paulo Maluf e os demais réus a ressarcirem a PRODAM – Companhia de Processamento de Dados do Município de São Paulo pelos prejuízos causados com a contratação de 68 funcionários, estabelecendo-se que o valor a ser ressarcido haveria de ser apurado em execução.

b) resultado do julgamento:

"Por maioria de votos, os Juízes do Tribunal Regional Eleitoral de São Paulo acordam em dar provimento parcial ao recurso formulado por Paulo Maluf, vencido o Juiz relator EDUARDO BOTALLO, que o negava" (Ac. 135.222 – rel. desig. Juiz SOUZA PIRES – j. 24.07.2000).

c) trecho do voto vencido:

"Ocorre que, na entrevista divulgada, Aldaíza Sposati afirmou que os réus deveriam repor aos cofres públicos 'cerca de R$ 25.000.000,00' (...) pela contratação de funcionários e assessores de confiança, que, afinal, não prestavam serviços na PRODAM.

"Então, o recorrente considera existirem imputações difamantes nesta entrevista, quanto à sua pessoa, porque: a) alardeia 'inexistentes fantasmas na PRODAM' (...); e b) a condenação 'ainda deve ser submetida à liquidação para se apurar o *quantum debeatur*' (...).

"(...)

"Anote-se, desde logo, que não consta tenha a Vereadora Aldaíza Sposati utilizado, na entrevista, a expressão 'fantasmas'.

"(...)

"Como se não bastasse, a palavra 'fantasma', segundo o *Dicionário Aurélio*, significa, em sua primeira acepção, 'imagem ilusória', razão pela qual nem seria injurioso, calunioso, difamante ou sabidamente inverídico qualificar de 'fantasmas' funcionários que, conforme reconhecido em uma sentença judicial, foram contratados por uma empresa (a PRODAM) mas a ela não prestavam serviços, sendo, portanto, sob total enfoque 'ilusórios'.

"Com respeito ao segundo ponto, ou seja, a quantificação da condenação em R$ 25.000.000,00, de fato, a r. sentença prolatada na ação popular determinou fosse o montante do prejuízo a ser indenizado apurado em execução.

"Todavia, com total correção, o MM. Juiz sentenciante bem considerou que esta matéria tem 'natureza estritamente processual que não interfere na substância do fato objeto de divulgação' (...)" (Juiz EDUARDO BOTALLO).

d) trecho do voto vencedor:

"Os traslados de fls. estão a demonstrar que o recorrente não foi condenado no pagamento de 25 milhões de reais, tal como veiculou a recorrida. Na verdade, a aludida sentença condenou o recorrente a ressarcir aos cofres da PRODAM importância a ser apurada.

"Conseqüentemente, quando a recorrida veiculou ao público que o recorrente fora condenado no pagamento de 25 milhões de reais, expressou fato relevante e inverídico, emprestando, assim, à notícia dimensões extremamente importantes, uma vez que o prejuízo ao erário público teria sido enorme, tudo a afastar a hipótese de mero erro e a levar à compreensão de tratar-se de corrupção, tanto que tal montante não poderia ter passado despercebido ao recorrente.

"Nesse sentido, ao fazer tal veiculação, a recorrida não podia razoavelmente desconhecer estar faltando com a verdade, sendo certo, no entanto, haver preferido assim agir para alcançar maior impacto junto aos telespectadores.

"No mais, assevero que a sentença circunscreve os limites da lide quando diz referir-se ela 'à situação dos servidores contratados e cedidos à Municipalidade', não se vislumbrando nela qualquer menção a servidores 'fantasmas'.

"Portanto, se a questão ventilada nos autos dizia respeito apenas à forma de contratação e de cessão dos servidores, não se sabe de onde a requerida extraiu a ilação de que o recorrente teria sido condenado pela contratação de servidores 'fantasmas'.

"Nesse sentido, penso que novamente a requerida agiu de maneira escandalosa, com o único intuito de obter maior impacto à notícia que estava a veicular e, desse modo, conquistar maior audiência junto aos telespectadores.

"Ao fazê-lo, no entanto, a requerida colocou na sentença dado nela não inserido, ou seja, o de que a condenação ao ressarcimento era pelo fato de o recorrente haver permitido que se procedesse à contratação de pessoas inexistentes, tanto que a elas concedeu o epíteto de 'fantasmas'.

"Ora, em momento algum a sentença reconheceu ou declarou que tais contratações haviam incidido sobre pessoas inexistentes ('fantasmas').

"Portanto, é certo que a requerida veiculou afirmação sabidamente inverídica, mesclando-a com dados verdadeiros, o que, ainda assim, fez incidir na espécie o disposto no art. 58 da Lei 9.504/1997, tanto que, na melhor das hipóteses, interpretou os fatos em desfavor do recorrente, afastando-se da necessária isenção que deve caracterizar o nobre mister de informar o público" (Juiz SOUZA PIRES).

7.14.4 *Informações divulgadas por emissora de televisão*

a) hipótese fática:

Trata-se de hipótese quase idêntica à examinada no item anterior, em que a maior emissora de televisão do país levou ao ar notícia de que o recorrente Paulo Maluf fora condenado a pagar multa de R$ 25.000.000,00 por contratar funcionários fantasmas na PRODAM. O recorrente considerava existirem imputações difamantes nas notícias quanto à sua pessoa porque: a) alardeia "inexistentes fantasmas na PRODAM"; e b) a condenação "ainda deve ser submetida à liquidação para se apurar o *quantum debeatur*".

b) ementa da decisão:

"Pedido de direito de resposta – Matéria sobre condenação judicial imposta ao postulante – Inexistência de conceito ou afirmação caluniosa, difamatória, injuriosa ou sabidamente inverídica – Pedido negado – Recurso improvido" (TRE-SP – Ac. 135.225 – rel. EDUARDO BOTALLO – j. 24.07.2000 – m.v.).

7.14.5 *Vinheta de rádio*

a) hipótese fática:

Grande emissora de rádio paulistana veiculou vinheta de cujo teor se extraem os trechos: "A Eldorado lembra uma frase de Paulo Maluf: 'Se o Pitta não for um bom prefeito, não votem nunca mais em mim'. Você acabou de ouvir uma frase de Paulo Maluf". "A Eldorado não pode mais emitir qualquer opinião a respeito dos políticos, mesmo aqueles de conduta duvidosa, mas advertimos: nas próximas eleições, você dá o troco". Condenada em primeira instância ao pagamento de multa, a emissora de rádio recorreu à Corte Regional.

b) ementa da decisão:

"Propaganda eleitoral – Divulgação de opinião desfavorável a candidato – Infração ao disposto no inc. III, do art. 45, da Lei 9.504/1997 – Condenação ao pagamento de multa – Recurso provido" (TRE-SP – Ac. 136.741 – rel. Juiz VITO GUGLIELMI – j. 28.08.2000 – m.v.).

c) trechos do voto vencedor:

"Mas as vinhetas, ainda que não primem pelo melhor jornalismo, concretamente fazem críticas ao texto e aos políticos '*e referem expressão proferida pelo próprio representante em campanha anterior*'.

"(...)

"Nem se perca, em tema eleitoral, onde presentes as paixões, que não se pode dar guarida à excessiva sensibilidade de determinados candidatos. O que a lei certamente proíbe é a ruptura do princípio de isonomia que deve reger o pleito.

"Há mais, ainda. A tão debatida expressão ('você dá o troco') deve ser analisada em conjunto com o mais que lhe acompanha e não isoladamente.

"Ainda que se possa ver na exortação intuito de influenciar os possíveis eleitores, não se dirige concretamente a nenhum candidato, partido ou coligação.

"(...)

"Maus políticos existem, como também existem maus juízes, promotores, advogados, médicos, engenheiros etc. Mas se sentirem os da mesma classe atingidos por críticas genéricas assim dirigidas traduz excessiva sensibilidade. Para mais não dizer. Até porque não se pode admitir, até para não revelar contra-senso, que o recorrente haja tomado para si a locução" (Juiz VITO GUGLIELMI – destaques no original).

7.14.6 *Edição de imagens de debate*

a) hipótese fática:

Em seu programa eleitoral gratuito, coligação partidária insere imagens editadas de debate realizado entre candidatos majoritários. Segundo o recorrente Paulo Maluf, a edição dá a impressão de que não foram respondidas determinadas indagações, o que não corresponde à realidade. Além disso, reproduziu-se trecho em que candidata afirmava "... eu tenho aqui um rolo de papel, não é com críticas a seu governo é com corrupção do seu governo, oh, é isso aí tudo, oh ...".

b) decisão:

"Acordam, por votação unânime, os Juízes do TRE-SP, em dar provimento ao recurso do representante Paulo Maluf e em parte ao da Coligação" (Ac. 137.525 – rel. Juiz VITO GUGLIELMI – j. 25.09.2000).

c) trechos do voto condutor:

"Como em mais de uma oportunidade já tive a oportunidade de consignar, a propaganda eleitoral se destina ao convencimento do eleitor e deve ser considerada pelo efeito que gera. A pessoa que visualiza a cena inquinada de irregular imagina que não houve resposta às indagações, o que, bem ou mal, mal ou bem, não foi o que aconteceu. Se as respostas justificaram ou não as indagações, isso cabe ao eleitor concluir.

"Mas, ao utilizar recurso de edição, sugere-se ausência de resposta, situação que *não corresponde à realidade*.

"Por certo também tive a oportunidade de afirmar que corte, por si só, não é truque. Lícita a exibição linear de trecho (ou trechos) que interessem à propaganda, até porque a utilização de imagens dos candidatos é legítima.

"Mas na medida em que ao corte se adiciona a edição, certamente provoca-se e cria-se uma situação falsa.

"Isso não se admite, porque desvirtua o objetivo da propaganda eleitoral. Extrapola seus limites.

"E a razão de ser da restrição é exatamente a possibilidade de criar no eleitor impressão falsa. É isso que a lei veda.

"(...)

"Em suma: a consideração para análise da ocorrência da infração deve ter em conta a impressão que ela gera ao seu destinatário natural que é o eleitor.

"(...)

"Bem caracterizada, portanto, a infração, na hipótese.

"Correta, portanto, a conclusão no sentido de vedar nova veiculação.

"Mas não se comunga a conclusão do D. Magistrado, respeitada sua convicção, no sentido de que haja o candidato requerente sido ridicularizado. (...).

"Afasta-se, portanto, a decretação da perda do tempo a que se referiu a decisão.

"Em síntese: afastada a preliminar, apenas em parte se acolhe o recurso da representada.

"Em relação ao recurso do representante, por certo é de ser acolhido.

"Assim porque veiculada afirmação injuriosa ao candidato.

"Ao afirmar '... *eu tenho aqui um rolo de papel, não é com críticas a seu governo é com corrupção do seu governo, oh, é isso aí tudo, oh...*', certamente ultrapassou-se o limite da crítica administrativa.

"Aliás, a própria afirmação afasta a mera crítica. E dirigida diretamente ao candidato, como no caso, afeta-o diretamente.

"(...)

E, em face do tempo do trecho veiculado, o limite legal mínimo é o suficiente para a resposta.

"Deverá ela, portanto, observar o disposto no art. 58, § 3.º, III, da Lei Eleitoral" (Juiz VITO GUGLIELMI – destaques no original).

8
O ART. 41-A DA LEI 9.504/1997 (ACRESCIDO PELA LEI 9.840/1999)

ALBERTO ROLLO

SUMÁRIO: 8.1 Intenção da Lei 9.840/1999 – 8.2 Lei 9.840/1999 – A verdadeira inovação – 8.3 A constitucionalidade de disposições do art. 41-A – 8.4 Supressão de locução – 8.5 Hierarquia das leis – 8.6 Regramento processual – 8.7 Litisconsórcio necessário. O vice – 8.8 O art. 262, IV, do Código Eleitoral – 8.9 O direito de disputar – 8.10 Análise do tipo do art. 41-A – 8.11 Jurisprudência aplicável – 8.12 Mais jurisprudência.

8.1 Intenção da Lei 9.840/1999

Quando do advento da Lei 9.840/1999, que introduziu alterações na Lei 9.504/1997, inclusive criando o art. 41-A, colocamo-nos, *prima facie,* a favor do quanto ali estabelecido no aspecto da moralização das eleições e da perseguição dos candidatos que vinham atuando para corromper o eleitorado com promessas, doações ou ofertas de bens materiais em troca de voto.

Na época, houve quem escrevesse editorial para anotar que, a partir de então, tais processos seriam velozes, com 13 dias de duração, podendo resultar na cassação dos candidatos infratores, ainda antes da eleição, pela retirada de seus registros.

Já dizíamos, na oportunidade, que essa opinião não atentava para aspectos importantes da lei. Não se dera conta de que essa singela lei de cinco artigos havia sido toda a reforma eleitoral feita pelo Congresso para o pleito de 2000.

Sem dúvida deve ser elogiado o espírito de tantos que quase completaram as necessárias 1.000.000 de assinaturas, para dar a esse projeto de lei seu cunho popular. Quanto mais participação, mais democracia. Há que se aferir, no espírito do projeto, a intenção de perseguir os políticos que fazem do abuso do poder econômico e de autoridade o trampolim para a obtenção de votos. Mas, ressalvada a imposição de multa que pode variar entre 1.000 e 50.000 UFIR, as novidades positivas da lei aprovada acabam por aí.

E diz-se isso porque, tanto a compra de votos como as condutas vedadas perseguidas pelos incs. I (cessão de bens públicos para uso em campanha), II (uso de material custeado pelo governo), III (uso de servidor em campanha), IV (uso promocional de bens e serviços públicos) e VI (transferência de recursos, propaganda pública e pronunciamentos oficiais), todos do art. 73 da Lei 9.504/1997, que também dão motivo para cassação de registro conforme anotação da nova lei, são especificidades de uma regra genérica, já existente.

O art. 22 da LC 64/1990, em seu *caput,* já prevê a investigação judicial para apurar uso indevido, desvio ou abuso do poder econômico ou do poder de autoridade, bem como a utilização indevida dos meios de comunicação social em favor de candidato. E as condutas vedadas aos agentes públicos, exemplificadas na nova lei, nada mais são do que espécies do gênero *abuso do poder de autoridade*. E a compra de votos é, no mínimo, uso indevido ou desvio de poder econômico, podendo, se em grande quantidade, vir a constituir abuso desse mesmo poder. Pelo que se vê acima, a lei em comento sequer reinventou a roda, limitando-se a detalhar, para fixarmo-nos no exemplo, o tamanho e a quantidade dos aros.

Assim, sob o ponto de vista de direito material, temos que os tipos ofertados para compor o art. 41-A, que residem em o candidato doar, oferecer, prometer ou entregar ao eleitor, com o fim de obter-lhe o voto, bem ou vantagem pessoal de qualquer natureza, inclusive emprego ou função pública, já fazem parte dos gêneros incluídos no *caput* do art. 22 da LC 64/1990 relativos ao uso indevido, desvio ou abuso do poder econômico (doar, oferecer, prometer ou entregar ao eleitor bem ou vantagem pessoal de qualquer natureza, excluído emprego ou função pública) e uso indevido, desvio ou abuso do poder de autoridade, aqui incluído o emprego ou função pública com que o candidato pode pretender corromper o eleitor.

Não há, como se vê, na leitura atenta do art. 41-A confrontado com o *caput* do art. 22 da LC 64/1990, nenhum tipo novo a descoberto da proteção da LC 64/1990.

Nem poderia ser diferente, porque, se tivesse pretendido criar algum tipo novo de infração eleitoral geradora de inelegibilidade, a Lei 9.840/1999 não poderia ser lei ordinária, devendo ser lei complementar (e como tal ter sido votada), para cumprir o preceito constitucional do art. 14, § 9.º, da Magna Carta, que impõe a necessidade de *lei complementar* para estabelecer "outros casos de inelegibilidade e os prazos de cessação, a fim de proteger (...) a normalidade e a legitimidade das eleições contra a influência do poder econômico ou o abuso do exercício da função, cargo ou emprego na administração direta ou indireta".

Daí podermos afirmar que o encadeamento legal lógico, nascido da Constituição Federal e chegando até a aplicação da Lei 9.840/1999 e seu art. 41-A da Lei 9.504/1997, demonstra não ser o dispositivo legal em comento nenhuma novidade que venha a criar algo diferente em matéria de apressamento de processo e enquadramento legal, bem ao contrário do que imaginavam os autores populares, que tiveram a sua iniciativa encampada pelo legislador, já que não haviam conseguido reunir as assinaturas necessárias para um projeto de lei de iniciativa popular.

8.2 Lei 9.840/1999 – A verdadeira inovação

Sem recriminar o legislador, fica claro que a Lei 9.840/1999 longe esteve de extremar a possibilidade de cassação de registros e/ou diplomas dos eleitos.

O próprio Min. NELSON JOBIM, perante parlamentares da Câmara dos Deputados, em 19.06.2001, já mostrou aspectos desconcertantes da Lei 9.840/1999 ao comentar que a aplicação da lei, como do disposto no art. 1.º, transformado no art. 41-A da Lei 9.504/1997, estava estabelecida como devendo ocorrer *desde o registro da candidatura até o dia da eleição*. Ora, ponderava o Min. JOBIM, quem pretendesse livrar-se dos aspectos impositivos dessa lei bastaria deixar para pleitear seu registro, em possível substituição, nos últimos momentos permitidos pela lei eleitoral, tanto para a candidatura majoritária, como para a eleição proporcional.

Ressalte-se que a lei fala *desde o registro,* supondo-se deva ser considerada a data de seu deferimento. Apesar do fato de que legislação que limita direitos não poder ser interpretada senão literalmente, o TSE, em seu Ac. 19.229, *DJU* 05.06.2001, relator o Min. FERNANDO NEVES, proclamou: "1. O termo inicial do período de incidência da regra do art. 41-A da Lei 9.504/1997 é a data em que o registro da candidatura é requerido, e não o do seu deferimento".

Mas a verdadeira inovação da Lei 9.840/1999 veio em favor dos candidatos e não contra eles, escapando da percepção de quantos lideravam a obtenção de assinaturas para o projeto de iniciativa popular. E essa inovação vem colocada no art. 5.º da Lei 9.840/1999, em que ficou assentada a revogação do § 6.º do art. 96 da Lei 9.504/1997.

Tem importância essa revogação? Vejamos o que dizia o dispositivo revogado: "Tratando-se de reclamação ou representação contra candidato, a notificação poderá ser feita ao partido ou coligação a que pertença".

Com essa revogação, a notificação para processos decorrentes da Lei 9.504/1997 deverá ser feita pessoalmente, não podendo ser endereçada ao partido ou à coligação.

São dois os aspectos a analisar. O primeiro deles é que o próprio TRE-SP, acompanhando votos da lavra da Desembargadora Federal ANNA MARIA PIMENTEL, já considerou inválido e inconstitucional o preceito então vigente, por ferir o direito de defesa do candidato.

O outro aspecto é que, posto como está, principalmente nas eleições estaduais, o preceito retira a celeridade do processo eleitoral, já que o candidato deverá ser encontrado no lugar em que estiver fazendo sua campanha ou nas próprias Casas Legislativas.

A posição intermediária poderia ter sido a obrigação de o candidato encaminhar, por força de criação legal, documento à sede da Justiça Eleitoral encarregada de presidir o pleito, quer nas eleições municipais, quer nas estaduais, nomeando representante legal com poderes para ser citado e em endereço específico. Até mesmo poderia ser criado um endereço eletrônico ou um endereço para remessa de fax. Pelo nosso entendimento, o que não poderia ter acontecido nesta lei, que teve o respaldo popular e veio para inovar, era a eliminação, sem substituição à altura, desse dispositivo destinado à rapidez processual.

Mais uma razão para entender que a *mens legis* do art. 41-A passou ao largo da cassação de registro de candidato no exíguo prazo de 13 dias, como proclamado por grande parte da imprensa.

8.3 A constitucionalidade de disposições do art. 41-A

Sobre esse tema, e levando adiante o já afirmado, o art. 41-A da Lei 9.504/1997 não tem vida autônoma no tocante à sua aplicação.

E afirmamos isso por várias razões, uma das quais advinda da inconstitucionalidade do dispositivo, se analisado autonomamente, por ter sido fruto de lei ordinária, e não de lei complementar, como seria de rigor.

A Constituição Federal proclama, já em seu art. 1.º, II, que um dos fundamentos do Estado Democrático de Direito em que vivemos é a *cidadania*.

E a cidadania é implementada pelo exercício de dois direitos: o *jus honorum* e o *jus suffragium*. Este último diz respeito ao direito de votar que toda pessoa não estrangeira, e, durante o período do serviço militar, os conscritos, pode exercer, sendo essa uma obrigação para os maiores de 18 anos.

O *jus honorum* é o direito de ser votado. E o direito de ser votado passa pela situação do candidato que deve preencher as condições de elegibilidade e não ser atingido pelas inelegibilidades decorrentes da Constituição e da lei complementar.

Estudo a respeito dessas condições de elegibilidade e da incidência de situações de inelegibilidade foi feito em nosso trabalho *Inelegibilidade à luz da jurisprudência*.

Já ali ficou dito que as condições de elegibilidade são as elencadas no § 3.º do art. 14 da CF, tais como a nacionalidade brasileira, o pleno exercício dos direitos políticos, a filiação partidária e o domicílio eleitoral, entre outros.

Já as situações de inelegibilidade são as previstas no mesmo art. 14, em seus §§ de 4.º a 9.º, inclusive, tais como a inelegibilidade de parentesco, o analfabetismo.

O § 9.º do art. 14 diz o que segue: "*Lei complementar* estabelecerá outros casos de inelegibilidade e os prazos de sua cessação, a fim de proteger (...) a normalidade e a legitimidade das eleições contra a influência do poder econômico ou o abuso do exercício de função, cargo ou emprego na administração direta ou indireta" (grifo nosso).

Vê-se, pois, que, para penalizar aqueles que atuarem contra a legitimidade e normalidade das eleições com a prática de abusos do poder econômico e/ou poder de autoridade, deverá haver lei complementar. Não pode uma lei ordinária criar novas situações de inelegibilidade porque isso é defeso constitucionalmente. E a Lei 9.840/1999 é uma lei ordinária.

Porém, já dissemos que o art. 41-A não tem vida autônoma, sendo, quando muito, uma exemplificação dos abusos perseguidos, esses sim, em seu gênero, previstos pela Constituição Federal.

Entretanto, não é essa a visão do TSE sobre o tema. Examinando postura do TRE-SE, consubstanciada na assertiva de que "acolhe-se a inconstitucionalidade parcial do art. 41-A da Lei 9.504/1997, por incidir em inconstitucionalidade formal, visto que, em cominando pena de cassação do registro ou do diploma do candidato nele incurso, estabelece pela via ordinária nova hipótese de inelegibilidade, técnica legislativa vedada pela Constituição, em seu art. 14, § 9.º". O TSE assim se pronunciou no Ac. 19.644, sendo relator o Min. BARROS MONTEIRO: "Ao reverso do que proclamado pelo acórdão recorrido, a cassação do registro ou do diploma, cominados na referida norma legal, não constitui nova hipótese de inelegibilidade. Eis por que não se entrevê nela a invocada inconstitucionalidade parcial".

8.4 Supressão de locução

Por amor ao argumento fixemo-nos na autonomia da Lei 9.840/1999, e de seu art. 1.º, que gerou o art. 41-A da Lei 9.504/1997. O artigo em comento é constitucional, salvo a expressão "e a cassação do registro ou do diploma, observado o procedimento previsto no art. 22 da LC 64/1990", que deve ser retirada do texto, no que estamos inteiramente concordes e na boa companhia do Tribunal Regional Eleitoral de Sergipe.

Voltemos ao momento anterior do processo eleitoral para captarmos qual a importância do processo de registro de candidatos. O processo de registro vem definido no art. 3.º da LC 64/1990, em complemento ao quanto anotado na Lei ordinária 9.504/1997. A Lei ordinária 9.504/1997 fixa a forma e os prazos para a escolha dos candidatos e a apresentação do pedido de registro em seus arts. de 10 a 17. Ali está dito, no § 1.º do art. 11, quais os documentos que deverão ser juntados com o pedido de registro para exame da elegibilidade e da não-incidência pelo candidato em situação de inelegibilidade. Vê-se que sempre estão presentes os dois temas.

Já o art. 3.º da LC 64/1990 diz como impugnar a candidatura apresentada, impugnação que não terá como tema origem racial, condição profissional ou situação financeira, para citarmos exemplos, mas, tão-somente, o não preenchimento de alguma condição de elegibilidade ou a incidência em uma das vedações de participação por inelegibilidade.

Só para isso serve o processo de registro. Processo para o qual já se proclamou o direito de o juiz agir de ofício declinando a existência de uma dessas situações.

Registra-se o candidato que pretende exercer essa face da cidadania, provando suas condições de elegibilidade e a não existência de qualquer inelegibilidade. Caso contrário, o registro é indeferido e o indivíduo vê-se impossibilitado de exercer essa face da cidadania, que é o direito a ser votado.

Não há qualquer elemento ou restrição ao exercício do direito-cidadão de ser votado que não passe pelos elementos da elegibilidade e da inelegibilidade.

Assim, quando uma lei determina a cassação do registro de um candidato, ela o faz por considerá-lo inelegível por incidência em um tipo legal. O cidadão que tem cassado seu registro para um pleito tem contra si aplicada, em verdade, pena de inelegibilidade ou declaração de falta de preenchimento de condição de elegibilidade. Se o processo de registro só serve para o exame dessas condições, sua negação ou sua cassação é o reconhecimento da incidência de uma dessas situações. O cidadão que se vê proibido de disputar um pleito tem-lhe retirada a própria cidadania, constitucionalmente prevista no inc. II do art. 1.º da Carta Magna, em um de seus dois aspectos, que é o direito de ser votado. E não se estabelece restrição ao exercício da cidadania plena nos seus dois elementos constitutivos a não ser através de disposição constitucional ou de dispositivo estabelecido em lei complementar como ordenado pelo § 9.º do art. 14 da CF.

Restrição ao exercício pleno da cidadania através de imposição feita por lei ordinária é algo não aceito pelo direito eleitoral.

Assim também quanto à cassação do diploma. Ao se cassar o diploma com a aplicação autônoma do art. 41-A estar-se-á, em verdade, proclamando que, por fatos ocorridos no período decorrente entre o dia do registro e o dia do pleito, o candidato tornou-se inelegível, perdendo parte de sua cidadania consistente no direito de ser votado. Como não se cassa registro de candidato eleito, cassa-se o seu diploma, o que vem a ter rigorosamente o mesmo efeito. Em verdade, o que se aplicou ao candidato foi uma pena de inelegibilidade para aquele pleito, sem prejuízo de maior extensão dessa pena.

Daí por que, se considerarmos o art. 41-A, e nós não pensamos assim, como tendo vida autônoma, ele tem a expressão supra dita "e cassação do registro ou do diploma observado o procedimento previsto no art. 22 da LC 64/1990" como inteiramente inconstitucional.

Ao contrário do que pensa a Corte Eleitoral Superior, entendemos que a proibição de disputa de um pleito, seja por razão anterior, seja por motivo superveniente, sempre permite e obriga o entendimento de que o cidadão não está elegível, é inelegível para a disputa do pleito. Ainda que proclamada posteriormente à eleição, a inelegibilidade é inconteste. Não é só pela condição intrínseca do cidadão-eleitor quando do momento do pedido de registro que existe a inelegibilidade. Ela também pode ser superveniente, gerando a inelegibilidade para o pleito, mesmo que a cassação do registro, já agora convolado em diploma ou mandato, venha a ocorrer após o pleito. O vereador de Presidente Prudente pagou a pena a que fora condenado, de multa, por sinal, por desacato praticado contra policial rodoviário. Tendo pago a multa logo após o pleito, incidiu nos três anos de inelegibilidade que sobrevêm ao cumprimento da pena, no caso da prática de crime contra a administração pública. E teve o seu mandato cassado no meio de seu exercício pelo advento superveniente dessa inelegibilidade.

Sempre lembrando a lição do Min. NÉRI DA SILVEIRA (Ac. TSE-RO 171/PB), o art. 14, § 9.º, da Constituição Federal existe para "que sejam resguardados a probidade administrativa e a moralidade para o exercício do mandato considerada a vida pregressa do candidato". E o candidato eleito que se utiliza de meios escusos para atingir o seu objetivo mostra-se detentor de falta de qualidade moral para o exercício do mandato. É muito mais sério, e punível com cassação de registro ou diploma pela declaração da inelegibilidade do postulante, o ato de compra de votos do que o desacato praticado em incidente de trânsito contra policial rodoviário, como no caso citado. No acórdão, diz o Min. NÉRI DA SILVEIRA que "há outros valores já aludidos imediatamente vinculados ao processo eleitoral: a normalidade, a legitimidade das eleições *contra a influência do poder econômico ou o abuso do exercício de função na administração direta ou indireta*" (g.n.). Não há como não considerar abuso de poder econômico a doação de cesta básica em troca de voto; bem assim a promessa de emprego público em troca de voto é claro abuso do exercício de função na administração direta ou indireta. Essas situações, como sempre afirmado e reiterado, ou são espécies inseridas nos gêneros contidos no *caput* do art. 22 da LC 64/1990, ou são os tais "outros casos" de inelegibilidade previstos no art. 14, § 9.º, da Constituição Federal.

Voltando ao Min. NÉRI DA SILVEIRA e ao acórdão citado, lembrando igualmente as lições já anotadas da Des. federal SUZANA CAMARGO, com atuação também no TRE de São Paulo, quem infringe o disposto no art. 41-A da Lei 9.504/1997 incorre nos tipos penais do art. 299 do CE. Vale o complemento do Min. NÉRI DA SILVEIRA quando diz que, "sem dúvida nenhuma, os crimes eleitorais estão, de forma geral, a atentar conta os valores consignados nessa última parte do § 9.º do art. 14 da Lei Magna".

Vale aqui o complemento de que estes *outros casos* de inelegibilidade previstos no art. 41-A da Lei 9.504/1997 deveriam ter sido introduzidos no ordenamento pátrio através da devida lei complementar, e não por lei ordinária.

8.5 Hierarquia das leis

Em verdade, a questão jurídica de ordem constitucional que se apresenta está ligada ao princípio da hierarquia das leis apresentado no art. 59 da CF. Ora, se se aceita a tese de que o art. 41-A da Lei 9.504/1997 teria alterado os termos do art. 22, XV, da LC 64/1990, possibilitando a cassação do diploma diretamente através da investigação judicial, independentemente do recurso contra a diplomação ou da ação de impugnação de mandato eletivo, em verdade estar-se-ia revogando esse inc. XV do art. 22 da lei citada por procedimento legal de hierarquia inferior.

Já o TRE-SP proclamou no Ac. 139.851 que é viável a cassação de diploma através dessa investigação processada de forma autônoma do RCD e da AIME, "posto que esta é uma das conseqüências do texto do art. 41-A da Lei 9.504/1997".

Ao revés, entendemos que deve haver uma perfeita compatibilização entre tal dispositivo e aquele apresentado na LC 64/1990. Não sendo isso possível, e pensamos que é, estaríamos diante de um conflito de normas.

Aceitar o pensamento defendido no acórdão citado aplicando o art. 41-A da lei ordinária em detrimento do inc. XV do art. 22 da LC 64/1990 é praticar inconstitucionalidade em face do art. 59 da CF e do princípio da hierarquia das leis.

Ao comentar o art. 59 da CF, o Prof. MANOEL GONÇALVES FERREIRA FILHO assevera, de forma categórica: "... a lei ordinária, o decreto-lei e a lei delegada estão sujeitos à lei complementar; em conseqüência disso não prevalecem contra ela, sendo inválidas as normas que a contradisserem" (*Do processo legislativo*, p. 236-237).

Tal tema é tão cristalino que nos dispensamos de produzir outros comentários. Em verdade, o art. 41-A e a expressão impugnada só podem viver sem a eiva da inconstitucionalidade se aplicados através do inc. XV do art. 22 da LC 64/1990.

Resta incontroverso, neste confronto de normas, o que segue:

a) pela previsão legal do art. 41-A, deve ser proposta investigação nos exatos termos do art. 22 da LC 64/1990. Não há restrição a qualquer de seus incisos nem é afastado o inc. XV desse mesmo artigo;

b) o art. 22, XV, da LC 64/1990 é expresso ao mencionar a necessidade de AIME e/ou RCD para se atacarem mandatos eletivos e/ou diplomas, se o julgamento da investigação vier a ocorrer após a eleição do candidato;

c) o art. 41-A fala em cassação de diploma, mas não revoga (nem poderia) os termos da lei complementar, especialmente o inc. XV do art. 22.

8.6 Regramento processual

Não há dissenso entre o que nós afirmamos e o fato de o art. 41-A referir-se ao art. 22 da LC 64/1990 para dar suporte processual à investigação.

Sem dúvida, ficou anotado que o processamento das faltas incluídas no núcleo do art. 41-A deve ocorrer através dos regramentos do art. 22 da LC 64/1990.

Sempre lembrando que as infrações anotadas são espécies do gênero abuso de poder econômico e político, temos que a investigação deve percorrer os incisos do art. 22. Serão feitas as notificações para o exercício de defesa *ampla* (é como está na lei), juntada de documentos e apresentação de rol de testemunhas. Existe a previsão de oitiva de testemunhas em uma só assentada, que comparecerão independentemente de intimação. Pode haver diligências, se entendidas pelo juízo como importantes, e oitiva de terceiros referidos. Testemunhas arroladas e que não compareçam, a critério do juiz, poderão ser intimadas para serem ouvidas nessa oportunidade. Haverá alegações a serem produzidas, sendo que a falta delas implica ferimento do devido processo legal, como já julgado pela Corte paulista em caso de candidato à prefeitura de Campinas, independentemente da importância que essas razões possam ter.

A partir daí vem o mais importante. Quando do julgamento será declarada a *inelegibilidade do candidato e dos que contribuíram para a prática do ato*. Essa sanção será de três anos, a partir da data do pleito, e atingirá os que abusaram do poder econômico e do poder de autoridade, além de abuso dos meios de comunicação social. Aqui são três os gêneros que advêm do *caput* do art. 22 da LC 64/1990.

Porém, só os que fizeram mau uso do poder econômico e do poder de autoridade são atingidos pela cassação do registro. Os que abusaram dos meios de comunicação social *estão excluídos dessa cassação de registro*. E ser impedido de disputar um pleito pela cassação de registro é ver reconhecida a inelegibilidade para aquele pleito, decorrente do ato praticado.

Mas, para que a investigação não perca o objeto pela eleição do candidato, o inc. XV veio acrescentar determinação *processual* para que investigação julgada procedente após o pleito sirva como base ao recurso contra diplomação – RCD (art. 262, IV) e à ação de impugnação de mandato eletivo – AIME (art. 14, X e XI, da CF).

Essa é a razão por que entendemos constitucional todo o disposto no art. 41-A. Tem a ver com o fato de a investigação com essa origem servir de suporte ao RCD e à AIME. Há, como se vê, perfeita consonância entre as normas legais confrontadas pela exata aplicação do inc. XV do art. 22 da LC 64/1990.

Mais uma vez aqui estamos na contra-mão do entendimento do TSE. Como da ementa no Ac. TSE-3.941, relator o Min. Carlos Velloso, "a decisão que julga procedente representação por captação de sufrágio vedada por lei, com base no art. 41-A da Lei 9.504/1997, é imediata, sendo desnecessária a interposição de recurso contra a expedição de diploma ou de ação de impugnação de mandato eletivo (Acórdãos 21.169, rel. Min. ELLEN GRACIE; e 19.644, rel. Min. BARROS MONTEIRO)".

Nosso entendimento é mantido apesar das decisões colacionadas. E permanece muito mais firme quando se lê na MC 994/MT a fundamentação que justifica o entendimento prevalente naquela Corte Superior. Ficou dito no acórdão citado que a não concessão de efeito suspensivo ao recurso oposto contra decisão em investigação judicial que cassa mandato veio "ao encontro da *vontade da sociedade* (g.n.) de ver rapidamente apurados e punidos os ilícitos eleitorais". Ainda ali é afirmado que o interesse a prevalecer é afastar da disputa aquele que, no curso da campanha, praticou captação de sufrágio vedada por lei.

Sempre mantido o elevado respeito pela Corte Eleitoral Superior, é de se indagar como foi aferida a tal "vontade da sociedade". Não há como afiançarmo-nos em pesquisas que, no mais das vezes, acabam desmentidas pelos fatos. Não há como atender aos desejos da mídia porque estar-se-ia instaurando um quarto poder onde esse poder, institucionalmente examinado, não existe. Assim, como foi aferida a "vontade da sociedade"? Em uma democracia, a única forma de aferição da vontade da sociedade é a consulta direta. Na democracia direta dos gregos os cidadãos reuniam-se em praça pública e tomavam suas decisões de forma direta. Para afastar um cidadão de sua comunidade levantavam-se conchas de ostras, resultando, quando da aferição do resultado pelo banimento, a aplicação da pena e a condenação do indigitado cidadão ao ostracismo.

Nas democracias atuais a única forma de consulta à sociedade, legal, correta, verdadeira, é a que resulta dos pleitos eleitorais. É o cumprimento do princípio máximo da democracia de que todo poder emana do povo. Negar efeito suspensivo a recurso de decisão ao mais das vezes monocrática e suscetível de reexame é ir contra esse princípio constitucional, é afrontar a vontade do povo, algo só cabível como absoluta exceção.

E, quando a Corte Eleitoral Superior entende que um único caso é suficiente para tisnar todo um processo eleitoral em uma eleição decidida por milhares e até por milhões de votos, preferimos ficar com o dispositivo constitucional citado e com aqueles que entendem ser a cassação de mandatos, dada a sua legítima origem popular, a absoluta e completa exceção.

Insistimos na tese de que o povo sabe votar, sim, ao contrário do sugerido. E não precisa ter sua vontade tutelada pelo intérprete das leis com suas decisões de cassação, nem pelo legislador quando restringe a atuação da imprensa escrita e, principalmente, do rádio e da televisão em períodos e por razões determinadas. Há não só que confiar como há que obedecer a vontade do povo como expressa nos pleitos eleitorais, o único e legítimo veículo de aferição dessa vontade.

8.7 Litisconsórcio necessário. O vice

Está instalada a polêmica sobre a participação obrigatória dos candidatos a vice ou vices eleitos nos processos decorrentes da aplicação do art. 41-A da Lei 9.504/1997. Em princípio, como defendemos que o citado dispositivo faz parte integrante e indissolúvel do corpo da legislação que reprime abusos de poder econômico e de autoridade, estando integrado ao texto constitucional e legislação complementar, como um corpo explicativo dos gêneros elencados naquela legislação superior, temos formulado o entendimento de que a investigação a ser proposta deve sê-lo contra o vice da chapa majoritária ou os suplentes de senador.

Quando a ação não contempla a figura do vice ou dos suplentes, que são litisconsortes passivos necessários do titular, entendemos que a ação não está proposta adequadamente, atendendo a todos os pressupostos legais. E não há como trazer a figura dos vices ou dos suplentes ao feito após a diplomação, pela ocorrência de decadência.

O Ac. 140.300 da Corte paulista, que, à unanimidade, examinou a necessidade da presença do vice em investigação judicial, a teor do art. 22 da LC 64/1990, tem o voto do Juiz GUILHERME STRENGER, que assim examinou a espécie:

"A ação de investigação judicial proposta contra prefeito, sob a alegação de ter ocorrido abuso de poder, torna obrigatória a citação do vice-prefeito, na qualidade de litisconsorte necessário.

"(...)

"Inequívoco, portanto, que qualquer sanção atribuída ao prefeito, em razão da indivisibilidade da chapa, se estenderá ao vice-prefeito, estabelecendo-se, portanto, o litisconsórcio necessário.

"Por outro lado, a citação do litisconsorte necessário deve ser concretizada até a data limite para propositura da ação de investigação eleitoral, isto é, a data da diplomação. A partir daí opera-se a decadência, acarretando a extinção do feito sem julgamento de mérito."

Este julgamento estava consentâneo com o entendimento da Corte Eleitoral Superior encontrável em inúmeros julgados.

Mas, se for entendido que o art. 41-A tem vida autônoma, teremos um problema criado para propor o feito sem a participação do vice. Cassa-se o registro ou o diploma do candidato. Porém, mantido o entendimento de que a chapa é una e indivisível mesmo após o pleito e para os efeitos eleitorais, não se pode atingir o patrimônio jurídico do candidato a vice, com sua cassação, sem que ele faça parte do processo. Agir assim seria ofender o princípio constitucional do contraditório e o primado da ampla defesa. A menos que se entenda dissolvida a indivisibilidade e unidade da chapa logo após o pleito, dando direitos autônomos ao vice. Nessa direção já caminhou o TSE logo após o pleito de 1996, quando, julgando caso de Gália, onde o prefeito eleito havia falecido 3 dias após o pleito, considerou possuir o vice direitos autônomos, referendando sua diplomação como prefeito e sua posse.

O assunto foi tratado no Ac.TSE AAg 2.081/SP. Ali ficou dito que "do fato jurídico, maioria de votos, alcançada por algum candidato, em eleições majoritárias, irradiam-se, imediata, simultânea ou sucessivamente, ao momento em que um só voto, caído na urna, faz definitiva esta maioria, efeitos jurídicos, inclusive direito subjetivo a atos de apuração de votos, de resolução de impugnações, de expedição de boletins eleitorais e de diplomação". Este voto reproduz outro do Min. MAURÍCIO CORREA, então no TSE.

Se se pretende autônomo, dissociado do restante da legislação eleitoral, o art. 41-A da Lei 9.504/1997, acabaremos por ter de verificar se o vice participou dos fatos, sendo agente do abuso, quando então será cassado junto com o titular. Ou, se ficar provado que o vice não cometeu o abuso, ou, ainda, se ele não tiver feito parte do processo, acabar-se-á por cassar somente o titular, tomando posse o vice em seu lugar, algo que não parece muito conforme com o espírito da lei eleitoral. E nem poderá ser aproveitado pelos eventuais adversários do titular eleito o processo assim proposto.

Entretanto, mais uma vez aqui o Tribunal Superior Eleitoral produziu formidável alteração jurisprudencial. Passou a entender que o vice tinha um direito subordinado ao do prefeito. Direito que se esvaía com a cassação do titular. Ficamos nós com o entendimento anterior, pelo qual se diz que ninguém pode ser privado de seus direitos senão através do devido processo legal. E a crítica acerba que fazemos vem do fato de termos vivido as priscas eras do regime militar, que, por mais ditatorial que fosse, se utilizava de processos administrativos e de Comissões Gerais de Inquérito para privar cidadãos de seus direitos. Não nos parece aceitável esse novo posicionamento do TSE, ademais ainda não submetido ao Supremo Tribunal Federal para o confronto da não formação do litisconsórcio passivo necessário com a garantia de processo judicial ou administrativo para exame ou eliminação de direito (art. 5.º, LIV, da CF). O bem tutelado é o direito a suceder ou substituir o titular eleito, conforme muito bem definido no acórdão do TSE relatado pelo Min. MAURÍCIO CORREA, acima anotado. Votou vencedor no caso Gália o Min. NELSON JOBIM, que veio, posteriormente, a alterar seu entendimento.

São vários os acórdãos na direção da dispensa do vice para integrar a relação processual. Fixemo-nos em um deles, o Ac. TSE 3.066, relatado pelo Min. SEPÚLVEDA PERTENCE, assim ementado no que interessa: "Desnecessidade, em ação de impugnação de mandato eletivo de citação do vice-prefeito como litisconsorte necessário (precedentes: TSE, Ac.15.597, de 20.06.2000, VIDIGAL; TSE, Ac. 19.342, de 10.05.2001, JOBIM)".

8.8 O art. 262, IV, do Código Eleitoral

A Lei 9.840/1999 também alterou ou pretendeu alterar o art. 262 do Código Eleitoral, especificamente em seu inc. IV, dizendo que não será concedido diploma em contradição com a prova dos autos na hipótese "do art. 41-A da Lei 9.504, de 30 de setembro de 1997".

A jurisprudência do TSE exigia, como suporte para o recurso contra a diplomação (RCD), a existência de prova pré-constituída, como tal considerada a representação eleitoral formulada com supedâneo no art. 22 da LC 64/1990 e com *trânsito em julgado*. Militava nessa direção o voto do Min. NÉRI DA SILVEIRA no Ac. TSE 15.373, de 24.04.1998: "O inciso XIV é invocável se, no período entre o registro e a diplomação, *houver uma decisão com trânsito em julgado*".

Era prudente o entendimento do TSE. Para a segurança jurídica e para que os candidatos eleitos, especialmente os majoritários, não fossem substituídos com falta de continuidade administrativa, ficou assente a necessidade do trânsito em julgado do processo de investigação. Se um diploma fosse cassado com base em investigação sujeita à revisão judicial, estaríamos diante de uma instabilidade desaconselhável para a administração pública. Esse entendimento também foi modificado pelo próprio TSE, que passou a entender bastar o ajuizamento da prova para poder ser invocada em sede de recurso contra diplomação. E o último pleito para deputados federais e estaduais já teve julgamentos feitos perante o TSE com a produção de provas perante a Corte Eleitoral Superior.

Havia uma outra razão para o fato de o efeito suspensivo ser automático nesses casos. É que esses são casos que refletem a existência de inelegibilidade agasalhada pelo efeito suspensivo do art. 15 da LC 64/1990: "Transitada em julgado a decisão que declarar a inelegibilidade do candidato, ser-lhe-á negado o registro, ou cancelado, se já tiver sido feito, ou declarado nulo o diploma se já expedido".

Sempre se exigia o trânsito em julgado para decisão que declarasse a inelegibilidade do candidato. Ora, como já afirmamos, qualquer decisão que cassa o registro traz ínsita em seu bojo, mesmo que não expressa, a declaração de inelegibilidade para a eleição a que se dirige. Cassar o registro de candidato, como reafirmamos, é cassar-lhe a parte da cidadania relativa ao *jus honorum*, tornando-o inelegível, não elegível, não destinatário de votos, ao menos para aquele pleito.

Assim, a Lei 9.840/1999 faz referência equivocada ao inc. IV do art. 262 do CE, quando o caso é de inelegibilidade já contemplado pelo inc. I do mesmo artigo e diploma legal. Pelo menos na nossa ótica.

Essa é a razão pela qual nos permitimos discordar do quanto anotado no Ac. TSE 994, de 31.05.2001, que afirmou: "Ao contrário do que acontece com as decisões que declaram inelegibilidade, quando há que se aguardar o trânsito em julgado, os efeitos da decisão que cassa diploma com base no art. 41-A da Lei 9.504, de 1997, permitem execução imediata". A esse acórdão sucederam-se vários outros, sempre na mesma direção, negando efeito suspensivo a recurso sobre cassação com fulcro no art. 41-A da Lei 9.504/1997.

Vale repetir que a cassação de registro com base no art. 41-A se dá em função da prática de abuso de poder econômico ou abuso de poder de autoridade. A lei só especificou o gênero. A lei está consentânea com o art. 14, IX, da CF, que dispõe ser necessária lei complementar para estabelecer *outros casos de inelegibilidade* que persigam e punam atos que atentem contra a normalidade dos pleitos e que sejam fruto dos abusos citados.

Cassar registro impedindo a disputa de pleito, ou cassar diploma pelos abusos praticados, constitucionalmente previstos, é declarar a inelegibilidade do candidato. A partir daí, o entendimento esposado no acórdão supracitado encaixa-se como mão na luva, exatamente para indicar a incidência do efeito suspensivo para casos de inelegibilidade tácita, como aquelas decorrentes da aplicação do art. 41-A da Lei 9.504/1997.

Fala-se em declaração de inelegibilidade que deveria ser expressa, a teor da decisão debatida. Mas o que resta claro, como sempre aqui foi dito, é que a decisão que cassa registro é tácita quanto à declaração de inelegibilidade para o pleito. Ao menos para o pleito, se outra extensão não for dada.

8.9 O direito de disputar

Entretanto, se, apesar das colocações aqui feitas, restar cassado o diploma de candidato, situação que se apresenta válida também para as demais hipóteses de cassação de diploma com mais de 50% dos votos considerados nulos, a teor do art. 224 do Código Eleitoral, o candidato poderá participar normalmente do novo pleito até que transite em julgado a declaração de sua inelegibilidade.

Isto está assentado no Ac. TSE 995, Goianira-GO, de 22.05.2001, onde se decidiu:

"I – Em se tratando de nova eleição, regida pelo art. 224 do Código Eleitoral, que não se identifica com eleição suplementar, reabre-se o processo eleitoral em toda a sua plenitude.

"II – A jurisprudência desta Corte, na hipótese sob o comando do art. 224 do Código Eleitoral, é no sentido de que podem participar do processo eleitoral até mesmo candidatos que tenham dado causa à anulação da eleição anterior.

"III – Enquanto ainda em tramitação recurso contra decisões pendentes de julgamento final, não se há de falar em trânsito em julgado.

"(...).."

8.10 Análise do tipo do art. 41-A

O exame do tipo anotado no art. 41-A, desde o início, remete-nos ao fato de que a lei pune *somente o candidato* que praticar um dos atos combatidos.

De pronto sabe-se que o candidato somente beneficiário não pode ser atingido por essa pena de cassação.

Nesse sentido, o art. 41-A é muito menos abrangente do que o art. 22 da LC 64/1990, que, em seu *caput,* pune o abuso praticado *em benefício de candidato ou partido político.* Mais adiante, o inc. XIV do art. 22 da lei citada indica *a cassação do registro do candidato diretamente beneficiado pela interferência do poder econômico e pelo desvio ou abuso do poder de autoridade.*

Já o art. 41-A da Lei 9.504/1997 diz que "constitui captação de sufrágio, vedada por esta Lei, *o candidato* doar, oferecer (...)".

Exige-se, pois, a participação direta do candidato no ato de doar e, como em todos os crimes eleitorais, o dolo específico, a intenção de praticar o ato proibido.

Pode-se falar que o art. 41-A da Lei 9.504/1997 guarda intensa simetria com o art. 299 do CE. O ato praticado tem de ser personalíssimo, tem de ser praticado pela pessoa que se pretende punir, no caso, o candidato. Não se pune o beneficiário.

E a simetria ou identidade entre o art. 41-A e o art. 299 do CE já foi muito bem apropriada pela Desembargadora federal SUZANA DE CAMARGO GOMES em seu livro *Crimes elei-*

torais. Vale reproduzir seus ensinamentos: "É que o art 1.º da Lei 9.840/1999 veio acrescentar à Lei 9.504, de 30.09.1997, o art. 41-A, passando então a definir o que constitui captação de sufrágio vedada por lei. Na verdade, esse dispositivo em nada alterou a disciplina penal pertinente ao crime de corrupção eleitoral, que continua incólume, pelo que incide no delito tipificado no art. 299 do Código Eleitoral tanto o candidato como qualquer outra pessoa que realize as figuras típicas ali descritas. *A mudança está em que, sendo o autor da infração candidato, além de responder criminalmente, nos termos do art. 299 do Código Eleitoral, submete-se também às penas previstas no art. 41-A da Lei 9.504/ 1997, com a redação dada pela Lei 9.840/1999, sendo que o procedimento previsto para a apuração é o previsto na LC 64/1990, em seu art. 22, denominado de investigação judicial*" (grifamos).

Vê-se, pois, até com base no escólio da doutrinadora citada, que, a rigor, uma das poucas diferenças entre o art. 41-A da Lei 9.504/1997 e o art. 299 do CE é que o agente, no art. 41-A, só pode ser o candidato, sendo essa a razão pela qual não se pune o pedido ou a aceitação de benesse, algo que só pode ser praticado por quem não é candidato.

Assim, é possível afirmar-se que praticamente toda a jurisprudência sobre o art. 299 que persiga a atuação de candidato pode ser aplicada à espécie do art. 41-A.

Podemos dizer que, quando se pune a prática de ato correspondente ao núcleo do art. 41-A, estar-se-á dando ensejo à punição do mesmo autor, o candidato, pelo delito do art. 299 do CE. Retornemos à doutrina da autora citada: "Portanto, sendo o candidato o autor da captação de voto, figura que se assimila ao da corrupção eleitoral, responderá pelo delito do art. 299 do Código Eleitoral, além de que estará sujeito à multa de mil a cinqüenta mil UFIR, *além da cassação do registro, enquanto candidato, ou do diploma caso já tenha sido eleito ou diplomado. Portanto, os dois preceitos devem ser aplicados conjuntamente, um não afastando a aplicabilidade do outro*".

E mais: "*Precisa, o benefício, ser concreto, individualizado, dirigido a uma ou mais pessoas determinadas, não configurando o delito* e, dizemos nós, não configurando afronta ao art. 41-A, *promessas genéricas de campanha, ocorridas em comícios, ou mesmo através de televisão, quando não resulta evidenciado nem mesmo o compromisso de entrega da vantagem tendo como contraprestação o voto ou a abstenção*".

E, como já dito, há um limite temporal para o cometimento do crime que, conforme jurisprudência acima citada do TSE, vai da data do *pedido de registro* até o dia do pleito. Aqui também outra diferença entre o art. 299 do CE e o art 41-A da Lei 9.504/1997, já que para o crime eleitoral não existe esse limite temporal.

8.11 Jurisprudência aplicável

Um dos julgados mais importantes sobre o art. 299 do Código Eleitoral foi proferido no Ac. TSE 11.646, de Araguaína, em que o Min. DINIZ DE ANDRADA subscreveu parecer da Procuradora da República RAILDA SARAIVA, para dizer:

"18. Deduziu-se, na denúncia como na sentença, que a sua conduta estava dirigida à aquisição de votos, pelo simples fato de que era vereador e seria candidato a vice-prefeito. Disso até nem duvido, nem mesmo vejo erro na dedução.

"19. Aliás, pessoalmente entendo que os políticos sempre agem com a intenção de expandir seu eleitorado – de angariar votos, no presente ou no futuro. E isto não apenas quando distribuem bolsas de estudo, sandálias, roupas ou remédios, mas, também, quando votam isenções, fixam juros, concedem anistia, apóiam greves etc. E isto se faz mais verdadeiro em nosso país onde predominam os partidos de patronagem e a educação cívica do eleitorado não está, ainda, bem fortalecida.

"20. A discordância não se faz à dedução, em si, que até me parece lógica, mas ao fato de que ela possa suprir a ausência de prova efetiva, para fins de acusação e condenação criminal.

"21. Que o acusado pretendesse conquistar eleitores e angariar votos com sua 'humanitária' conduta é coisa que se pode logicamente presumir. Mas, que essa presunção possa substituir a comprovação do pedido, direto ou indireto, do voto ou abstenção de que fala a lei é coisa que me parece inaceitável no Juízo Criminal."

Tem sido hábito o Ministério Público e o Judiciário eleitoral presumirem fatos. Se é candidato e está enviando mensagem de Natal às suas expensas para eleitores e não eleitores deve ser julgado culpado de propaganda antecipada porque, conforme dizem, *é óbvio que se trata de propaganda eleitoral antecipada.* Se o poste aparece coberto com cartazes do candidato, sendo ele o beneficiário, mesmo que negue a prática ou o conhecimento do ato, vê contra ele julgado o feito e acoimada sua defesa como continente de *um argumento pueril.* Esse argumento pueril foi transformado na Súmula 17 do TSE, bem como a prática do crime do art. 299 do CE não pode ser presumida, mas, sim, devidamente provada quanto ao pedido de voto, como do lúcido trabalho da Procuradora da República RAILDA SARAIVA no trecho reproduzido. O mesmo vale, por certo, para a incidência do tipo do art. 41-A, que não pode ter julgamentos feitos com base em presunções, por mais corretas que possam ser.

8.12 Mais jurisprudência

Sempre anotando o limite temporal para a incidência do art. 41-A, válido é examinar outros julgados relativos à incidência do tipo do art. 299 do Código Eleitoral, quando a prática advém de ato de candidato.

Promoção de espetáculo circense com objetivo de propaganda eleitoral: "A conduta que se pretende incriminar não se enquadra nos crimes cogitados na denúncia, arrolados nos arts. 334, 299 e 347 do Código Eleitoral. Penalmente atípica a imputação" (TSE – Ac.12.173 – rel. Min. SEPÚLVEDA PERTENCE).

Promessa apta para obter voto: "A promessa de vantagem há de ser feita para a obtenção de voto. Se não possui aptidão para tal resultado, descabe considerar delito" (TSE – Ac. 13.458 – rel. Min. DINIZ DE ANDRADA).

Efeito da absolvição em investigação: "Representação para investigação judicial julgada improcedente. O recebimento da denúncia sem alusão às novas provas, não referidas na investigação, tem-se como verdadeiro constrangimento ilegal dirigido ao paciente pela ação penal que pretende trancar" (TSE – HC 213 – rel. Min. JOSÉ CÂNDIDO).

Individualização da conduta: "4. Denúncia inepta. Primeiro por não configurar, no caso concreto, o tipo do art. 299 do Código Eleitoral. Segundo, por não individualizar, para cada um dos três denunciados, a conduta delituosa que lhe imputa" (TSE – HC 226 – rel. Min. TORQUATO JARDIM). Aqui a individualização vale só para os que forem candidatos, no que concerne ao art. 41-A. Sempre haverá que atentar para o fato de que, na chapa majoritária, um dos candidatos, não tendo participado da conduta ou com ela assentido, não poderá sofrer os efeitos da condenação do outro para efeito de cassação de registro ou diploma. Salvo se adotarmos, como se pretende, a aplicação do art. 41-A da Lei 9.504/1997, como componente do quanto afirmado no art. 14, § 9.º, da CF e no art. 22 da LC 64/1990, especialmente quanto ao inc. XV, quando então caberia a cassação de ambos os candidatos, mesmo que um deles não tenha participado dos fatos. Situação que, aí, sim, atingiria o beneficiário como da expressa disposição legal.

Sorteio de bens: "Sorteio de bens entre assistentes de comício eleitoral. Atipicidade" (TSE – HC 270 – rel. Min. JESUS COSTA LIMA).

Promessa suficiente: "O crime de corrupção eleitoral (art. 299, CE) não exige a produção de resultado para sua consumação, bastando apenas a promessa de qualquer vantagem, ainda que a oferta não seja aceita" (TSE – HC 250 – rel. Min. FLAQUER SCARTEZZINI).

E este trabalho sobre o art. 41-A da Lei 9.504/1997 pode ser concluído com a citação do Ac. TSE 19.229, rel. Min. FERNANDO NEVES, *DJU* 05.06.2001, onde ficou dito: "Para a caracterização da conduta descrita no art. 41-A da Lei 9.504/1997 é imprescindível a demonstração de que ela foi praticada com o fim de obter voto do eleitor".

9
ASPECTOS PROCESSUAIS DO ART. 96 DA LEI 9.504/1997

ALBERTO ROLLO

SUMÁRIO: 9.1 A representação do art. 96 da Lei 9.504/1997 – 9.2 Devido processo legal – 9.3 Legitimidade ativa – 9.4 O advogado na Justiça Eleitoral: 9.4.1 Advogado: a posição anterior a 1988; 9.4.2 Advogado: situação a partir de 1988 – 9.5 Direito de petição *versus* presença de advogado – O falso dilema – 9.6 Advogado como juiz eleitoral – 9.7 Regularização de representação judicial – 9.8 Intimações e prazos – 9.9 Impulso judicial de ofício – 9.10 Recurso especial.

9.1 A representação do art. 96 da Lei 9.504/1997

Ainda que o processo eleitoral não se revista do formalismo do processo civil, impõe ele uma formalidade mínima que garanta o exercício do contraditório por parte dos representados.

O que se espera do processo eleitoral é que seja cumprido o devido processo legal, estabelecido pelo art. 96 da Lei 9.504/1997, devendo a petição inicial "relatar fatos, indicando provas, indícios e circunstâncias".[1] Além da exigência de descrição pormenorizada da causa de pedir, a petição inicial deve indicar claramente o representante e o representado e formular o pedido, uma vez que não cabe ao juiz eleitoral emendar a petição inicial ou processar de ofício a representação eleitoral, quando não adequadamente propostas, em virtude do princípio da inércia da jurisdição.

Havendo irregularidade processual sanável, desde que não notificado o representado, cabe ao juiz eleitoral determinar a emenda da petição inicial. Quando notificados os representados, só resta a extinção da representação sem o julgamento do mérito, abrindo-se ao representante a oportunidade de apresentar outra petição inicial, corrigidas as falhas apresentadas na primeira.

Diante da inexistência de disposição legal específica para o processo eleitoral, aplica-se subsidiariamente, no que couber, o Código de Processo Civil.

9.2 Devido processo legal

Tornou-se um hábito, nos pleitos regidos por esta lei, proceder-se à reclamação contra ilegalidades cometidas por candidatos e o pedido de investigação judicial concomitante, pedidos esses regidos por diferentes leis sob o aspecto processual.

De forma genérica, a utilização das regras do art. 96 se dá para aplicar sanção consistente em multa. Já quando se pede a investigação judicial do art. 22 da LC 64/1990, o que se pretende é a cassação do registro ou do mandato do candidato.

---

[1] § 1.º do art. 96 da Lei 9.504/1997.

Em princípio não se misturam os ritos nem as punições.² Entretanto, buscando superar essa dificuldade, juízes e tribunais procuram ver se foi aplicada a legislação mais favorável para a defesa do candidato. E se tal aconteceu, aplicam ou mantêm a aplicação das penas de ambos os permissivos legais, multando e cassando registro.

Entretanto, o mais correto seria dos mesmos fatos poder-se extrair três diferentes resultados. E o melhor exemplo é aquele ocorrido na cidade do interior do Estado de São Paulo, onde jornal de grande circulação distribuiu, com sua edição dominical, encarte relativo a propaganda de candidato. Esse fato único gerou três diferentes tipos de processo. Um, com base no art. 22 da LC 64/1990, procurou cassar o registro por abuso dos meios de comunicação social. Outro, de caráter criminal, procurou averiguar a ação dos responsáveis pela utilização de empresa comercial para distribuição de propaganda. E um último procurou apenar com multa, e baseado no art. 96 da Lei 9.504/1997, a propaganda ilegal feita por jornal.

Tem-se aqui, pois, a forma mais certa de agir processualmente. E eventual alegação de litispendência fica descartada porque diferentes ritos geram penas pecuniárias e restritivas à liberdade diferentes e para responsáveis distintos.

Um dos processos, o relativo à propaganda irregular com aplicação de multa, foi julgado procedente, gerando condenação.

---

[2] Já decidiu o TSE: "A ação de impugnação de mandato eletivo se destina unicamente à apuração do poder econômico, corrupção ou fraude. Eventual divulgação de pesquisa sem registro, com violação do art. 33 da Lei 9.504/1997, deve ser apurada e punida por meio da representação prevista no art. 96 da Lei 9.504/1997" (TSE – Ac. 21.291 – rel. Min. FERNANDO NEVES – j. 19.08.2003 – *DJ* 12.09.2003, p. 121).

Pensamos que, dessa condenação transitada em julgado, é possível extrair coisa julgada material para produzir efeitos nos demais processos. Ainda assim, tais processos, dadas as suas peculiaridades, não estão prontos para condenação. O feito do art. 22 da LC 64/1990 exige, além do potencial danoso do fato, a tal prova robusta e incontroversa, esta acobertada pela coisa julgada material, o potencial capaz de causar efeito no pleito, o nexo de causalidade entre o fato e o possível resultado. E, da mesma forma, no processo criminal, há de se perquirirem circunstâncias específicas como o dolo, que não pode ser genérico, a individualização da conduta e outras situações de ordem jurídica capazes de gerar até a absolvição, pese embora a coisa julgada a se produzir sobre o ato ilícito praticado.

Mas a jurisprudência eleitoral também abriga casos de um só processo para a conduta única, com pedidos distintos de punições, englobando em um só feito a representação do art. 96 da Lei 9.504/1997 e a investigação do art. 22 da LC 64/1990.[3] Há grandes riscos processuais para quem adota tal conduta. Nas eleições majoritárias, a investigação do art. 22 da LC 64/1990 pode atingir vices ou suplentes (se for eleição senatorial). E estes, atingidos em seu patrimônio jurídico pelos efeitos da aplicação de eventual pena de cassação, devem fazer parte do feito, sob pena de cerceamento das suas defesas.[4]

---

[3] Há casos, ainda, em que a Justiça Eleitoral determinou o desmembramento da representação em duas, a fim de que uma, sob o rito do art. 96 da Lei 9.504/1997, apure a existência de propaganda eleitoral antecipada e a outra, sob o rito do art. 22 da LC 64/1990, apure a existência do abuso, conforme Acórdão TSE 21.166, de 01.08.2002, relator o Min. SÁLVIO DE FIGUEIREDO, publicado no *DJ* de 06.09.2002.

[4] Surpreendentemente, vem entendendo o TSE que é possível a cassação do vice em sede de ação de impugnação de mandato

Ao contrário, nas representações do art. 96, com pura e simples aplicação de pena pecuniária, o processo pode ser contra um único indivíduo, mesmo no pleito majoritário, que suportará sozinho a pena cominada.

Também nessa forma de procedimento híbrido, quando se notifica o representado para apresentar defesa no prazo de 48 horas (§ 5.º do art. 96), não se pode pretender cassação de registro, pois a aplicação do art. 22 implicaria prazo de cinco dias para a defesa (alínea *a* do inc. I do art. 22 da LC 64/1990). Não há, nessa circunstância, como aproveitar um processo que fere o devido processo legal e o direito de defesa. Esse cerceamento ocorre independentemente do número de páginas produzidas pela defesa do candidato.

Existem, ainda, decisões do TSE permitindo a cumulação, numa mesma representação, do pedido de direito de resposta com o pedido de imposição de multa, decorrente do procedimento do art. 96 da Lei 9.504/1997,[5] desde que observado o prazo maior para defesa, de 48 horas. Entendemos que tal cumulação é indevida, na medida em que os prazos eleitorais são peremptórios, ou seja, não se dilatam pela vontade das partes. É da natureza do processo eleitoral a celeridade, a ponto de estabelecer-se punição para o magistrado quando este não cumpre os prazos estabelecidos na Lei 9.504/1997, conforme art. 97 desta.

Se a lei, portanto, estabelece prazos diferentes para resposta em um e outro procedimento, não cabe à parte ou ao julgador permitir ou realizar qualquer alteração.

eletivo, proposta apenas contra o prefeito. Se assim ocorre, por entender-se acessório o mandato do vice, esse mesmo raciocínio vale para o suplente de senador, com a nossa veemente discordância, no entanto.

[5] TSE – Ac. 15.712 – rel. Min. MAURÍCIO CORREA – j. 29.04.1999.

9.3 Legitimidade ativa

O *caput* do art. 96 da Lei 9.504/1997 dá a partidos, coligações ou candidatos o direito de representar contra ilicitudes praticadas em função da lei em comento.

Claro está que o Ministério Público possui, para tais feitos, legitimação constitucional. Tem, portanto, poderes para oferecer a representação do art. 96. Porém, se autor da representação, a nosso sentir, não pode exercer a função de *custos legis* para não ocupar duas diferentes situações processuais.[6] Autor da representação, o Ministério Público passa a ser parte, dado o conceito de unidade e indivisibilidade na atuação da instituição. Na condição de fiscal da lei, o Ministério Público pode ter opiniões diferentes em distintos momentos processuais. Na condição de parte, não.

Indaga-se também se o candidato ao pleito majoritário pode representar contra o candidato ao pleito proporcional e vice-versa. Trata-se, como se sabe, de diferentes pleitos. Assim, entendemos que a legitimação ativa só abriga candidato ao mesmo pleito do representado. Porém, tal restrição não está na lei, havendo forte corrente considerando possível ao candidato a um pleito representar contra candidato a outro pleito, já que ambos possuiriam registro para o mesmo pleito.

Vale a pena examinar também o conceito de quem é candidato e a partir de quando. Recente julgado do TSE considerou, para os efeitos da aplicação do art. 41-A da Lei 9.504/1997, que candidatura existe a partir do pedido de registro. Vamos além: até para efeitos de concessão ou não de autorização judicial para continuação de campanha de candidato julgado inelegível ainda

---

[6] Na prática, entretanto, isso ocorre.

em primeiro julgamento. Candidatos existem a partir da escolha em convenção, algo que ocorre entre 10 e 30 de junho do ano do pleito. Tanto assim é que tal escolha gera no indivíduo o direito de registrar sua candidatura se o partido não o fizer até 5 de julho. O *status* de candidato passa a existir a partir da escolha, com as providências relativas à abertura de contas, programação de campanha e outros atos que evidenciam candidatura existente Assim, entendemos que, após a escolha partidária em convenção, o cidadão passa a ser candidato com todos os direitos automáticos decorrentes disso e com as restrições legais, dentre as quais a de fazer propaganda eleitoral somente após o dia 5 de julho.

O mesmo pode ser dito com relação à legitimação ativa decorrente da condição de partido político. Essa legitimação existe para todos os atos de oferecimento de representação relativa ao art. 96 da Lei 9.504/1997, até o partido efetuar coligação. A partir da convalidação da coligação, quando o segundo dos partidos coligados (mesmo que sejam mais de dois, sabendo-se impossível a coligação de um só partido) realizar sua convenção, aplica-se o art. 6.º, § 1.º, da lei das eleições para concluir que a legitimidade ativa do partido foi sucedida pela legitimação da coligação, e só dela, para falar em nome dos partidos que a compõem.

Nesse sentido é a jurisprudência pacífica da Corte Eleitoral Superior exemplificada no Ac. 686 de 25.02.2003, relator o Min. LUIZ CARLOS MADEIRA, com a ementa: "Durante o processo eleitoral, e até a eleição, partido político em coligação não possui legitimidade para, isoladamente, propor representação por abuso do poder econômico". No mesmo sentido é o Acórdão TSE 21.346, de 09.09.2003, relator o Min. PEÇANHA MARTINS, publicado no *DJ* de 09.09.2003, p. 120. Já decidiu o TSE também: "A agremiação partidária que se coligou apenas para a eleição proporcional tem legitimidade para agir isoladamente no pleito majoritário" (TSE – Ac. 19.711 – rel. Min. PEÇANHA MARTINS – j. 28.10.2003 – *DJ* 21.11.2003, p. 162).

E mais: para cada pleito um determinado órgão partidário é que detém legitimidade ativa para atuar. No pleito federal, eleição para Presidente da República, atua o órgão nacional. No pleito estadual atua o órgão regional e, no pleito municipal, tem legitimidade o órgão municipal.

Isto acontece para evitar o que já vem sucedendo. Em pleito estadual, em que partidos coligados têm divergências em município, um dos partidos coligados consegue representar contra candidato de outro dos partidos coligados. Na direção acima exposta está o Ac. 131.337, onde a relatora ANNA MARIA PIMENTEL, da Corte paulista, anotou: "Com efeito, em se tratando de eleições estaduais, o órgão regional é o competente para representar as organizações perante a Justiça Eleitoral".

9.4 O advogado na Justiça Eleitoral

Com o advento da Constituição de 1988, ficou escrito no art. 133 que "o advogado é indispensável à administração da Justiça", fazendo com que nosso direito constitucional se equiparasse ao das nações modernas nesse ponto, tornando obrigatória a presença de advogado para a postulação de direitos. É o que se chama *direito postulatório*.

Entretanto, embora essa não seja matéria de discussão recente, surgiu, especialmente na Corte Eleitoral paulista e no pleito de 1998, uma tentativa de tornar dispensável a figura do advogado, sob o prisma da homenagem ao *direito de petição*, que se colocaria em contraponto ao *direito postulatório*, prevalecendo sobre esse, dado o seu caráter mais social e abrangente.

Essa foi a razão pela qual nos animamos a proceder a pesquisa doutrinária e jurisprudencial, especialmente junto à Justiça Eleitoral, para possibilitarmos um conhecimento mais amplo sobre a questão, procurando com isso esclarecer a tantos quantos se interessam pelo tema.

Temos o costume de dizer, e essa ilação é correta, que, nos regimes ditatoriais, em que se pretende a aplicação da lei sob o ponto de vista de uns poucos donos do poder, a figura do advogado é execrada. Já NAPOLEÃO se insurgia e indignava com o trabalho dos advogados, procurando limitar-lhes a atuação e demonstrar-lhes o desapreço. Logo ele que, além de ditador, possuía sérios desvios de personalidade. O mesmo desapreço é encontrável, aqui e ali, contra os jornalistas e o exercício de sua profissão. Certo é que uns e outros, advogados e jornalistas, têm, em seus quadros, figuras tristes que se prevalecem dessas profissões para exercê-las de forma a desonrá-las. Isso não permite que se generalize o mau exercício dessas profissões para limitar-lhes o alcance e cercear-lhes a atuação.

Se se quer mais democracia, e é disso que se trata quanto falamos de direito eleitoral, devemos estar consentâneos com o constituinte de 1988, na aceitação da indispensabilidade da figura do advogado para a administração da Justiça. Como se verá mais adiante, no decorrer deste trabalho, o próprio Supremo Tribunal Federal já enfrentou o tema, mais que o tema, o dilema sobre escolher entre o *direito de petição* e a *capacidade postulatória,* compatibilizando-os.

Vale lembrar lição do Min. MARCO AURÉLIO, em julgamento perante o TSE, ao dizer que o advogado é o desbravador, o inovador, o criador de teses, cabendo ao juiz o seu exame, o exame das teses novas, para afastar as idéias sem força e adotar as posições inovadoras e revestidas de conteúdo. Dessa forma, dizia ele, é construído o bom direito.

9.4.1 Advogado: a posição anterior a 1988

Na vigência da Lei Orgânica dos Partidos Políticos (LOPP) anterior e revogada (Lei 5.682/1982), além das situações normais em que o advogado é dispensado de atuar, como na impugnação voto a voto durante o processo de apuração, havia a figura do delegado do partido. O delegado era designado pela autoridade partidária e agia em nome do partido, mesmo que advogado não fosse. A Res. 10.785, que disciplinava a LOPP, falava da delegação partidária em vários níveis, como o municipal, o estadual e o federal.

É de 1983 o Ac. TSE 7.627, sendo relator o então ministro e hoje atuante advogado JOSÉ GUILHERME VILLELA, *BE* 388/57, que diz: "Representação judicial de órgão partidário – Advogado e delegado – Condições de exercício profissional na Justiça Eleitoral – Impugnação a registro por falta de filiação partidária. A representação judicial dos órgãos partidários perante a Justiça Eleitoral fica a cargo dos respectivos dirigentes e delegados *ou* de seus advogados constituídos" (grifo nosso).

Assim, para todos os atos da vida partidária, e, até mais, atos perante a Justiça Eleitoral, o que amplia em grande escala o âmbito da atuação, as autoridades partidárias e os delegados designados por elas podiam atuar, independentemente de fazê-lo através de advogado. A única restrição era quanto à atuação que se daria no nível de representação que tivesse a autoridade partidária ou o delegado.

A leitura da ementa mostra bem a presença da conjunção alternativa *ou* permitindo a opção. Dispensável era, então, a figura do advogado para que se postulasse perante a Justiça Eleitoral.

Da mesma época e nessa mesma direção lia-se, no Ac. TSE 6.919, de 01.10.1982, *BE* 376/645, que "o candidato pode recorrer, sem estar representado por advogado".

Também na direção de que "não é preciso ser advogado para ser delegado de partido" eram os Acórdãos 4.176 (*BE* 214/361) e 6.946 (*BE* 376/645).

Entretanto, a falta da devida instrução e de argumentação técnica adequada na interposição de recursos, ainda durante essa época anterior à vigência da Constituição de 1988, acabou por tornar obrigatória, através de construção jurisprudencial, a presença de advogado como signatário de peças recursais. Nessa direção atua o Ac. TSE 9.195, de 29.09.1988, *BE* 447/1.003, onde ficou dito: "Não se conhece de recurso especial interposto pelo próprio interessado na inscrição de candidatura a Prefeito Municipal, à falta da necessária representação por advogado".

Essa situação de desinteresse pela presença de advogado, atuando perante a Justiça Eleitoral, mais do que desinteresse, desnecessidade, acabou por alterar-se profundamente com a Constituição de 1988.

9.4.2 Advogado: situação a partir de 1988

Tornada, pelo art. 133 da CF, indispensável a figura do advogado para a administração da Justiça, o Judiciário Eleitoral acabou por orientar-se com força nessa direção.

Nem se imagine adoção de privilégios. Ao contrário, o que se procura, com a presença do advogado, neste importante ramo do direito, é aperfeiçoar as teses, possibilitar que se faça a melhor defesa para o exercício da cidadania, construir o melhor direito.

O *status civitatis* vem logo em seguida, em grau de importância, ao *status libertatis,* em que mais e mais se fortalece a necessidade da presença do advogado.

Nos Estados Unidos, a desnecessidade de advogado para a defesa da liberdade do cidadão foi afastada no momento em que a evolução jurídica daquele país concluiu que não se pode sequer prender para averiguação o cidadão, possível criminoso, sem informa-lo de seus direitos, dentre os quais está o de permanecer calado acrescido da advertência de que poderá solicitar a presença de *seu* advogado ou, se não tiver um, ou não puder pagar por um, o Estado se encarregará de lhe dar essa proteção.

E é para isso que existem os advogados: para proteger o direito dos cidadãos, tornando-os claros, principalmente no que toca à discussão de processo judicial.

Ainda agora, na Lei 9.504/1997, quando se admite que interessados, ali enumerados, pleiteiem seus direitos perante a Justiça Eleitoral, não há indicação, na lei ou na jurisprudência, sobre a ausência de advogado.

Nessa direção é a lição do Procurador da República PEDRO NIESS, em seu livro *Ação de impugnação de mandato eletivo* (p. 71), quando diz: "Quando a legislação, em geral, diz que faculta a esta ou àquela pessoa a prática deste ou daquele ato em juízo, reconhece-lhe, apenas, ser parte legítima para praticá-lo, não lhe confere capacidade postulatória; ao contrário, para que a presença do advogado se torne desnecessária, sendo isso possível, é obrigatório que a lei o dispense expressamente. Os direitos são sempre outorgados a certas pessoas que, entretanto, devem postular em juízo por intermédio de advogados".

Quando se disse, em algum momento, que a presença do advogado é indispensável para a formulação de pleitos perante a Justiça Eleitoral, falou-se dessa tese em face da legislação eleitoral que vigeu regrando esta ou aquela eleição.

Os julgados que examinam a tese em face do texto da Lei 9.100/1995, por exemplo, são absolutamente atuais e aplicáveis à mesma tese em face do texto da Lei 9.504/1997. O que vale é a tese em si, e não o fato de o texto da Lei 9.504/1997 ser novo, só aplicável a partir do pleito de 1998.

Na mesma direção do pensamento acima anotado está a manifestação do Min. COSTA LEITE, subscrevendo parecer do Prof. GERALDO BRINDEIRO, Procurador-Geral da República, no Recurso TSE 14.990, de junho de 1997, onde ficou dito:

"Ademais, esta Procuradoria entende que (...) no mérito, quanto à violação à expressa disposição legal, a Lei 9.100/1995 nenhuma referência faz à dispensabilidade do advogado, prevalecendo, então, a ordem emanada do art. 36 do Código de Processo Civil e dos arts. 1.º e 3.º do Estatuto da Advocacia, com as ressalvas aí mencionadas, amparados, esses dispositivos, no art. 133 da Constituição Federal. Não seria preciso que a Lei 9.100/1995 previsse expressamente a representação das partes por advogados para que ela se tornasse obrigatória; ao contrário, para que se mostrasse desnecessária seria obrigatório, fosse isso possível, que a lei a dispensasse expressamente".

Também o Prof. GERALDO BRINDEIRO, Procurador-Geral da República, oficiando no REE 15.094, sobre a espécie, assim se manifestou:

"Sim, porque à luz do magistério desta Corte, que ressalva, apenas, a impugnação ao pedido de registro de candidato (REsp 13.952, rel. Min. Nilson Naves), é necessário que o pleito, uma vez veiculado em juízo, traga a chancela de profissional inscrito na Ordem dos Advogados do Brasil, como ressai dos acórdãos proferidos à oportunidade do julgamento dos Recursos Especiais sob ns. 12.832/SC, rel. Min. Nilson Naves, 13.136, rel. Min. Eduardo Ribeiro; 12.985, rel. Min. Eduardo Ribeiro; 12.225, rel. Min. Eduardo Alckmin; 13.926, rel. Min. Nilson Naves; 14.038, rel. Min. Ilmar Galvão; 13.222, rel. Min. Nilson Naves; 14.452, rel. Min. Eduardo Ribeiro; e 14.088, rel. Min. Eduardo Alckmin, in *Ementário TSE*, 1.ª semana, dezembro de 1996".

Já mais recentemente, a Corte Eleitoral Superior firmou entendimento na mesma direção, conforme acórdão assim ementado: "É imprescindível que a representação seja assinada por advogado regularmente inscrito na Ordem dos Advogados do Brasil – OAB, sob pena de ser extinto o feito sem julgamento do mérito, por violação do art. 133 da Constituição Federal" (Ac. 20.976 – rel. Min. VELLOSO – j. 25.09.2003 – *DJ* 07.11.2003, p. 208).

9.5 Direito de petição *versus* presença de advogado – O falso dilema

Decisões do Supremo Tribunal Federal, tomadas pelo Pleno daquela Corte, à unanimidade, eliminam o falso dilema entre o exercício constitucional do direito de petição e a presença, constitucionalmente indispensável, da figura do advogado para postular em juízo.

Eis como restou anotada a ementa em julgado de 26.08.1992, sendo relator o Min. NÉRI DA SILVEIRA, Ementário 1698-03, *DJ* 02.04.1993: "Direito de petição – Constituição Federal, art. 5.º, XXXIV, letra *a*. O direito de petição não implica, por si só, a garantia de estar em juízo, litigando em nome próprio ou como representante de terceiro, se, para isso, não estiver devidamente habilitado, na forma da lei. Constituem exceções as hipóteses em que o cidadão, embora não advogado inscrito na OAB, pode requerer perante juízos e tribunais. Constituição, arts. 133 e 5.º, XIII. Distintos o direito de petição e o direito de postular em juízo. Não é possível, com base no direito de petição, garantir a bacharel em direito, não inscrito na OAB, postular em juízo, sem qualquer restrição".

Já no AgPet 762-0/BA, eis, no que importa, o voto do Min. SYDNEY SANCHES, examinando postulação de partido político: "O peticionário, ora agravante, não é advogado. Não tem, pois, capacidade de postular em juízo, em face do que dispõe o art. 36 do Código de Processo Civil. O exercício do direito de petição junto aos Poderes Públicos, de que trata o art. 5.º, XXXIV, *a*, da Constituição Federal, não se confunde com o de obter decisão judicial, a respeito de qualquer pretensão, pois, para esse fim, é imprescindível a representação do peticionário por advogado. Aliás, a própria Constituição Federal o considera indispensável à administração da Justiça (art. 133)".

Dessa forma, não há dilema a ser resolvido na escolha entre o direito de petição e a capacidade postulatória, porque são institutos complementares. Administrativamente, no sentido restrito da palavra, o direito de peticionar pode ser exercido por qualquer interessado. Na Justiça Eleitoral, qualquer de seus funcionários pode pleitear, diretamente, a concessão de férias, que sejam apostilados direitos, e atos congêneres. Mas postular na Justiça Eleitoral em matéria eminentemente eleitoral, ainda que com caráter administrativo, é algo defeso de se fazer sem advogado. Para que seja exercido o direito de petição no âmbito jurisdicional, é necessária a presença de advogado.

O Min. SEPÚLVEDA PERTENCE é o relator do Ac. TSE 8723, *BE* 6/1, onde está dito que é inexigível "a representação do interessado por advogado, nos processos administrativos *stricto sensu* da Justiça Eleitoral – como os relativos a petições de seus funcionários atinentes ao seu regime jurídico –, cuja natureza não jurisdicional não se altera com a interposição de recurso especial contra as decisões, a respeito, proferidas pelos Tribunais Regionais".

9.6 Advogado como juiz eleitoral

Tanto nas Cortes Regionais como no Tribunal Superior Eleitoral, duas vagas são reservadas para advogados que devem possuir notávcl saber jurídico e reputação ilibada.

Essa presença tem ocorrido em função de determinações constitucionais anteriores à Carta de 1988. E, em verdade, o que o legislador constituinte busca, com essa presença, é obter, com a participação dos advogados, importante contribuição, fruto da experiência específica haurida por esses profissionais em seus anos de militância. Por certo, a experiência dos advogados é distinta daquela de juízes e promotores. Como de manifestação do Min. DJACI FALCÃO no MS 20.454-STF, com essa diferente composição "ter-se-á, então, a soma da experiência vivida em situações distintas – a de juiz de carreira, de membro do Ministério Público e de advogado militante, cada um com sua formação profissional, em prol da realização da Justiça".

9.7 Regularização de representação judicial

É entendimento da Corte Eleitoral Superior que a representação judicial pode ser regularizada quando a procuração outorgada a advogado inexistir ou não estiver regular. Havendo problema, "o juiz marcará prazo razoável para ser sanado o defeito, sendo ofensivo àquele dispositivo legal – art. 13 do CPC – decisão que se recuse a admitir a regularização da representação judicial, perante o Tribunal a que foi dirigido o recurso, na Justiça Eleitoral" (TSE – Ac. 7.594 – rel. Min. SOUZA ANDRADE – j. 30.06.1983 – *BE* 388/41).

Nesse sentido também são os Acórdãos do TSE 21.108, de 28.08.2003, rel. Min. PEÇANHA MARTINS, *DJ* 28.08.2003, e 3.192, de 18.06.2002, rel. Min. MADEIRA, *DJ* 18.06.2002.

Mas, quanto a advogado substabelecido, há especial preocupação do Min. MAURÍCIO CORREA no Ac. TSE 14.836, de 14.08.1997, quando exige autenticação do substabelecimento para validação de recurso especial, visto que o "subscritor da petição não possui nos autos procuração que o habilite, constando somente o substabelecimento sem autenticação".

Também na conformidade de entendimento sumulado pelo STJ – o Verbete 115 –, não se conhece de agravo de instrumento intentado "por advogado que não possui, nos autos, procuração outorgando poderes de representação judicial".

9.8 Intimações e prazos

Quanto à intimação do advogado para o exercício de manifestação ou recurso, a sua ausência torna "nulo o julgamento, a fim de que outro seja proferido" (Ac. TSE RCD 420, *BE* 6/1, de 09.12.1993, e Rec. 11.403, de 17.08.1993, ambos tendo como relator o Min. FLAQUER SCARTEZZINI). Uma vez constituído o advogado, a intimação da sentença não pode se dar na pessoa do candidato, conforme Ac. TSE 21.233, de 17.06.2003, rel. Min. PEÇANHA MARTINS, *DJ* 08.08.2003.

Quanto aos pedidos de registro de candidatos, não julgado "o pedido de registro em três dias, e não estando a parte assistida por advogado, o prazo para recurso contar-se-á ou da intimação pessoal, ou da publicação do acórdão no *Diário da Justiça* – LC 64/1990, art. 13" (TSE – Ac. 12.040 – rel. Min. TORQUATO JARDIM – *BE* 6/4, p. 125).

Existindo carta precatória para a audição de testemunhas, "não basta a intimação das partes. Indispensável, sob pena de nulidade, a intimação também dos advogados" (TSE – Ac. 11.944 – rel. Min. TORQUATO JARDIM – *BE* 7/3).

Mas mal súbito não comprovado não permite a restituição de prazo (TSE – Ac. AgI 214 – rel. Min. EDUARDO ALCKMIN – j. 03.09.1996).

Quando a intimação do advogado para ato do processo é feita por oficial de justiça, o prazo recursal ou para cumprimento da diligência só começa a ser contado a partir da data da *juntada do mandado* (TSE – Ac. 15.225 – rel. Min. EDUARDO ALCKMIN – j. 12.05.1998).

Agora, sobre contagem de prazo, tendo havido entendimentos em Tribunais Regionais, especialmente na Corte paulista, de que os prazos contavam-se minuto a minuto para a atuação dos advogados, sendo que, embora insertos na mesma lei e artigo (art. 96 da Lei 9.504/1997), os prazos para a prestação jurisdicional não eram obedecidos ao pé da letra, valendo o entendimento de que, para os juízes, o prazo só contava a partir da ida à conclusão dos autos a serem decididos, a Corte Eleitoral Superior, seguindo unanimemente o voto do Min. MAURÍCIO CORREA no Ac. TSE 15.293, de 27.08.1998, assim decidiu, seguindo, em trechos, parecer do PGR Prof. GERALDO BRINDEIRO:

"Com efeito, a publicação em cartório, prevista no § 8.º do referido artigo, somente deve ser admitida se forem respeitados os prazos processuais ali previstos. *Ou seja, a sentença prescindirá de intimação se for prolatada 24 horas após a apresentação da defesa,* ex vi *do art. 96, § 7.º, da Lei 9.504, de 1997.* Isto porque, devido à celeridade do processo eleitoral, é compreensível exigir que o advogado acompanhe as publicações em cartório, *mas desde que possa saber quando ela ocorrerá.*

"(...)

"*De fato. É da essência do processo eleitoral a celeridade na tramitação dos feitos, e os prazos prescritos na legislação especial são tão exíguos para as partes quanto para os órgãos da Justiça Eleitoral. Por essa razão não se pode exigir que, uma vez ultrapassados os prazos fixados em lei, deva o advogado comparecer diariamente ao cartório para cientificar-se da publicação da sentença*" (grifos nossos).

Conforme entendimento pacífico do TSE, uma vez não observado o prazo de 24 horas para a publicação da sentença em cartório, se faz necessária a intimação dos advogados, pessoalmente ou via fax. Nesse sentido é o Ac. 18.450, rel. Min. ELLEN GRACIE, j. 19.02.2002, *DJ* 26.04.2002, p. 184. Se o descumprimento ocorrer pelo Tribunal, exige-se a inclusão em pauta, publicada mediante afixação na secretaria, com antecedência mínima de vinte e quatro horas, conforme Ac. TSE 4.178, rel. Min. VELLOSO, j. 03.02.2004, *DJ* 27.02.2004, p. 105.

Finalmente, os prazos eleitorais são contínuos e peremptórios, não se interrompendo aos sábados, domingos e feriados, a partir do dia 0, conforme Ac. TSE 369, rel. Min. PEÇANHA MARTINS, j. 20.08.2002, publicado em sessão.

9.9 Impulso judicial de ofício

Principalmente durante a fase da propaganda eleitoral para o pleito de 1998, tornou-se entendimento judicial a instauração, de ofício, de processos para perseguir eventuais ilicitudes cometidas contra a Lei 9.504/1997.

Tal tipo de problema jurídico chegou ao Tribunal Superior Eleitoral, que, diferentemente, entendeu não poderem os juízes auxiliares promover tais processos por iniciativa própria. Para a promoção de tais processos ficou decidido que só os legitimados para tanto – partidos, coligações ou candidatos – poderiam fazê-lo. A esses legitimados acresce-se o Ministério Público, cuja legitimação é constitucional. Não, porém, os juízes de ofício.

Isso não significa impedir a autoridade judiciária de agir, no exercício do poder de polícia, para fazer cessar a propaganda eleitoral irregular, ilegal.

Tal entendimento acha-se refletido no voto do Min. EDUARDO RIBEIRO, no Ag. 1349-SP, onde constou: "O acórdão teve como legítimo o procedimento instaurado de ofício, tendo em vista o poder de polícia conferido aos juízes eleitorais. A propósito da atuação desses juízes, todavia, na fiscalização da propaganda eleitoral, considero que cumpre distinguir: quando se trata de coibir práticas ilegais, entendo que podem agir de ofício, pois aí estar-se-á no legítimo exercício do poder de polícia. Coisa diversa, entretanto, é impor penalidades em razão de faltas que hajam sido praticadas. Para isso é necessário procedimento a ser instaurado a requerimento do Ministério Público ou dos que para isso se legitimam, nos termos do art. 96 da Lei 9.504/1997".

Foi além o Tribunal Superior Eleitoral, que acabou por fixar a Súmula 18, com a seguinte redação: "Conquanto investido do poder de polícia, não tem legitimidade o juiz eleitoral para, de ofício, instaurar procedimento com a finalidade de impor multa pela veiculação de propaganda eleitoral em desacordo com a Lei 9.504/1997".

9.10 Recurso especial

Outra dúvida que assaltou quantos examinaram e aplicaram a Lei 9.504/1997 era se o prazo para recuso especial deveria obedecer o § 8.º do art. 96, sendo, portanto, de 24 horas a partir da sessão de julgamento das Cortes Eleitorais, ou se seria de três dias, como da praxe do recurso especial.

No já citado Ac. 1.349, TSE Agr./SP, assim decidiu a Corte, apoiando voto do Min. EDUARDO RIBEIRO: "Consoante orientação deste Tribunal, o prazo de vinte e quatro horas fixado na lei das eleições refere-se aos recursos ordinários interpostos da decisão do juiz auxiliar, não podendo ser aplicado aos recursos especiais para os quais o prazo é de três dias, contado da publicação na imprensa oficial do acórdão prolatado na representação".

A partir dessa decisão podem ser inferidos dois momentos jurídicos: o momento do prazo, que é de três dias, como e por ser recurso especial, e a necessidade da publicação na imprensa oficial para começar a correr o prazo de recurso.

Por ser a lei eleitoral silente quanto ao prazo do recurso especial é que deve ser aplicado o prazo do art. 276, I, e § 1.º, do CE, que fixa o prazo de três dias para a interposição do recurso. Os AI 1.336 TSE-SP, rel. Min. EDSON VIDIGAL, e 1.645 TSE-MG, rel. Min. COSTA PORTO, são também na mesma direção.

Há quem tenha dúvida sobre se os embargos de declaração suspendem ou interrompem o prazo de interposição de recurso, inclusive o especial. O Min. COSTA PORTO anotou que "é firme a jurisprudência desta Eg. Corte no sentido de se reconhecer a restituição integral do prazo do recurso quando intercorrerem embargos de declaração (precedentes: Acórdãos 7.228, 11.086, 12.071 e 12.322)" (Ac. TSE Agr. 1.602-DF).

Retornando ao texto do § 8.º do art. 96 da Lei 9.504/1997, temos um tratamento diferenciado contido na contagem do prazo que, para o recorrente, correrá em 24 horas *da publicação da decisão em cartório ou sessão*, sendo que o prazo para o recorrido será também de 24 horas, porém *a contar de sua notificação*. Temos aqui um exemplo de falta de tratamento isonômico para as partes, que leva ao entendimento de ser a expressão *a contar de sua notificação* inteiramente inconstitucional. Por sinal, no último pleito municipal, em cidade litorânea de São Paulo, literalmente o recorrido recalcitrou para ser citado e, em seguida, tendo retirado vários processos para contra-arrazoar, ultrapassou em muito o prazo de 24 horas, para furtar, o órgão recursal, do conhecimento do recurso e eventual concessão de direito de resposta. Quando do julgamento desses recursos, a Corte Eleitoral paulista julgou-os prejudicados mas determinou remessa das peças ao Ministério Público, para providências. O que não inviabilizou o prejuízo decorrente desse procedimento.

Finalmente, sobre a admissibilidade do recurso especial, inclusive aquele oposto quanto às representações do art. 96, é claro o entendimento da Corte Superior Eleitoral de que "em juízo de admissibilidade no Tribunal *a quo*, incabível o exame do mérito do recurso especial" (TSE-Agr.727-SP).

BIBLIOGRAFIA

ACQUAVIVA, Marcus Cláudio. *Nova lei dos partidos políticos anotada*. São Paulo: Jurídica Brasileira, 1996.

AMARAL, Roberto. *Legislação eleitoral comentada*. Rio de Janeiro: Revan, 1996.

BARRETO, Lauro. *Lei das eleições*. São Paulo: Edipro, 2000.

_____. *Manual de propaganda eleitoral.* Bauru: Edipro, 2000.

BARRETO, Lauro e CASTANHEIRA, Denise. *Manual de propaganda eleitoral* – Comentários, jurisprudência, instruções do TSE. Bauru: Edipro, 2000.

BARRETO, Vicente. *Voto e representação.* Brasília: Universidade de Brasília (Curso de introdução à ciência política, vol. 4).

CÂNDIDO, Joel José. *Direiro eleitoral brasileiro*. 9. ed. São Paulo: Edipro, 2001.

CITADINI, Antônio Roque. *Código Eleitoral anotado e comentado.* São Paulo: Max Limonad, 1986.

CONEGLIAN, Olivar. *Propaganda eleitoral*. 4. ed. Curitiba: Juruá, 2000.

_____. *Radiografia da lei das eleições* – Comentários à Lei 9.504/97. Curitiba: Juruá, 1998.

CORRÊA, Gilberto Niederauer. *Cadernos de Direito Constitucional Eleitoral*, TRE/SP, IMESP, 1995.

COSTA, Adriano Soares da. *Teoria da inelegibilidade e o direito processual eleitoral*. Belo Horizonte: Del Rey, 1988.

COSTA, Elcias Ferreira da. *Direito eleitoral*. 3. ed. Rio de Janeiro: Forense, 1998.

D'ALMEIDA, Noely Manfredini e ZIGOVSKI, Dalva Pavani. *Jurisprudência eleitoral*. Curitiba: Artes & Textos, 1990.

_____; SANTOS, Fernando José dos e RANCIARO, Antônio Júlio. *Crimes eleitorais e outras infringências*. Curitiba: Juruá, 1994.

DECOMAIN, Pedro Roberto. *Eleições* – Comentários à Lei 9.504/97. Florianópolis: Obra Jurídica, 1998.

FERREIRA, Manoel Rodrigues. *A evolução do sistema eleitoral brasileiro*. Brasília: Senado Federal, 2001.

FERREIRA, Pinto. *Código eleitoral comentado*. 2. ed. São Paulo: Saraiva, 1990.

FERREIRA FILHO, Manoel Gonçalves. *Do processo legislativo*. 3. ed. São Paulo: Saraiva, 1995.

GOMES, Suzana de Camargo. *Crimes eleitorais*. São Paulo: RT, 2000.

JARDIM, Torquato. *Direito eleitoral positivo*. 2. ed. Brasília: Brasília Jurídica, 1998.

_____. *Introdução ao direito eleitoral positivo*. Brasília: Brasília Jurídica, 1994.

MACHADO JÚNIOR, Armando Marcondes. *Eleitoral* – Caminhos da jurisprudência. São Paulo: Conam, 1995.

MELLO, Celso Antonio Bandeira de. *Curso de direito administrativo*. 9. ed. São Paulo: Malheiros.

MENDES, Antônio Carlos. *Introdução à teoria das inelegibilidades*. São Paulo: Malheiros, 1994.

NIESS, Pedro Henrique Távora. *Ação de impugnação de mandato eletivo*. Bauru: Edipro.

_____. *Condutas vedadas aos agentes públicos em campanhas eleitorais*. Bauru: Edipro, 1998.

_____. *Direitos políticos* – Condições de elegibilidade. São Paulo: Saraiva, 1994.

NOBRE JÚNIOR, Edílson Pereira. O novo regramento da propaganda eleitoral. *Cadernos de Direito Constitucional e Eleitoral do TRE/SP*, Imprensa Oficial do Estado, v. 13, n. 43.

PINTO, Djalma. *Direito eleitoral*. São Paulo: Atlas, 2003.

PINTO FERREIRA, Luis. *Manual prático de direito eleitoral*. São Paulo: Saraiva, 1973.

PORTO, Odyr e PORTO, Roberto. *Apontamentos à lei eleitoral*. São Paulo: Malheiros, 1998.

RIBEIRO, Fávila. *Direito eleitoral*. 3. ed. Rio de Janeiro: Forense, 1998.

_____. *Pressupostos constitucionais do direito eleitoral*. Porto Alegre: Fabris, 1990.

ROLLO, Alberto e BRAGA, Enir. *Comentários à Lei eleitoral n. 9.504/97*. 2. ed. São Paulo: Fiúza, 2000.

_____. *Inelegibilidade à luz da jurisprudência*. 2. ed. São Paulo: Fiúza, 2000.

SILVA, José Afonso da. *Curso de direito constitucional*. 15. ed. São Paulo: Malheiros.

SILVA, Luis Virgílio Afonso da. *Sistemas eleitorais*. São Paulo: Malheiros, 1999.

STOCO, Rui e STOCO, Leandro de Oliveira. *Legislação eleitoral interpretada* – Doutrina e jurisprudência. São Paulo: RT, 2004.

TAVARES, José Antônio Giusti. *Sistemas eleitorais nas democracias contemporâneas*. Rio de Janeiro: Relume-Dumará, 1994.

ÍNDICE ONOMÁSTICO

O número em itálico remete à página.

ALCKMIN, Eduardo – *60, 61, 68, 71, 81, 93, 94, 95, 101, 106, 126, 156, 157, 162, 163, 164, 165, 181, 200, 210, 218, 224, 229, 232, 233, 285, 289, 290*
ALVES BRAGA – *228*
ALVES, Roberto Cardoso – *32*
AMÉRICO LUZ – *223*
ANDRADE, Souza – *288*
AURÉLIO, Marco – *127, 159, 219, 223, 224, 281*
BANDEIRA DE MELLO, Celso Antônio – *193*
BARBOSA, Rui – *117*
BARROS, Humberto Gomes de – *196*
BARROS MONTEIRO – *252, 259*
BOAS, Vilas – *230*
BONILHA, Márcio – *65, 68*
BOTALLO, Eduardo – *88, 91, 98, 103, 218, 237, 238, 239, 241*
BRAGA, Enir – *58*
BRINDEIRO, Geraldo – *285,290*
BUENO DE SOUZA – *231*
BUSH, George W. – *30*
CABRAL, Sulamita Terezinha Santos – *181*
CÂNDIDO, José – *271*
CARDINALE, José – *40, 158, 198, 218, 237*
CARNEIRO SOBRINHO, Antônio – *181*
CLINTON, Bill – *29, 39*
CONEGLIAN, Olivar – *187, 213*
CORREA, Maurício – *68, 102, 215, 226, 231, 262, 263, 277, 288, 290*
COSTA LEITE – *285*
COSTA PORTO – *65, 68, 81, 200, 214, 222, 226, 293*
DINIZ DE ANDRADA – *269, 271*
DJACI FALCÃO – *288*
FERREIRA FILHO, Manoel Gonçalves – *256*
FERREIRA, Manuel Alceu Affonso – *83*
FIGUEIREDO TEIXEIRA, Sálvio de – *206, 215, 276*
FOX, Vicente – *35*
GALLOTTI, Octavio Luiz – *35, 146*
GALVÃO, Ilmar – *285*
GOMES, Suzana de Camargo – *255, 267*
GRACIE, Ellen – *78, 259, 291*

GUGLIELMI, Vito – *66, 87, 103, 109, 110, 111, 166, 195, 235, 241, 242, 243, 244*
HENRIQUE, Otávio – *92, 155, 177, 191*
JARDIM, Torquato – *63, 271, 289*
JOBIM, Nelson – *161, 162, 248, 263*
KANAAN, Alice – *40*
LEAL, Angela Regina da Cunha – *161, 164*
LIMA, Jesus Costa – *272*
MACHADO, Rubens Approbato – *70, 71*
MADEIRA, Luiz Carlos – *77, 179, 183, 206, 222, 229, 279, 288*
MALUF, Paulo – *234, 235, 236, 237, 238, 240, 241, 242, 243*
MENEM – *30*
MITERRAND – *39*
MORAES, Márcio – *70*
NAPOLEÃO – *281*
NAVES, Nilson – *158, 285*
NEVES, Fernando – *81, 89, 90, 91, 93, 95, 98, 103, 105, 174, 175, 176, 177, 179, 180, 182, 183, 198, 204, 206, 209, 210, 211, 222, 227, 248, 272, 275*
NIESS, Pedro – *284*
PEÇANHA MARTINS – *279, 280, 288, 289, 291*
PERÓN – *30*
PEROT, Ross – *26*
PERTENCE, Sepúlveda – *35, 205, 209, 225, 263, 271, 287*
PIMENTEL, Anna Maria – *96, 249, 280*
PIRES, Souza – *66, 67, 238, 240*
PRADO, Francisco – *48, 49*
REINALDO, Demócrito – *74*
REYNALDO, José – *218, 219, 236*
RIBEIRO, Eduardo – *93, 95, 102, 104, 199, 285, 292*
ROLLO, Alberto – *58*
ROOSEVELT, Franklyn D. – *29*
SANCHES, Sydney – *286*
SARAIVA, Railda – *269, 270, 271*
SCARTEZZINI, Flaquer – *28, 272, 289*
SHINTATE, Paulo – *158*
SILVA, José Afonso da – *193*
SILVEIRA, Néri da – *38, 41, 102, 159, 255, 264, 286*
STOCO, Leandro de Oliveira – *88, 92*
STOCO, Rui – *88, 92, 157*
STRENGER, Guilherme – *261*
TESS, Eduardo – *100, 101*
VELLOSO, Carlos – *108, 180, 286, 291*
VIDIGAL, Edson – *49, 61, 102, 232, 263, 293*
VILLELA, José Guilherme – *282*
VISEU JUNIOR – *147, 177, 234*
ZVEITER, Waldemar – *163, 199*

ÍNDICE ALFABÉTICO-REMISSIVO

O número em itálico, remete ao item.

A tentativa de coibir o abuso do poder econômico com a Lei 9.840 – *2.6*

A tentativa de coibir o abuso do poder econômico: Um erro justifica o outro? – *2.7*

Abuso do poder econômico como fator de ruptura da igualdade – *2.5*

Antecipação de propaganda – *2.8*

Art.41-A da Lei 9.504/1997, acrescido pela Lei 9.840/1999 – *8*
- A constitucionalidade de disposições do art. 41-A – *8.3*
- Análise do tipo do 41-A – *8.10*
- Art. 262, inc. IV, do Código Eleitoral – *8.8*
- Hierarquia das leis – *8.5*
- Intenção da Lei 9.840/1999 – *8.1*
- Jurisprudência aplicável – *8.11*, *8.12*
- Lei 9.840/1999, a inovação – *8.2*
- Litisconsórcio necessário. O vice – *8.7*
- O direito de disputar – *8.9*
- Regramento processual – *8.6*
- Supressão de locução – *8.4*

As campanhas pelo voto livre – *1.6*
- Os modelos praticados no exterior – *1.7*

Aspectos genéricos da propaganda eleitoral – *3*
- Antes de 6 de julho – *3.1*
- Beneficiário não consentido – *3.4*
- Comícios – *3.6*
- O que é propaganda eleitoral? – *3.2*
- Outros aspectos gerais da propaganda eleitoral – *3.5*
- Propaganda intrapartidária – *3.3*

Aspectos processuais do art. 96 da Lei 9.504/1997 – *9*
- Advogado como Juiz Eleitoral – *9.8*
- Advogado: a posição anterior a 1988 – *9.4*
- Advogado: situação a partir de 1988 – *9.5*
- Devido processo legal – *9.1*
- Direito de petição *versus* presença de Advogado - O falso dilema – *9.7*
- Impulso judicial de ofício – *9.11*

- Intimações e prazos – *9.10*
- Legitimidade ativa – *9.2*
- O Advogado na Justiça Eleitoral – *9.3*
- Presença de advogado: TRE-SP *versus* TRE-SP – *9.6*
- Recurso especial – *9.12*
- Regularização de representação judicial – *9.9*

Condutas vedadas às emissoras de rádio e televisão – *4*
- Candidato titular de programa – *4.11*
- Debates – *4.14*
- Entrevistas – *4.15*
- Internet – *4.13*
- Interpretação das restrições – *4.4*
- Nome de programa – *4.10*
- Penalidades – *4.12*
- Pesquisas – *4.5*
- Procedimento adequado – *4.17*
- Produções artísticas – *4.9*
- Propaganda política e opinião favorável ou contrária – *4.7*
- Realidade das pequenas cidades – *4.16*
- Restrições às emissoras – *4.1*
- Tratamento privilegiado – *4.8*
- Trucagens – *4.6*
- Vedações legais e sistema constitucional – *4.3*
- Veiculação de propaganda partidária paga – *4.2*

Desincompatibilização e desequilíbrio – *2.3*
- Desincompatibilização: Desnecessidade – *2.4*

Direito de resposta – *7*
- Aspectos comuns aos vários direitos de resposta – *7.3*
- Aspectos gerais – *7.2*
- Contraditório no direito de resposta – *7.5*
- Edição de imagens de debate – *7.14.6*
- Editorial de jornal – *7.14.1*
- Entrevista veiculada por emissora de rádio – *7.14.3*
- Informações divulgadas por emissora de televisão – *7.14.4*
- Inviabilização da reparação – *7.10*
- Legitimidade ativa para o exercício – *7.4*
- Não cumprimento integral da decisão – *7.12*
- Notório candidato – *7.14*
- Ofensa veiculada em órgão de imprensa escrita – *7.6*
- Ofensa veiculada em programação normal de rádio e televisão – *7.7*
- Ofensas veiculadas no horário eleitoral gratuito – *7.8*
- Previsão constitucional – *7.1*
- Programa de propaganda eleitoral gratuita – *7.14.2*
- Recurso em direito de resposta – *7.11*
- Resposta deve ater-se aos fatos – *7.9*
- Suspensão da veiculação das mensagens ofensivas – *7.13*
- Vinheta de rádio – *7.14.5*

Imprensa: desequilíbrio – *2.2*

Pars conditio – *2.1*

Princípios de direito eleitoral – *1, 2*

ÍNDICE ALFABÉTICO-REMISSIVO

Propaganda eleitoral no rádio e na televisão – *5*
- Comentando a Lei 9.504/1997 (Parte Teórica) – *5.2*
- A ordem de veiculação das propagandas eleitorais no rádio e na televisão – *5.2.9*
- As emissoras de rádio e de televisão e as sanções a que estão sujeitas – *5.2.15*
- As inserções – *5.2.10*
- Casos de fusões ou de incoporações – *5.2.4*
- Censura prévia – *5.2.12*
- Dias e horários reservados para as diferentes eleições – *5.2.1*
- Divisão do tempo destinado a cada eleição entre os partidos/coligações – *5.2.2*
- Emissoras de televisão sujeitas à divulgação do horário eleitoral gratuito – *5.2.16*
- Novas vedações a serem observadas no horário gratuito – *5.2.14*
- O segundo turno e a propaganda eleitoral no rádio e na televisão – *5.2.8*
- Participação de terceiros na propaganda eleitoral (art. 54 da Lei 9.504/1997) – *5.2.13*
- Partidos/Coligações com tempo inferior a 30 segundos – *5.2.6*
- Plano de mídia (art. 52 da Lei 9.504/1997) – *5.2.11*
- Redistribuição do tempo – *5.2.5*
- Reserva de tempo para Municípios despidos de emissoras geradoras (rádio e televisão) – *5.2.7*
- Termo inicial para a contabilização dos representantes de cada partido na Câmara dos Deputados – *5.2.3*
- Conclusões – *5.4*
- Introdução – *5.1*
- Resoluções e acórdãos sobre a Lei 9.504/1997 (Parte Prática) – *5.3*
- A ordem de veiculação das propagandas eleitorais no rádio e na televisão – *5.3.6*
- As inserções – *5.3.7*
- Dias e horários reservados para as diferentes eleições – *5.3.1*
- Divisão do tempo destinado a cada eleição entre os partidos/coligações – *5.3.2*
- Novas vedações a serem observadas no horário gratuito – *5.3.9*
- O segundo turno e a propaganda eleitoral no rádio e na televisão – *5.3.5*
- Participação de terceiros na propaganda eleitoral (art. 54 da Lei 9.504/1997) – *5.3.8*
- Redistribuição do tempo – *5.3.3*
- Reserva de tempo para Municípios despidos de emissoras geradoras (rádio e televisão) – *5.3.4*

Propaganda eleitoral: formas permitidas e proibidas – *6*
- "Jornais" de campanha – *6.12*
- A manifestação individual de vontade é permitida inclusive na hora de votar – *6.17*
- Bens públicos cujo uso foi concedido – *6.2*
- Bens tombados – *6.9*
- Casuística – *6.4*
- Distinção entre propaganda eleitoral e propaganda institucional – *6.15*

- É permitida a propaganda eleitoral paga pela imprensa escrita, até o dia da eleição, desde que observados os limites máximos, por edição, de 1/8 de página para jornal padrão e de 1/4 para revista ou tablóide – *6.21*
- É permitido o uso de *outdoor* somente após realizado o sorteio – *6.18*
- Em bens particulares pode a veiculação de propaganda eleitoral, independendo de autorização de quem quer que seja – *6.8*
- Jornal padrão ou tablóide? – *6.22*
- Meras notícias não configuram propaganda eleitoral – Felicitações dirigidas aos munícipes por ocasião do aniversário do município não configuram propaganda eleitoral – Mensagens natalinas publicadas em jornal não configuram propaganda eleitoral – Ressalvas – *6.23*
- Nas dependências do Legislativo fica a critério da mesa – *6.6*
- Permite-se a distribuição de volantes, folhetos e impressos, desde que sob a responsabilidade do partido, coligação ou candidato – *6.11*
- Posturas municipais – *6.3*
- Prévio conhecimento – *6.5*
- Propaganda eleitoral em bens públicos – *6.1*
- Propaganda eleitoral em imóvel contíguo a local de votação – *6.10*
- Propaganda institucional gratuita – *6.14*
- Sanções decorrentes da infração ao art. 37 da Lei 9.504/1997 – *6.7*
- Sanções decorrentes da infração ao art. 42 da Lei 9.504/1997 – *6.20*
- Sanções decorrentes da infração ao art. 43, *caput,* da Lei 9.504/1997 – *6.24*
- Sanções decorrentes da infração ao art. 73 da Lei 9.504/1997 – *6.16*
- São proibidas as propagandas institucionais federais, estaduais e municipais a partir de 1.º de julho, ressalvadas aquelas destinadas a divulgar ações sociais reconhecidamente necessárias pela Justiça Eleitoral – *6.13*

Súmula vinculante no processo eleitoral – *2.9*

- Princípio da segurança jurídica – *2.9*

Voto direto – *1.4*

Voto em lista – *1.10*

Voto geral – *1.2*

Voto igual – *1.8*

Voto livre – *1.5*

Voto secreto – *1.9*

Voto secreto: direito ou dever? – *1.11*

Voto secreto: pesquisas eleitorais – *1.12*

Voto: sistema restritivo – *1.3*